贈与契約の類型化

——道徳上の義務の履行を手がかりにして——

小島奈津子 著

信 山 社

はしがき

贈与契約は典型的な無償契約であり、有償契約に比して重要性が低いとされてきたが、現代では無償行為に対する社会的関心が高まっており、贈与を論じる意義がより大きくなっている。特に、日本法では、その根底にある贈与の捉え方と関連して、実務上の不都合が生じており、贈与の性格を顧慮して理論を再構成することが求められているように思われる。

本書は、ドイツ法、スイス法における理論の展開に示唆を得て、日本法において贈与契約とされるものを分類し、約束の法的拘束力についてありうる一つの基準、解釈の方向性を示すものである。ドイツ法、スイス法との比較における日本贈与法の独自性としては、忘恩行為等に関する悔返権に関する規定が存せず、「書面」によらない贈与は撤回しうるとされるのみで（民法五五〇条）、諾成契約であるうえ、書面については緩やかな解釈が採られており、贈与契約の効力が強いことが挙げられる。

しかし、他方では、贈与契約の法的強制を限定しようとする判例やこれを支持する見解が多く、近年においては忘恩行為による撤回が実質的に認められているとされる。これは、日本法においては、贈与契約の実質的性格が顧慮されておらず、一方的出捐約束の法的拘束力のあり方に関する具体的な基準ないし方向性が存しないことから、個別事案ごとに結論の妥当性を判断して決するほかないためではないだろうか。この点、例えばドイツ法においては、贈与をLiberalität（好意の施し）という中核的要素のもとにとらえ、これを中心とした一応説得的な基準が存在する。そこでは、日本贈与法にはない「道徳上の義務の履行」たる贈与に関する特則が存在する。この種の贈与は、社会共同体における道徳的義務を果たすものであって、贈与者が道徳的圧力からの解放という利益を受けるため、Liberalität、即ち、好意による贈与ではないとされる。ドイツ民法五三四条は、この観点から、贈与の効力を弱める贈与規定の一部を例外的に排除しており、原則的な贈与法が贈与を好意契約と見て拘束力を弱化させていることの手がかりであるといえる。さらに、ドイツ法では、同条の契約がそもそも贈与であるか、有償か無償かが争われており、このような議論は、贈与の要素たる無償性が自明のものでないことを示すものといえる。日本法もドイツ法も、贈与契約を「無償契約」とするが、その実際の姿は異なったものでありうるのである。この点、日本法においては、道徳上の義務の履行約束と見うるものを当然に贈与契約であるとする見解が多く、また、贈与がむしろ義理や恩より生ずる義務の履行と捉えられていることが指摘されている。贈与がどのようなものと観念されているかにより、贈与法における無償性の内容、有償・無償の境界線が日独両法の間で異なることがありうる。

そこで、本書では、贈与法の想定する贈与の性格という意味での贈与観から出発して、贈与法の適用される贈与契約を比較検討し、日本法にはないドイツ・スイス法の「道徳上の義務の履行」に関する規定を手がかりに、一方的出捐約束の法的拘束力のあり方を考察する。そのうえで、日本法における贈与の原則類型、例外類型、贈与の外に置くべき契約を析出することにより、贈与契約の類型化を試みることとした。

本書の完成については、指導教授である金山直樹先生の数々のご指導に感謝したい。出捐（Zuwendung）または給付（Leistung）の概念の研究にあたって、古典であるトゥールの著書を読むようご指導くださり、これが有償性・無償性の概念、また出捐と原因についての規定を有するとされるドイツ贈与法に着目する契機になった。また、ドイツの立法資料などに関して岡孝先生のご教示によるところが大きく、Wolf 先生には文献のみならずドイツ法の背景や実情について貴重なご示唆をいただいた。ドイツ民法研究会、法政大学民事法懇話会のメンバーの方々、とりわけ下森定、廣瀬久和、宮本建蔵、大中有信の諸先生にも、様々なかたちでご指導をいただいた。ここで心から御礼を申し上げる。

本書の出版にあたっては、あたたかいご配慮をいただいた信山社出版の渡辺左近氏、丹念に校正をチェックしてくださった鳥本裕子氏に大変お世話になり、厚く御礼申し上げたい。

二〇〇四年八月

小島　奈津子

目次

序章

契約は、反対給付の有無によって、有償契約と無償契約に区別されている。この区別は法律上の扱いに現れ[1]、贈与と売買の規定は、それぞれ無償契約と有償契約の総則的な意義を持たされている[2]。これとは別に、社会に存する契約には、動機や目的といったその実態、背景からいって、利他的な色彩のものと利己的な色彩のものとがありうる。契約の基盤となる生活関係は親族関係から商取引まで様々である。贈与契約についていえば、対価なしに財産を与えることを内容とする無償契約であるが、その背後の事情によっては、好意によるものとは限らない。そこでは、法的には無償性のみが要求され、利己性や利他性はその外にあって、雑多な事実的動機に過ぎないのである。このことからすれば、社会共同体の中で道徳上義務を負うとされる者が、この世間や道徳の圧力を「免れる」ために贈与した場合、好意による気前のよい行為とは言い難いであろうが[3]、そのことは贈与にとって無意味である。無償であるとされる限り、純粋に気前のよい「Liberalität（好意の施し）」たる贈与と何ら変りなく贈与契約なのである。本稿は、このような社会において道徳の観点から要求される「道徳上の義務の履行」約束を、好意の要素のない、あるいは僅少な約束と捉え、その贈与性如何という問題を重要な契機として、贈与法の基礎にある贈与観を探求し、日本法に必要な解釈基準を立てることを試みるものである。

日本の贈与法を見ると、「道徳上の義務の履行」に関する規定はない。そして、学説上むしろ道徳上の義務が法的義務より弱いものであることが強調されており、道徳上の義務は、この意味で消極的な方向にのみ解されている。[4]最高裁も「友誼的な軽い約束」や「徳義上任意に支払を受けるべき債権」に過ぎないものの存在を認めている。[5]日本法においては、一般的に道徳上の義務というものは、約束の効果が「道徳上のものに過ぎない」という文脈で用いられることが多く、徳義や道徳とは、ある約束に法的効果を生じさせるべきでない場合、即ち、法的な拘束力までは与えられるべきでない場合の非法律的規範とされている。[6]道徳上の義務は、原則として、法的に問題とならないものとされているのである。

この点、注目すべきは、ドイツ民法やスイス債務法では「道徳上の義務の履行」等に関して、贈与法中に明文規定が置かれ、その効力を強化する例外的扱いがされていることである。例えば、ドイツ法において道徳上の義務の履行を効力の強い特殊の贈与とする規定（BGB五三四条）が置かれていることは、ドイツ法において道徳上の義務が法的に一定の積極的な意味を持つことを示している。これは、道徳上の義務の履行の場合には、撤回等法的拘束力を弱める内容をもつ贈与規定が排除されることを定めるものであり、贈与法全体との関係でいえば、法的拘束力の強い特殊の贈与類型が設けられている。この規定の趣旨が、道徳上の義務を履行する約束を、そのような義務からの解放という贈与者の利益を伴うものとし、自己の利益のためのものであって他人への好意による契約でないが故に例外類型とする趣旨ならば、本則的な贈与は逆に好意によるものとされていると推測できる。これに対して、日本法においては、贈与がむしろ義務義理ないし恩より生ずる義務の履行であると捉えられていると指摘され、欧大陸で贈与が好意によるものと見られていることと対比されている。[7]このことからすると、「道徳上の義務の履行」に関する例外規定の有無は、各贈与法の基盤にある贈与観の差、即ち、Liberalität ないし好意を基礎とするこれらの国の贈与観と、義務の履行を基調とする日本の贈与観の差異を反映しているのではないだろうか。これが本稿の出発点である。即ち、道徳上の義務を履行する約束の扱いについて、ドイツ民法は特殊の贈与とするが（BGB五三四条）、それにもかかわらずその無償性や贈与性が争われており、さらにスイス債務法は明文で贈与性を否定する（OR二三九条三項）。これに対し、日本法はこれについて何ら規定していない。このような相違が、贈与契約を無償契約とするこれらの国々においても、贈与の事実上の性格に関する贈与観の違いが存することを示していると考えれば、次のように推測できる。「道徳上の義務の履行」等を例外的な贈与類型として扱うドイツ法は原則として贈与を Liberalität としており、これを非贈与とするスイス法は贈与を Liberalität と見ているが、日本法は贈与が Liberalität でないものを当然に含むと考えていることになる。

そこで、ドイツと日本の贈与法を比較すると、その内容は相当異なったものとなっている。即ち、日本法では、贈与契約は諾成契約とされ、「書面に拠」るときは取消（撤回）できないとするにとどまり、その成立に関する要件は比較的緩やかである。また、贈与成立後の忘恩や困窮などによる撤回や返還請求権に関する規定が存しない。公正証書の作成を有効要件とし、これらの悔返権を認めるドイツ贈与法と比較すると、日本法は贈与契約に極めて強い効力を与えていることになる。日本の贈与法がこのような独自のものとなっていることから、民法典の制定にあたって当時の立法者が各国の法制について検討したにもかかわらず、あえてこのような選択をしたのはなぜかが問題とされてきた。現行民法の制定過程をみてみると、好意による贈与のほか、道徳上の義務による贈与もまた等しく典型的な贈与とされ、例外視されていない。そこでは、贈与は義務的なものに限られてはいないが、このような把握を前提とすれば、道徳上の義務の履行に関して例外規定を置くことにはならないのが自然であろう。一方で、近年、外国法における忘恩行為ゆえの撤回が判例・学説上実質的に取り入れられているとされ、日本贈与法に変化が見られる(8)。しかし、諸外国の贈与法を参照し、その基礎にある贈与の捉え方、即ち贈与観の差異を検討することなしに、これを取り入れられているならば、その制度は日本法独自のものに変容してしまっているのではないであろうか。そして、そのことを自覚せずに、雑多な性格の贈与を未整理なままにして、このような制度が場当たり的な処理に用いられているのではないかが問題となる。

そこで、次章以下では、まずドイツ民法における「道徳上の義務の履行」等の扱いとそれをめぐる学説と類似の規定を持つスイス債務法とを概観し（第一章）、比較・参照の主たる対象であるドイツ法における贈与観を検討した上（第二章）、日本における独自の贈与法の成り立ちを検討することによって、その基礎にある贈与観の特色と本質的な問題点を考察し、その対策として現在贈与契約とされているものの適切な限定と類型化を試みたい（第三章）。具体的には、日本法で贈与とされているものを、利他的な色彩の贈与とそれ以外とに分けて考え、前者を基本的な贈与とし、後者については、有償契約の構成を採るべきものと、道徳上の義務の履行という特殊の贈与類型とすべきものとが存すると解してはどうかと提言するものである。

なお、法的拘束力を認め、あるいはこれを強める基礎としての道徳上の義務とは何か、また、愛情による約束としての贈与の特殊な性質についてはアメリカ契約法でも実質的議論がなされている。基本的構造を異にする法体系を含めて、この問題を実質的に扱う議論をできる限り幅広く視野に入れることが必要であると思われるが、これは別稿で論じたい。

（1）　例えば、遺留分の減殺（一〇三九条）、破産法の否認権の行使（破産法七二条五号）など、有償契約と無償契約では法律上の取り扱いが異なっている（我妻栄『契約各論上巻（民法講義Ｖ1）』五一頁［岩波書店、一九五四］参照）。

（2）　有償契約には売買の規定が準用される（民法五五九条）。

（3）　Liberalität ついては、来栖教授の訳による（来栖三郎「日本の贈与法」比較法学会編『贈与の研究』一一頁［有斐閣、一九五八］）。その内容については後述する。グルンドマンは、この Liberalität について、これは「法律学の眠り姫であり、長く眠っているが、実務がよこした王子様がベットのそばでとうの昔にたっている」としており、現代的な問題と捉えている。ドイツ法において、無償の法律行為は近年重大な意味をもつようになっているのである。役務給付を無償でなすことは、大学教育を受けた者の間で増加しており、今日すべての医師のほぼ五―七％が研修中にボランティアとして働いているという。アメリカ合衆国では、全所得のほぼ二、三％が贈与に由来すると算出され、これは産業部門のひとつに等しい(Grundmann, Zur Dogmatik der unentgeltlichen Rechtsgeschäfte, AcP. Bd. 198, S. 458, 459 [1998])。

(4) 例えば、我妻教授は、贈与契約では無償性ゆえに贈与の意思の認定を慎重にすべきであり、「単に人情・道徳・宗教上の拘束を生ずるに止め、法律的拘束力(履行を強制する力)を生じないものとなすべき場合がある」とされ、女給に独立資金を与えた事例(カフェー丸玉事件)を挙げる(我妻栄『債権各論中巻一』二二六、二二七頁[岩波書店、一九五七])。また奥田教授は、「一般的には、金銭的価値を有しない給付については、当事者間に法律的拘束を生じさせる意思がなく、または、法律上の保護に値しない場合が認められ、道徳・宗教規範の規律に委ねられるべき場合が少なくない」とされる(奥田昌道『債権総論』三一頁[悠々社、一九九二])。

(5) 例えば、最高裁昭和三四年二月二六日判決(民集一三巻二号三九四頁)では、ある弁護士が事柄の真実と裁判の公正を愛する立場から、裁判所が被告側の陳述していない権利濫用の抗弁を記載した判決文について、判決の不実をその場で確認するのでなければ示談に応じることはできないとしたところ、被告側訴訟代理人が一件記録を見た上で権利濫用もしくは解除権のらん用の抗弁をその文字を用いて主張しているかどうかを回答することを承諾したので、当該弁護士がこの事実の報告を為すべき約定の履行を求めた。裁判所は、このような約定は「われわれの日常生活においてなす友誼的な軽い約束のたぐいであって、当事者はこれに拘束される意思あるものとは解し得られないから、右は法律上の保護に値しないものと認めるを相当とする」とした。

(6) このような要素は民法九〇条による法的効力の否定に関しても考慮される。特に、「善良ノ風俗」とは社会の一般的道徳観念を指し、「その具体的内容は不断に変遷する。従って、法律行為の内容をこの変遷するものに適合させようとする規定は、その内容が具体的ではありえない」(我妻栄『新訂民法総則(民法講義I)』二七一頁[岩波書店、一九六五])。これは法的効果の否定に関係するという点では、消極的な側面に関するということができるであろう。

(7) 来栖・前掲(注3)四五頁。ここで、贈与の動機をいかに観念するかによって、贈与の性格が定まり、これを贈与観とされる(四五頁)。

(8) 贈与を「好意契約」という観点から捉えるべきであるとするのは、於保不二雄「無償契約の特質」『民法著作集Ⅰ財産法』四二七頁（新青出版、二〇〇〇）、岡本詔治「無償契約という観念を今日論ずることには、どういう意義があるか」椿寿夫編集『講座現代契約と現代債権の展望5』三一、三三、三九頁（日本評論社、一九九〇）。

第一章　ドイツ法、スイス法における「道徳上の義務の履行」

まず、ドイツ、スイスの贈与法における「道徳上の義務の履行」の規定について、その内容や趣旨を概観し、このような契約の効果や法的性質をめぐる判例及び学説の状況を考察したい。

第一節　ドイツ法

普通法においては、道徳上の義務に基づいた約束は贈与ではなく、従って贈与方式を必要としないとされ、プロイセン法においても同様であった。これに対して、ドイツ民法（BGB）五三四条は道徳上の義務の履行等を贈与とし、贈与方式を要するとした。この規定にもかかわらず、判例は当初その贈与性を認めなかったが、後に判例変更が為され、一転して贈与とされている。そして、学説の多くもこれを贈与とするが、道徳上の義務の履行であっても贈与とする場合とそうでない場合を認める、二分説といえる少数説が根強く存在している。このように贈与性が争われてきたことの背景として、道徳上の義務の履行は義務感によるのであってLiberalität（好意の施し）とはいえないことがあり、そのために贈与性が疑われるのだろうか。とすれば、贈与性をめぐる議論はドイツ法の基礎にある贈与観ゆえに存在するものといえるであろうか。

さらに、少数説の発展を見ると、この問題は贈与の要素たる無償性の範囲如何という問題の一断面であることがわかり、およそ贈与契約とされるものの基本的性格を探求する上で、ＢＧＢ五三四条をめぐる議論は重要な意義を持つと思われる。そこで、以下では、同条について説明し、新旧の判例、そして、学説の順に、ドイツ法の状況を概観していきたい。

一　ドイツ民法の規定

ＢＧＢ五三四条は「道徳上の義務のため、又は儀礼を斟酌して行われた贈与については、返還請求及び撤回は、することができない」と規定している。(1)

これが、ドイツの贈与法におかれた「道徳上の義務の履行」等に関する特則であり、その解釈をめぐって判例学説の展開がみられる。ここにいう「道徳上の義務」とは、道徳の要請を基盤とする特別の出捐義務である。即ち、一般的な博愛の義務では十分ではなく、後述のように個別事例の状況により決定される。次に、「儀礼」の贈与は、社会的規範が定めるもので、この出捐をすることにより、贈与者が社会においてより認められ尊重されるであろうという場合であって、誕生日、クリスマス、結婚式、見舞い客の贈り物もこれにあたる。(2)本稿では便宜上両者を合わせて「道徳上の義務の履行」とする。ＢＧＢ五三四条は、これらを贈与としながら、贈与契約に適用されるべき贈与者保護規定のいくつかを排除する。ドイツ民法は贈与契約に、特別の撤回権や返還請求権を認めるのであるが、道徳上の義務の履行の場合にはこれが適用されないのである。(3)

そこでまず、ドイツの贈与法を見ると、贈与のような無償契約は、「好意（Gefälligkeit）関係」という法的拘束力のない非法律行為と境界を接するものであることが自覚されている。(4) また、贈与契約とされても、その有効要件として裁判所や公証人が関与作成した書面が要求されており（ＢＧＢ五一八条）(5)、忘恩や困窮による抗弁、撤回権、返還請求権を定める規定がある（ＢＧＢ五一九条、五二八条以下）。このうち、ＢＧＢ五三四条によって排除されるのは、五三〇条から五三三条の受贈者の忘恩行為による贈与者の撤回権と返還請求権、五二八条以下の贈与者の困窮による返還請求権であり、これらは現在、「個別的観点から変化した状況を規制する」制度として行為基礎の障害の贈与契約に関する特則と考えられている。(6) 行為基礎に関する一般規定三一三条は(7)、この法律上の類型的な特別規定に対して補充的なものと位置づけられている。(8) なお、五一九条が困窮による抗弁を規定しているが、五三四条はこれに言及していないので、道徳上の義務の履行の場合も贈与者はこの抗弁を主張できることになる。方式規定等そのほかの規定、例えば、公正証書作成を必要とする方式規定（五一八条）等も排除されない。但し、五三四条の贈与はたいてい負担付ではないから、五二七条の負担の不履行による返還請求は原則として問題とならないだろうとされ(9)、さらに忘恩に比べ重要性が低く保護に値しないので負担不履行により返還を求めることができないと解されうる。このように言われるのは、道徳上の義務に基づく贈与が、主として過去の出来事や事態に由来するために、契約後、将来履行されるべき負担とは関わらないことが多いと考えられているからであると思われる。

このような内容を持つＢＧＢ五三四条の趣旨は、道徳上の義務の履行を贈与契約とするとともに、この場合Liberalität（好意の施し）の要素が少ないことから受贈者に「感謝の義務」がなく、これに基づく忘恩規定が妥当しないというものである。即ち、第二委員会議事録によれば(10)、忘恩規定を排除する理由は、「そのような贈物では、受領者が通常感謝の気持ち(Dankbarkeit)を義務付けられることはなく、従って、忘恩ゆえの撤回権の前提が存しない」ことにあるという。そして、その範囲については、特に「報償的贈与（renumeratorischen Schenkung）」の場合に関する記述が手がかりとなる。贈与者側に、報酬（Vergutung）の趣旨のほかにLiberalität の要素が多く含まれている場合でないときにのみ同条が適用されるというのである。[11] これによれば、ＢＧＢ五三四条の適用される贈与とは、範囲の不明確な普通法上の「報償的贈与」の概念と関わるが、Liberalität がわずかであるか全く存しないという本質的特徴を有するものとして明確化されている。

ところで、このような Liberalität を欠く「道徳上の義務の履行」をめぐる学説の対立において一定の役割を果たすものとして、ＢＧＢ五三四条のほかＢＧＢ八一四条があるので、ここで触れておく。ＢＧＢ八一四条は不当利得法において、「給付者が給付につき義務を負っていないことを知っていた場合、又は給付が道徳上の義務若しくは儀礼を考慮したものであった場合は、債務の履行のため給付したものは、返還を請求することができない」[12] と規定している。この条文は、一定の場面で、給付が道徳上の義務もしくは儀礼を考慮したものであった場合に返還請求権を排除するものであるため、道徳上の義務を自然債務とする根拠とされたのである。この規定の制定にあたっては、第二委員会において次のような議論がなされた。[13] 少数派は、時効にかかった債務等若干の重要な債務関係の場合はともかく、道徳上の義務や儀礼上の義務ではその概念が不可測に拡大される危険があるから、このようなものに法的効果を与えるべきでないとし、また、方式が遵守されていないにもかかわらず義務者がこれをなす約束を守らなければならないとされる危険があると主張し、この規定に置くことに反対した。[14] しかし、これに対して、法は人々の道徳上の意識を害してはならないのであり、給付者が給付をなそうとするか否かは義務者の良心や儀礼感覚に委ねられているところ、給付者自身によって道徳に適う状態が作り出された場合には法的手段をもってこれを元に戻させることは許されないとして、法と道徳の調和を強調する意見が多数を占め、右のような規定が制定された。この多数派は、無方式の約束がなされた場合の法的強制について、道徳と儀礼が無効な約束を履行するよう要求しているのであるから、これをなす約束の方式欠缺を主張するのは儀礼に反するとする。[15]

ところが、ＢＧＢ五三四条を見れば、道徳上の義務を履行する約束を贈与とし、贈与契約に必要な方式を免れさせてはいない。しかし、ドイツ判例は、ＢＧＢ五三四条に反し、贈与性を否定するところから出発するのであり、学説上も、当初はＢＧＢ八一四条に基づき、さらに贈与の本質的要素である無償性の考察に基づき、必ずしも贈与ではないとする少数説が現在に至るまで存在している。この道徳上の義務の履行の贈与性という争点の現実的意義は、道徳上の義務や儀礼の顧慮に基づく契約がドイツ法の厳格な贈与方式を備えない場合に法的に強制されうるかという点にあり、いまだにドイツ法において議論されているという。ここでは、いかなる場合に贈与特有の規定をどの程度適用すべきかが論じられているのであり、これは一方的出捐契約にどのような法的拘束力を認めるべきかという問題であると位置づけられ、この意味では、ＢＧＢ五三四条で規定された返還請求権の排除と連続性を有するものであろう。同条は、贈与法においてなお十分に社会的な意味を有しているのである。(16)

二　判例

1　旧判例

道徳上の義務の履行の贈与性に関する判例は、一九二九年のリーディングケースを境に変容を遂げている。かつては、贈与であるためには、「約束された給付は法的又は道徳的な性質の義務のいずれも基礎としないという両当事者の認識が必要である」として、道徳上の義務の履行の贈与性を否定していた。例えば、以下のような判例がある。

［1］　ライヒ裁判所一九一三年五月三日判決

事案は、以下のとおりである。一九〇九年一〇月一日、被告(女性)が財産を相続するか、他の者と結婚するかしたときには、五〇〇〇マルクの債務を「返済」すべき旨を確認した借用証を、被告が原告(男性)に交付した。原告はこの借用証に基づいて、被告が母親の財産を相続すると主張して、被告に対し五〇〇〇マルクの支払を求めた。地方裁判所は請求を認容し、上級地方裁判所は、利息発生の時点を変更したものの、被告の控訴を棄却した。

ライヒ裁判所は、以下のように判示して、原告の請求を棄却した[17]。当該返還債務が良俗違反であるとの被告の抗弁を退けた第一審及び原審の判断は是認できず、当該債務は良俗違反である。また、控訴審がこれまで確定したところのもの以外に債務承認の法的根拠が説明されないならば、その債務は方式の必要な五一六条の意味の無償の贈与と評価される[18]。

さらに、かつての原告の給付も、贈与であるとする。その根拠は、「彼がそのとき自ら与え自ら望んだ恋情に屈服したことの対価として、恋情の対象により損害補償を約束させられる場合、この出捐は明らかに無償の出捐としか解されえない」ことにある。本件では、「両当事者が贈与意図で行為していないこともありうる」が、ライヒ裁判所は贈与の成立要件を次のように解するので、贈与であることは妨げられない。「贈与する意図はＢＧＢ五一六条により必要とはされていない。贈与の成立には、出捐の客観的無償性のほか、約束された給付が法的にも道徳的にも義務を基礎としていないという当事者の意識があればよい[19]」。

このように、本判決は、贈与を無償契約とした上で、無償性の合意に関して、法的義務のみならず道徳上の義務もないという当事者の認識を要するとする。このライヒ裁判所判決は、法律上のみならず道徳上、儀礼上も義務が存しないとするために、そのような義務のある場合を相当限定的に解しているように見える。即ち、それは、当該給付が、先行する無償の役務が給付されたことの対価である場合、また、受領されるべき反対給付の補償と評価しうる場合であるというのである[20]。ところで、ここで贈与の要件でないとされている贈与意図、贈与する意図については後述するが、利他的色彩を有し得るものであり、ＢＧＢ下の通説によれば贈与契約の成立に必要ないものである。本判決は手切れ金返還債務の贈与性を認め、その法的拘束力を方式欠缺ゆえに否定する。そのためにすでに支払済みの手切れ金給付自体も贈与としたとすれば、恋愛関係の清算のための女性への給付を返還する債務を認めないために、かつての給付に贈与という法的根拠を与えようとした判決であると見ることができる。

［2］　ライヒ裁判所一九一七年四月二一日判決

本件の事案は以下の通りである。被相続人の貸付金について、被告の土地に一三〇〇〇マルクの抵当権が登記されていた。その抵当権の半分が原告に相続され、登記された。原告は、その利息が少なくとも一九一三年五月一日以来未払いであるとして、貸付金契約を解約し、六五〇〇マルクならびに一九一三年五月一日以来の四パーセントの利息について、原告に属する半分の抵当権に基づいて提訴した。被告は、被相続人の死後に、原告とその共同相続人及び被告とその妻が、被告夫婦が死ぬまで貸付金を無利息のままにしておくことを取決めたと主張して、請求棄却を求めた。そして、この取決めは、被告の妻が被相続人の家庭で長年有益な役務を給付してきたことからなされたものであるという。原告は、この取決めは贈与方式を欠いており、加えて、公証人の作成によることも話し合われたがそれに至らなかったのであるから、法的には拘束的でないとした。地方裁判所は請求棄却とし、原告の控訴も棄却された。(21)

ライヒ裁判所は、次のように判示し、上告を容れなかった。「原審は地方裁判所と同様、報償的（belohnenden）贈与がBGB五一八条の方式を要すると認めない。被告夫婦が生きている間は貸付金を無利息とし解約できないようにしておく約束が、二〇年以上ずっと金銭的報酬なしに被告の妻によって給付された、被相続人への役務に対する遅れた反対給付を意味するということが、証明されたものと評価しているのである」。被告の妻は、同居により無料で住居と食事を得られることのみに対して、この先行役務を給付するつもりではなかったし、このことは「被相続人の解釈にも合致する」。即ち、被相続人はこれにつき「金銭で補償することを義務付けられていると感じていたであろう。これを十分になすために、終意処分の方法を選ぶつもりであったに過ぎない」。それなのに、実際はこれがなされていないから、本件取決めの背景として被告夫妻が役務に対する補償として遺産に対する法的請求権を有するとされていたのであろう。[22]それゆえ、ここでは、五一六条の意味での無償の出捐は問題とならない。このような説明は、原審がライヒ裁判所の判例に合致するとするものである。即ち、「約束された給付が法的又は単なる道徳上の義務を基礎とするという、両当事者の意識が存するだけで、贈与の成立は妨げられる。まさにここで問題となっているような事例は、贈与と有償の出捐の間の境界領域にある」とするのである。[23]

本判決は、このように先行役務の無償性を否定して、これに対し報酬を与えるという後の合意は、贈与でも報償的贈与でもないとする。そして、原告は、公証人による証書がないことを理由として被告が主張する取り決めの効力を否定したが、この主張を認めない原審の判断を是認する。[24]

本判決は、貸付金債権を相続した原告が被告との間で貸付金を無利息とする約束をしたが、この約束は被告の妻の被相続人に対する先行役務に報いるためのもので、贈与ではないとする。ここで被相続人が、同居して家事サービスをしてもらったという自分の受益を無償とは思っておらず、本件約束をした相続人にも、被告が遺産に対する法的請求権を有しているという意識があったとし、貸付金を無利息とすることは先行役務の「反対給付」であると認識していたと評価している。これを見れば、本件取決めは有償契約となるが、贈与と有償の出捐の「境界領域」にある事例であるとされている。このような場合でも、「法的、道徳的義務の認識が贈与の成立を妨げる」という旧判例下の規範の下では、贈与とはされないのである。

２　新判例

１で挙げたライヒ裁判所の判例は変更され、それ以後道徳上の義務の履行は贈与と扱われることになった。旧判例を変更したのは、次に挙げるリーディングケースである。

[3]　ライヒ裁判所一九二九年九月三〇日判決

事案は、以下の通りである。木材問屋を営む会社のオーナーであった被相続人が、一九二四年二月一〇日に死亡し、被相続人の妻と未成年の嫡出子が法律上の相続人となった。原告は、被相続人の非嫡出子である。事業は両相続人及び被相続人の兄（弟）により、これまでどおり合名会社の事業として続けられた。この兄（弟）と妻は共同で、会社の代理人の権限、若しくは支配人としての権限を与えられていた。一九二四年八月二七日、被相続人の兄(弟)と妻は、担当の後見裁判所の裁判所書記課の書記官の調書に、非嫡出子と会社が当時締結した和解契約のほか、さらなる補償金額四〇〇〇ドイツマルク、従って、全部で八〇〇〇ドイツマルクを支払うことを、「代理権ある会社社員として」表示した。非嫡出子の後見人がこれに同意し、後見裁判所がこの「合意」を認可した。その後、被相続人の合名会社は解散し、兄(弟)が唯一のオーナーとなった被告会社が、その積極財産も消極財産も引き継いだ。被告会社は、支払約束の無効を理由に支払を拒んだ。地方裁判所と上級地方裁判所は原告の請求を認容した。(25)

ライヒ裁判所は次のように判示した。原審は、贈与方式を欠くという抗弁を排斥する。一九二四年八月二七日の契約締結の際に、原告に法的請求権はもはや帰属しないことが合意されているとしても、当該給付は道徳上又は儀礼上の義務を基礎としているという両契約当事者の意識だけで、贈与の成立は妨げられるからである。この点、この契約の趣旨は、被相続人がその法的義務を和解金額の支払によって履行していたのだが、支払われた額の価値がほぼ完全に下がり、その目的をもはや果たし得ないので、被相続人は道徳的にさらなる給付を義務付けられており、その死後この道徳上の義務が相続人に承継されたというものである。原告の後見人も同様の考えで、被後見人が法的請求権をもはや取得できないことを後見裁判所から知らされたとき、それにもかかわらずなお何かを得ることが妥当であると考えたのである。相手方もこれを理解しており、被告会社の社員である相続人らは、原告に父の遺産からなお何かを与えることを道徳上義務付けられていると感じていたのである。そして、原審は、被相続人が扶養料支払義務を負っていたとしても、会社財産は社員の個人的債務のために責任を負わないことを前提としながらも、被相続人が遺産を会社財産に組み入れていたため、支払義務は相続人個人にではなく会社に引き受けられ、原告にさらなる扶養をするという道徳上の義務は会社財産により履行されるべきであるというのが当事者の見解であって、[26] 一九二四年八月二七日の契約は成立しており、贈与に関する方式規定違反ゆえに無効であるとはいえないとする。

ライヒ裁判所は、この方式違反の抗弁に関する上告理由を容れた。[27] 即ち、原審は「約束された給付が道徳上又は儀礼上の義務を基礎とするという契約当事者の意識が、贈与の存在の認定を妨げるという命題」によるが、本判決は、そのような命題はライヒ裁判所の判例で確定していないとする。ＢＧＢ五三四条が贈与の性格を承認していることに従うべきであるからである。「ＢＧＢ五一六条は、ある者がその財産から他の者を利得させるという出捐、及びこの出捐が無償でなされることについての両当事者の合意が、贈与概念の要件であるとしている。法律行為の内容上、反対給付が対峙していない出捐は、無償である」。この点、「債務の履行、又は履行に代わる引渡としてなされる出捐は、有償である。なぜなら、債務からの解放は、債務者にとって財産的利益を意味するからである。従って、一方当事者が自己の見解として出捐について法的請求権が存すると知らしめた場合も、無償性の合意は欠ける」ことになる。これに対して、「両当事者が、その出捐が法的義務ではなく、道徳上又は儀礼上の義務を基礎としていることについて合意している場合には、有償性の合意はなく、無償性の合意が存する」という。そして、道徳上の義務又は儀礼を斟酌して行われた贈与については、民法は五三四条の特別規定で困窮ゆえの返還債権（五二八条）と忘恩ゆえの撤回（五三〇条）を排除するに過ぎない。「道徳上の義務や儀礼を斟酌してなされたというにすぎない出捐は、法的意味では無償であり」、そのようなものであることについての合意が現に存する場合には贈与である。よって、贈与一般に適用される規定には服するのであって、五一八条の方式規定にも服するのである[28]。

本件では、被告会社の社員が、原告に対して父の遺産を含む会社財産から何かを出捐することを道徳的にのみ義務付けられているに過ぎないと感じていたこと、そして、彼らが道徳上の義務の履行として支払約束を表明したことについては原告の後見人と同意している。このことがライヒ裁判所にとって決定的なのであり、一九二四年八月二七日の合意は贈与契約であるとすることができるのである。それにもかかわらず、この事例では、五一八条で必要とされる方式、裁判所又は公証人の証書作成が、遵守されていない。以上により、本判決は当該契約を無効とし、原告の請求を棄却するのである[29]。

この新判例は、旧判例を変更して、「道徳上の義務の履行は、贈与法における無償性を排除しない」としたものであると評価される[30]。ロレンツによれば、このライヒ裁判所判例によって、道徳上の義務や儀礼を考慮した合意が無償性の合意であるという見解が定着した[31]。但し、この事案は、当時インフレにより金銭の価値の下がったことを背景にこれを埋め合わせる給付が問題となっており[32]、本来の扶養義務は果たされているのであって、道徳上の義務の履行の典型例として挙げられるものとは異なる。

三　学　説

学説上、ＢＧＢ五三四条の道徳上の義務の履行が贈与であるか否かに関しては争いがある。多数説がこれを贈与とするのに対し、次のような少数説がある。旧判例下ではシュミットがその贈与性を否定し、エンデマン、キップ、ジーバー等が、贈与である場合とそうでない場合の区別を試みた。そして、新判例がこれを贈与とした後にも、ロレンツ、グルントマン、フィッシャーが、これに疑問を呈し、少なくとも道徳上の義務の履行が贈与でない場合を認める。以下、贈与とする通説、及び、少数説のうち、贈与を否認する見解、また贈与である場合とそうでない場合があるとする二分説を見ることにする。

1　贈与性を認める説

多数説は、古くから、道徳上の義務の履行はＢＧＢ五三四条により無償であって[33]、法的にはＢＧＢ五一六条以下の意味での贈与であるとする[34]。これによれば、五三四条によって排除されない、方式規定等の贈与法の適用は免れない結果となる[35]。

例えば、トゥールは、特別の取扱いがされているものの「道徳や儀礼を顧慮してなされた出捐は、両者が無償としているならば、贈与の性格を保持する[36]」とする。また、クローメ、ラーレンツもＢＧＢ五三四条で規定されているとおりに贈与であるとしている。但し、これらは、若干の少数説が問題とする自然債務、不完全債務に関しては、必ずしも否定する立場に立つものではないようである。トゥールは、法的性質のない道徳上の義務の履行は、このような義務からの解放が給付の法的な等価物とはされないから、無償であるとするが、このことは、婚姻仲立料（六五六条）、博戯による債務（七六二条）、時効消滅した債務（二二四条二項）といった自然債務の履行の場合[37]にはあてはまらないとする。「道徳上の義務と儀礼は法的義務の発生根拠ではないし、自然債務の発生根拠ともならない。この出捐が無償であることは五三四条の規定から推定されうる。任意になされたならば贈与であり、当事者が法的義務を信じていたならば贈与は存しない」というのである[38]。クローメなども、独立資金など、法律により不完全な法的債務とされるほど特別扱いされている一定の道徳上又は儀礼上の義務の履行だけが贈与でないという。これに対して、「それ以外に法律によりしばしば言及されている道徳上又は儀礼上の義務は法的義務ではなく、不完全債務ですらない」のであり、五三四条によってこれが贈与であることは明白であるとする[39]。ラーレンツは、民法に規定のある博戯、賭事、婚姻仲立、独立資金等の場合「法的義務は存しないが、当事者がその給付を贈与とは見ていない」のと異なり「単なる道徳上の義務や儀礼が顧慮されていることは贈与としての性格を排除することはなく」、特則が存するのみであるとしてBGB五三四条に言及する（ほかにも、一六四一条、一八〇四条等が存する）[40]。

このように、多数説は、BGB五三四条が明文で「贈与」としているため、「単に道徳上の義務や儀礼を顧慮した贈与は、実定法上の決定ゆえに贈与である」としているのである[41]。

2　贈与性を否認する説

(ア)　シュミットの見解

シュミットは、贈与性を否定するライヒ裁判所の旧判例の立場が妥当であるとする[42]。即ち、道徳上の義務の履行は贈与ではないというのが、フランス法[43]や、スイス債務法二三九条三項の立場であるのに、BGB五三四条はこれによらない。しかし、旧判例は、これらの考えを「われわれの民法において基礎付ける」ための、ライヒ裁判所の「重大な功績」であり、この立場を支持すべきとするのである。これによれば、道徳上の義務の履行には方式規定等が適用されないこととなるが、これは軽率で不注意な贈与約束を防ぎ、そのような約束を強制するという「贈与者への礼儀に反した影響」[44]を和らげるためであるのであって、道徳上の義務を自覚して表明された約束の場合には妥当しないのである。この見解に立つと、法の領域と道徳の領域の区別を十分に保っていないのではないかが問題になりうるが、それはBGB八一四条の存在によって解決するとする。前述の不当利得に関するBGB八一四条の趣旨、即ち法と道徳の調和は妥当かつ重大であり、また、その規定内容は「疑いなく、道徳上の義務に法的効果を与える」ものであるから、この規定によって有償性概念を「我々の道徳に関する見解と調和するように」解釈することは妨げられないと解するのである[45]。

このように、シュミットは、約束された給付が法的義務でなく単なる道徳的性質の義務を基礎としていることを、両当事者の一方が認識しているだけで、贈与の成立は妨げられるとする。この見解によると道徳上の義務の履行契約は贈与ではなく、贈与法の適用がまったく否定されることになるため、そのような強い拘束力を有するのはいかなる場合かを詳細に論じている。当事者が道徳上の義務の基礎となる事実を認識していることは必要であるが、道徳上の義務の有無自体は客観的に判断されることを要するのであり[46]、ライヒ裁判所が「道徳上の義務」を限定的に解するように、これを生じさせる当事者間の「特別な関係」を次の通り具体的領域ごとに慎重に検討する[47]。

まず、親族関係では、訴求可能な義務が存在しない場合にも、親族を扶養する道徳上の義務を認める。例えば、困窮した姪への援助、父の非嫡出子に対する扶養の義務を認め、婚姻関係にない妊婦に援助と損害賠償をする義務も存するとする。さらに、両親が子に対して適当な独立資金を与える道徳上の義務が存する。BGB一六二四条がこの義務の履行を明文で贈与から除外することはこの見解に沿うものである[48]。

次に、損害補償に関しては、名誉毀損等、現物の原状回復が不可能でありかつ非財産的損害として金銭賠償が請求されえない場合も、道徳上金銭による損害賠償の給付義務が認められる。また、婚約の解消により損害賠償の支払義務が生じる。さらに、法的な賠償義務は負わないが、不利益な助言を与えた者がその助言で損害を受けた者に給付をなす義務、また、子に財産のない場合に、監督責任違反がなくても子が生ぜしめた損害を父が補償する義務が考えられる[49]。

またドイツでは、激しいインフレに伴う価格増額法に関連する事例が生じたが、当事者が法定率を超える増額を取決めた場合、ライヒ財政裁判所は法定率を超える部分の自然債務を認め、贈与税を認めない。これに反対する見解もあるが、シュミットは、道徳上の義務に応じた範囲で自然債務が存在し、それ故に、その範囲での支払約束は贈与ではないとする[50]。

倒産法と関係した事例も挙げられている。強制和議によって債務の一部を放棄してもらった債務者は、放棄された残額を支払う道徳上の義務を負い続けるので、この残額の支払や支払約束は贈与ではない。また、取締役が有限会社の中心人物である場合、その取締役は、破産において満足を得られなかった会社債権者にその私財から支払をする道徳上の義務を負う。(51)

さらに、シュミットが要求する「特別な関係」は、相手方の役務給付を過去に受領していたことからも生じうる。これに対して「反対給付」をする道徳上の義務が存するため、受領者の支払約束は贈与ではない。(52)

最後に、シュミットは、方式を欠く契約を履行する約束が、道徳上の義務の履行といえるかを問題としている。立法者の定めた方式規定を空疎にするとの理由で、方式を欠く第二の約束を道徳上の義務の履行とはしない。しかし、方式を欠く契約を履行する約束について、当事者の「特別な関係」が認められるような事情があり、方式が規定された趣旨を没却しない場合には、道徳上の義務の存在を認める。(53)

この見解はＢＧＢ五三四条にもかかわらず、ＢＧＢ八一四条を拠り所として、フランス流の自然債務理論を参考に、贈与性を否定する見解であって、そこでの問題は主として法と道徳の関係であり、贈与契約の性格や無償性及び有償性の概念を問題にしているわけではない。また、具体的に「道徳上の義務」の限定を強調することは、贈与法を適用すべき契約に対する配慮であって、道徳上の義務の履行の贈与性を否定するシュミットの見解においては特に必要である。この点、シュミット自身がスイス債務法を参照しているが、後述のスイス法が主観的基準による法律行為性の問題として処理しているのと異なる。即ち法的拘束力の調整に関して、客観的に当事者間の「特別な関係」の存在を検討するという立場と、主観的効果意思の認定によるという立場の、実際上の差異は小さなものでありうるであろう。しかし、シュミットは不明確ながらも各場面ごとに基準の定立に努めており、道徳上の義務の履行を契約の一類型として客観的に捉えるという見地からは、参照に値する見解であるといえる。

3　二分説

次に、道徳上の義務の履行を、贈与である場合と贈与でない場合に分ける見解を概観する。贈与性の有無の基準の定立をそれぞれの見解が試みているが、抽象的な基準で具体的範囲を明らかにすることは難しい。定立された基準から各説を分類することは困難であるが、シュミットと同様BGB八一四条に基づいて自然債務の履行という構成を採るものから、有償性・無償性の概念自体を問題とするものへと変遷していくと見ることができ、この観点から各説を見ていく。

(1)　自然債務の履行契約との関係を問題とする説

(ア)　エンデマン、リューメリンの見解

エンデマンは、道徳上の義務の履行を、贈与である場合とそうでない場合に分け、贈与でない場合とは自然債務の履行であるとする。後者においては、BGB八一四条に基づいて自然債務を認め、その履行であるとして、贈与性を否定するのである。即ち、「道徳上の義務は、確かに、BGBによって真に債務と評価されることはなく、法的強制力をもたない。しかし、それは、なされた給付が不当利得と評価されないという限りで、法的評価を与えられている。この半ば法的であることの承認は、なされた給付の法的根拠として十分であり、それは債務の履行であって、贈与ではない」[54]。BGB五三四条が贈与とすることについては、同条が「道徳上の義務の履行のすべてを贈与とすることを定めているわけではないのであって、「五三四条と八一四条とは異なる事例に当てはまるように思われる」とする。BGB八一四条の場面とは当事者が法的目的として債務の履行を前提としている場合であって、例えば、叔父が姪の結婚披露宴の費用を支払ってやる場合、五一六条一項、八一六条一項二文にいう無償の出捐は存在せず、八一四条が妥当するのである[55]。

この見解は、個々の事例がいずれに入りうるのかを識別する基準が明らかでないと批判されており[56]、この点、エンデマンの二分説を支持するリューメリンも、この区別の困難さを正面から認めている。リューメリンは、B

GB七八〇条、七八一条が定める無因の債務約束又は債務承認の成立をめぐって、これらの規定にもかかわらず、厳格な方式がなお要求される五一八条の「贈与」[57]が、道徳上儀礼上の義務の履行の場合にも存するかを論じる。[58]五三四条によれば贈与となりそうであるが、私文書による約束が訴求可能である場合を認めるためには、少なくともすべての道徳上又は儀礼上の義務の履行契約を贈与とはし得ないのである。[59]そこで、リューメリンはエンデマンの二分説に賛成するが、[60]二つの事例群に区別することについては、「法律にも習慣にも明確な根拠を有しないために、それを個々の事例で行うのは非常に困難である」ことを認める。[61]エンデマンが出捐が贈与でない場面として挙げる結婚披露宴の食事にしても、その分類が不明確であるという。[62]シュミットは、区別の基準が立てられているとはいえず、裁判における基準とはなり得ないとして、「エンデマン及びリューメリンの学説は我々にとって助けとならない」と批判する。[63]

エンデマンの見解の基礎にあるのは、BGB五三四条はあらゆる道徳上の義務の履行が贈与と把握されるべきことを規定しているわけではなく、それが贈与である場合に撤回や返還請求権を排除しようというだけの趣旨である、という解釈である。そして、贈与か否かは当事者が債務の履行としていたかという主観により決するとするが、自然債務理論を用いる以上、自然債務の存する場面であることが前提であり、決定的となるはずであろう。しかし、その判断基準は明確にされていない。要するに、エンデマンの見解は、五三四条が道徳上の義務の履行が贈与でありうることを述べるにとどまり、贈与でない余地もあるという、二分説の基礎となる解釈を示したことに意義があると言える。

⑵　自然債務の理論にはよらない説

(イ)　フォス、キップの見解

これらは二分説に立つが、明確には自然債務理論によっていない。そして、贈与と非贈与の区別について、なんらかの実質的基準を立てようと試みている。

フォスは、破産法上の取消可能性を論じるに際してこの問題に言及している。そこでは、給付の無償性が問題となるため、BGB八一四条の非債弁済の贈与性が論じられている。法的義務の不存在を知りながらした非債弁済の場合には、給付は原則的に贈与であり、道徳上の義務の履行は贈与ではなくとも無償の処分であるという。即ち、給付者が道徳上命じられる義務の履行をなした場合、支払意図でされた履行でも「給付を義務付けられていない」ことを念頭になされたならば、その給付は通常故意の非債弁済そのものであるから、原則として無償であって破産債権者のために取消し得るとすべきである。ところが、八一四条後段を見れば、「民法は道徳上命じられた履行給付を、この故意の非債弁済の事例とは明らかに区別しており」、「実際、両グループの間には重要な差異が存する」とし[64]、次のように分類する。まず、債務を負っていないのに故意に何かを給付する場合、通常の場合明らかに贈与である。これに対して、「支払の動機が給付者本人に影響を及ぼす道徳的又は社会的関係にあり、給付者本人と給付受領者との事実上の関係から相当の期待権や資格が基礎付けられる」場合があり、この場合は例外的に贈与ではない[65]。これは、当事者間の道徳的社会的関係如何によっては、贈与であることもあり、そうでないこともあるということであろう。

キップは、このフォスの見解を本質的に正しいとするが、取消可能性ではなく贈与法の適用範囲の問題として、BGB五三四条とBGB八一四条の「不一致」の解決として、贈与と非贈与の基準の明確化を試みる。即ち、一方で、「既に民法は、道徳上の義務や儀礼を斟酌してなされた贈与を知っている。この贈与は、様々な考慮により、そのような贈与でなければ適用されるであろう法を免れる」として五三四条を挙げる。「それは依然贈与であり、特に五一八条の方式規定を免れない」ほか、贈与者の責任も贈与法による[66]。だが、「他方において、BGBは、道徳上の義務の履行のために給付されたものが贈与とされない場合をも知っている。BGB八一四条では、給付が道徳上の義務や儀礼を斟酌してなされる場合には、債務を履行する目的で給付されても返還され得ないと定めている」のであり、これについては責任なき債務のようなものが想定できるという[67]。

そこで、このような「外見上の不一致」の解決として、(68) キップは次のような基準を立てる。まず、「ある者が贈ることについて道徳上の義務か儀礼上の義務を感じている、即ち、確かに贈る義務を感じてはいるが、一方では、それが相手方によって無償で受領したと評価されなければならず、相手方が贈り物に感謝すべきであると感じているという場合が、ありうる」。この場合、贈り主の気持ちとして、その給付に贈与法が適用されることが適切であると認めているのでなければ贈与とはならない。即ち、贈与法の内容は一般的に知られていないのが常であるが、もし贈与法を綿密にわかっていたとしたら、道徳上の義務の履行のために給付するという意識があっても、責任が重過失に限定されることや忘恩規定が適用されることを適切であると認めている場合にのみ、贈与となるのである。(69) これに対して、道徳上の義務の履行に際して、「贈り主がより強い程度で給付するよう義務付けられていると自覚しており、そのため、特に相手方が彼に感謝することを要求できないと考え」、自分が給付させられるのが全くの当然と思うならば、そもそも無償の出捐は存在しないとする。(70)

フォスは、出捐の取消の領域で論じているためか、事実的・社会的状況に基づく当事者の道義的関係を考慮しているが、キップは、主として出捐者の主観を問題として、贈与契約の有無を区別する。これらに対し、このように当事者の動機や主観による基準を立てることについて、シュミットは批判的である。出捐者が贈与法の適用を適切であると思っていたか否かを確認することは、「難しい課題であるだけではなく、――キップ自身が認めるように――実務的に不可能である」からである。道徳上の義務の履行により相手方がそれを感謝しなければならないという感覚を持つか否かということは不確実で定まらない基準であり、実際の事件において証明困難であるというのである。(71) シュミットの批判にもかかわらず、主観的基準により贈与性を決することは、贈与の本質が主観的合意内容としての無償性にあることからすればやむを得ないものというべきであり、キップの見解は、この無償性自体の存否を問題とする、以下の見解につながるものであるように思われる。

(3)　無償性・有償性を問題とする説

(ウ)　ジーバーの見解

ジーバーも、道徳上の義務の履行の全てにＢＧＢ五三四条が適用されるわけではない、というエンデマンの解釈を採り、贈与性の有無をＢＧＢ八一四条とＢＧＢ五三四条の交錯の問題として論じる。即ち、八一四条によれば、道徳上の義務や儀礼上の義務にすぎないものの履行でも、その履行契約は贈与ではなく、方式なしに拘束的であると推論される。これに対し、贈与性を規定する五三四条によれば、これとは「反対のことが推論される」。しかし、「この推論は誤りである。八一四条との関連で五三四条を考察するならば、その適用領域がはじめに見えるよりも非常に狭くなることになる」。そして、五三四条の適用範囲について、履行される道徳上の義務の性質には触れず、明確に、有償性・無償性に関する当事者の主観を基準とする。

ジーバーによれば、ＢＧＢ八一四条による返還請求権の排除は、誤認された法的義務の履行のための給付に関するのであり、従って、給付者や両当事者の意思が有償性に向けられていたことを前提とするという意味を持つにすぎない。ジーバーはＢＧＢ八一四条の構造から有償である履行行為へ向けられた当事者の意思を導き出すのであり[72]、特に不完全債務の有無や効果を問題とはしていない。一方、五三四条により忘恩行為と困窮ゆえの返還債権に服さない贈与の本質は、贈与概念を定める五一六条一項の無償性の合意であるとして、この無償性の存否に焦点を当てる。そして、「両当事者が道徳上の義務について知らず、又は、少なくとも贈与者がその承認を否定する場合」には、無償性の合意が存しうるとする[73]。これに対し、「贈り主が道徳上の義務を承認した事例」は、「当事者が有償性を望んだ事例」であって、「五三四条には決して該当しない」とする。「道徳上の義務の履行のために給付が約束されている場合には贈与約束は存せず、それゆえ五一八条の方式は適用されない」[74]。要するに、ジーバーは、贈与性を認めるＢＧＢ五三四条の射程を、「約束された給付が客観的に道徳上の義務に適応している場合で、約束者がそれを知らないこと又はその承認を拒んだことを証明していない」場合に限定するが[75]、それは、その場合にのみ無償性の合意が存するといえるからである。

このように、有償性、無償性の合意を直接問題とすることは後の学説の発展に沿うものであるが、その基準の具体的内容については批判されている。即ち、この見解と旧判例の差は、約束者が道徳上の義務を知っていたのにその承認を拒絶した場合に、ジーバーが無償性を認める点である。(76)この点について、道徳上の義務を知りながら拒絶する者が、義務を承認する者よりも有利になるのは不当であり、そのような場合出捐を有償とすべきであるとシュミットは批判する。(77)この批判は妥当なようにみえるが、法的に強制され得ず任意であることに道徳上の義務にとどまる意味があるとすれば、道徳心の薄い者が有利になるのはやむを得ないともいえる。道徳上義務を負うことを認めてこれを免れるためになされた方が、法的効果を生じさせる意思があると認定し易いと考えれば、このような道徳的負担からの解放という利益を求めてなされた場合に有償性を認めるということは、主観的合意内容たる有償無償の概念について示唆するところがあると思われる。

(エ)　リービッシュの見解

リービッシュもまた、エンデマンと同様、ＢＧＢ五三四条は、道徳上儀礼上の義務の履行たる出捐が贈与である場合に一定の贈与規定を排除すること以上は規定しておらず、贈与でない場合もありうるという見解であり、二分説に属するといえる。但し、ＢＧＢ八一四条に関する解釈上の問題をその理論的根拠としており、この点では明らかにジーバーとは異なる。(78)しかし、個々の事例において贈与となるか否かの基準は、ジーバーと同様、ＢＧＢ五三四条により定まるのではなく、贈与概念に関するＢＧＢ五一六条で規定される「無償」性の有無によるとする。そして、その評価が主観的になされるとする点ではジーバーと同様であるが、リービッシュは無償性・有償性の決定に不可欠な「対価」の本質について分析している。

リービッシュによれば、贈与となるためには出捐の無償性に関する合意が必要であり、「両当事者が無償性を望んだなら、それだけでよい」という。そして、「道徳上の義務と儀礼上の義務が存在するというだけで、与える側のこの意思が直ちに否定されるわけではない」のであり、「贈り主が無償性の意思を有しているが、同時にそれらの義務を知っており、出捐の動機とすることもありうる」。その場合、彼は道徳上の義務を、それから解放されることが直ちに問題であるほどに、強く感じてはいないのである。そのときには、合意のときに道徳上の義務が存しても無償の贈与であり、これにはＢＧＢ五三四条が適用される。これに対し、「そのような義務に応じなければならないという感覚が出捐の動機になるのみではなく、贈り主自身の良心に反しないよう、彼にとって、出捐が義務に足るものであることがまさに重要である場合がある。このとき彼は無償で行為するつもりではなく、その出捐と義務からの解放とを交換したのである」。後者の場合には、道徳上の義務からの解放が対価とされうるかが問題となるが、この点、リービッシュは、次のように述べる。「背後に法的強制が廷吏として立っているような義務だけが財産的負担として承認されるのか。いいや、良心と立派な考え方に基づいている義務は、本当に立派な人間にはそれだけでいっそう重圧に感じられ、要件すべてを満たした財産的負担を形成する」。よって、それから解放されようとすることは、「無償性の意思を排除する傾向」を有するのであり、「それにもかかわらず、そのような意思でなされる出捐が無償と見られるならば、それが当事者意思の歪曲であることは一目瞭然である。物事の物質的把握に完全に支配されている者だけが、道徳上の義務と儀礼上の義務を履行する出捐を無償とすることができる。そのような義務からの解放を得ることは、法的義務からの解放と同様に出捐の対価なのである」[79]。

これらの区別について、リービッシュは、その基準が出捐者の態度に依ると結論付ける。出捐が贈与か有償かは、その意思により決定される。このように、贈与契約とするには無償性の合意が必要であって、それが認定されうるかが問題なのであり、道徳上の義務に対する出捐者の主観的見解、人間性によっては、この義務からの解放が対価となりうるだけの価値を有し、有償の出捐となる場合があるというのである[80]。その判断については、その道徳上の義務が「民族意識」に定着したものであるかといったことをも考慮するが、基本的には、当事者が道徳上の義務からの解放を非物質的な「対価」とするか否かが基準であるといえる。その前提として、リービッシュは、このような非物質的なものが「財産的負担」からの解放として「対価」たりうることを認め、有償性の余地を認めるのである。

(オ)　ロレンツの見解

ロレンツは新判例の下で不都合が生じる事例の検討から、有償性の拡大を主張する。[81] 理論的には、ＢＧＢ五三四条は贈与性を規定しているが、当事者が約束された出捐の無償性について現実に合意していない場合にはそもそも贈与ではないのだから、同条の適用領域は制限されるべきであるという。この点、道徳上の義務の履行が贈与でない場合を認める二分説の系列に属すると言える。ロレンツによれば、両当事者が道徳上の義務を意識していることから無償の合意を帰結することは必ずしもできないし、そのような推論は一般に観察されるドイツ判例の傾向と適合し難いというのである。即ち、ドイツ判例を見ると、約束された出捐について請求する権利を有するという受領者の主観的な考えが、それだけでＢＧＢ五一六条一項の贈与に本質的である無償性の約定を排斥する傾向が見られるというのである。[82]

現実的な問題は、特に、ＢＧＢ五三四条は方式規定を排除していないが、このような贈与では軽率に、熟慮されずに為された給付約束を排除するという趣旨が妥当するか疑わしいことにある。[83] この点、友好的な、親族的な関係の枠内で合意により無償役務が給付され、その後に先行役務に対して純粋に儀礼を斟酌して出捐が約束された事例で、無方式で訴えうるとする判例があるという。[84] この場合、およそ契約自由において過去に完結的に存在しうる無償行為は、[85] 当事者が身分法的関係に基づく扶養義務を承認するのと同じ原則によって、ザッハリッヒな債務根拠として承認されるべきであり、[86] そのような評価の兆しは判例の中に見出されるという。[87] また、労働関係の終了後に、契約上の対価をすでに得ている役務に対して、更なる対価が法的義務なしに約束される場合がある。このような事例の場合、贈与や終身年金契約の方式規定が障害となり、その適用を免れさせるために有償性を認める判例が存するという。[88] これについて、ロレンツは、契約の有償性をこれによる出捐の交換的性格からのみ示そうとするとすれば、「この社会的におおよそ正当に決定した事例における理由付けは技巧的な印象を与える」ものとなるという。即ち、この種の事例には、当該労働者自身に対してなされたという「単純な場合」があるが、この場合でも、「約束者が法的義務を承認するのでなく、単に感謝の気持ちからなすことを明示しなかったという理由だけで、有償性に関する黙示の合意が認定されるべきである」という理由付けは内容に乏しい印象を与える。(89) さらに、このような契約が労働者の未亡人に対してなされる場合も、使用者が反対給付とせず、法的に義務付けられていない援助であると思っていたとしても、それは注目すべきものではないとされているのであり、この場合も同様であるという。(90) そこで、ほかの解釈がなされるべきであるが、「核心を維持するのに適切」な基礎付けは、単に有償性の意図を推測して反対給付の客観的な欠缺を克服させるのではなく、「亡くなった労働者の婚姻生活共同体に対する道徳上の援助義務が存し、これが労働者の一番近しい親族までも及ぶことから」、その履行として「最終的には有償でないとは決定されない」とすることである。(91) 従って、ロレンツは、完結した私法的性質の継続関係に根ざした保護義務、給付約束の「有償性の causa」が承認されることから、道徳上の義務や儀礼に基づく「贈与」は原則として存在しないこととするのである。(92)

このように、ロレンツは、道徳上の義務の履行には無償性の合意を認めないという判例の傾向を指摘し、理論的解決として、最終的に次のように述べる。「純粋な気前のよさ (Freigebigkeiten) については、給付約束に方式を要求することは十分な意義を有する」のに対し、「有償無償の間の境界領域においては不確定さが存し、これは、『有償原因』を測定可能な金銭的価値のある利益に求めるのではなく、そのような約束の前提となった個別の義務状態を抽出し検討するならば、克服されうるのである」。(93)

この見解も、道徳上の義務の履行契約の贈与性は、ＢＧＢ五一六条一項にいう無償性の有無によって決せられるとして、有償性、無償性を直接問題とするものである。(94) この点では、リービッシュの見解と基本的に共通する。しかし、その基準としては、リービッシュが「財産的負担」からの解放を対価としているのと異なり、「測定可能な金銭的価値のある利益」ではない「個別の義務状態」に考慮すべきことを述べている。そして、ロレンツの見解で注目すべき点は、そのような義務を欠く、純粋な気前のよい約束でこそ、方式を定める贈与規定が十分な意義を有するとすることである。道徳上の義務という法の外の義務は有償性に必要な「対価」の前提となりうるものであり、有償無償の境界領域にあって贈与性は不確定であるが、これに対して、気前のよさによるものは贈与とすべきなのである。

(カ)　グルントマンの見解

グルントマンは、法の外に存する義務負担をも考慮することで有償の法律行為の領域を拡大し、これにより、贈与方式に関するBGB五一八条の射程距離は制限されるべきであるとする。(95) 即ち、方式の必要な贈与であるBGB五三四条の範囲を制限すべきであるが、同条の契約は無償の贈与であるとされているため、贈与性を否定すればよいのである。とすれば、同条の適用範囲は贈与性、無償性の有無によることとなり、有償性の拡大によりBGB五三四条の適用外となるものが多くなる。グルントマンは、ロレンツの立場について、対価が金銭的価値を有しなくてもよいかが検討される、有償無償の境界問題に関して、最も徹底的に論じるものであり、議論を大きく前進させたと評価する。(96)

グルントマンは、道徳上の義務の履行は、贈与である限りで五三四条の効果を生じるとの二分説の基本的な考えを採るロレンツの見解に賛成している。また、注目すべきは、二分説がBGB五三四条制定過程に見られる立法者の考えに適合しうるとすることであり、この点で独自の意義を有する見解であると思われる。これによれば、Liberalität でないものは忘恩規定に適合的でないとの考えは、(97) そのようなものに有償性を認めることと連続性を有し、その基礎となりうることとなる。有償行為として贈与性が否定されれば、BGB五三四条が排除しない方式規定等を含めすべての贈与規定が排除されるから、贈与法全体を貫く贈与観を問題とする際に参考になる見解である。

(キ)　フィッシャーの見解

これら有償性の拡大を主張する見解に対し、フィッシャーは、無償性の方に着目して贈与の範囲の限定を試みる。贈与契約においては無償性の合意以外に主観的要件として利他的な気前のよさ (altruistischen Freigebigkeit) が必要であるとして、贈与を利他的なものに限定するのである。この気前のよさとは古典的な animus donandi (贈与意思) であり、フィッシャーは、この利他的な意思を贈与契約の要件とする自説と、BGB五三四条が定める非利他的な契約類型の贈与性との間に理論的に矛盾が生じるとして、この問題を論じる。この見解によれば、この特別な主観的要件を排除する合意、つまり、出捐が気前よくなされるのではなく、出捐者の利己的な理由に基づいてなされることについて積極的に合意する場合には、贈与ではあり得ないのである。(98)

フィッシャーの見解によれば、五三四条は気前のよさという書かれざる贈与要件と衝突することになる。贈与契約には気前のよさが必要であるのに、およそ「法的義務へと濃縮されない道徳上の命令のために活動している」者は、確かに任意に行為しているが(99)、気前がよいとはいえない。それにもかかわらず、BGB五三四条は道徳上の義務の履行を特殊の贈与としており、判例も贈与としている。フィッシャーの贈与概念を前提とすると、気前のよさが欠けるにもかかわらず、五三四条が贈与と規定している点に、矛盾が見出されるのである。(100)この矛盾の回避のため、その出捐が道徳上の義務を斟酌してなされることを当事者が合意し契約内容としていた場合には、贈与をする意思の合致が存しないとして贈与性を否定する。(101)五三四条が贈与であるとしていることについては、「エンデマンがBGBの施行後すぐに説明してきた」、同条の解釈を採る。即ち、五三四条に基づいていえることは、道徳上の義務の履行が贈与によっても達成されうることのみであり、「贈与が一般的に存在することが、不可避的に推論されるわけではない」。(102)このことから、道徳上の義務の履行に関するフィッシャーの見解は、二分説に分類することができるのである。

これによれば、利己的目的のためになされることが合意されている出捐約束は全て「気前のよさ」の要件を欠き贈与ではないが、このうち道徳上の義務の履行契約の場合は、当事者間の主観的判断ではなく、一般に承認される基準により認定されるのであり、その際、道徳上の義務の範囲は狭く解すべきであるという[103]。即ち、一般的な道徳上の博愛義務では足りず、具体的な事例の状況から特に生じた、道徳に根源を持つ義務であって、フィッシャーによれば、出捐が道徳上正当化されるだけではなく、むしろ道徳上要請されるものでなければならない[104]。

書かれざる利他的要件を主張するフィッシャーの見解は、道徳上の義務の履行という領域において贈与性が否定されうる点では他の少数説と共通するが、そのために有償性の拡大を論じるのではなく、直接その反対概念である無償性の方に着目して理論構築を試みた見解であるところが異なる。贈与法における無償性を検討をするために、贈与契約の本質について考察しており、ドイツ法における贈与観を探るについて参考になる見解である[105]。ドイツ法においては有償性が広範に認められ、金銭に算定し得ない精神的な利益を得る目的を伴う出捐も贈与とされない状況があり、このことから贈与概念と利他性との結びつきを導き出すのである[106]。即ち、贈与法においては、あらゆる種類の反対給付、客観的に価値のない反対給付さえも、無償性を排除する。贈与対象である出捐とは純粋に財産関係の概念であり、受領者の利得は客観的に認定され、精神的な価値を考慮してはならない。これに対し、客観的に一方的な利得が存し、その認識がされていた場合、なお価値のない反対給付が存在するだけで、その出捐の無償性は否定されるのである。ドイツ法においては、出捐者が経済的な利益を追求する場合にも、専ら個人的な非財産権的利益を期待する場合にも、贈与とはされない。例えば、夫が、財産的利益をもって、その妻を婚姻生活に復帰させようとする場合、非監護権者である親が監護権者である親に彼らの子供を引渡させようとする場合があり、さらに、実務上見られるものとして、被相続人となる者が、相続権者となり得る者の遺留分放棄に対して対価を支払う事例があり、この遺留分放棄の事例群は、特に予防司法的な手段として、事業の承継の領域で意義深い役割を演じている[107]。よって、これら当事者の非物質的な利益を、給付に関しては特に認めなければならず、有償と無償を区別する基準となる「主観的な等価性の評価の際に承認しなければならない」であろうというのである。[108] このことからすると、通説は要するに、出捐者が、法律行為の内容において、利己的で、利他的でない利益（eigennützige, nicht altruistische Interessen）を追求する場合には贈与法を適用するつもりはない、と見ることができる。フィッシャーは、このことから積極的に、贈与が利他的目的を追求する契約類型であるとして、利他性を要求するのである。

(4)　少数説の発展に見る贈与の限定

以上、ＢＧＢ五三四条をめぐる議論を、特に少数説を中心に見てきた。これは、道徳上の義務の履行等の贈与性の有無を論じるものであるから、五三四条の範囲というより五一六条以下の贈与契約そのものの範囲如何という問題を扱うものといえる。通説は、道徳上の義務の履行契約を五三四条の規定そのままに贈与とする。これに対し、初期の少数説は、「道徳上の義務の履行」等の場合に不当利得返還請求権を排除するＢＧＢ八一四条に基づいて、自然債務理論により、その「履行」約束を有償とし、五三四条の定める贈与性（無償性）との関係を問題としている。まず、シュミットはフランス流の自然債務を是として、ドイツ法においてもＢＧＢ八一四条を足がかりに、道徳上の義務の履行の約束を有償であるとしている。ＢＧＢ八一四条は道徳上の義務にともかくも法的効果を与えるものではあるから、法と道徳の調和を目指すべきとするのである。また、二分説に属するエンデマンの見解は、同条より道徳上の義務が自然債務でありうるとした上で、問題の焦点は、これが自然債務の履行約束である場合と、五三四条の特殊の贈与である場合の区分に存するとした。キップも二分説に属するが、八一四条に触れながらも不完全債務の範囲を問題とはしていない。但し、これらはいずれも、五三四条の解釈として、道徳上の義務の履行が贈与でありうることを認めるにとどまり、そのすべてを贈与としているわけではないというエンデマンの考えを基礎としている。このように、古い時代では自然債務理論の契約法上の効果が認められ、道徳上の義務が自然債務かが問題とされている。

通説に属するトゥールは、このような二分説について、[109]「用語上の、そして概念上の混乱」から生じた見解であると批判している[110]。「履行可能性が法的義務の特徴であって、一定の場合に強制不可能な給付が贈与でないことが認められる場合、このことによって、自然債務の存在が認められる」べきであるというのである[111]。この考えからすると、「履行」であって、贈与でないとされることから自然債務の存在が導かれるのであって、贈与性を認めるBGB五三四条の明文規定を根拠に自然債務の存在を否定することとなろう[112]。ここでは、自然債務や不完全債務と単なる倫理的、社会的な義務とは区別され、特に個別規定がない限りは、八一四条にもかかわらず、道徳上の義務の履行は五三四条により贈与なのである[113]。

このように自然債務ないし不完全債務と道徳上の義務を明確に区別するのが通説であるところ、BGBにおいて不完全債務を認めること自体に懐疑的な見解は、不完全債務と道徳上の義務を区別するのが非常に困難であると指摘する[114]。二分説を採るジーバーは、不完全債務の概念はBGBにとって不要であるとし、「不完全債務と道徳上の義務との有効な区別基準を見出すことは、あらゆる努力にもかかわらず、ドイツ法学では成功しなかった」としており、リービッシュもこれに賛成している。「いわゆる不完全債務という影のような存在は消し去る」べきであって、道徳上の義務の履行についても自然債務の履行についても有償・無償を一律に決すべきであるとする。そして、リービッシュは、対価概念に関する一般的な考え方を改めて、法的義務からの解放のみではなく、道徳上の義務からの解放も対価であることを承認すべきであるとする[115]。道徳上の義務を履行しようとする当事者の人間性によっては、道徳的義務からの解放にすぎなくとも対価たる価値を有する場合がありうるのである。このように、リービッシュは自然債務、不完全債務という概念を用いることを否定的に見て、一般的な給付の対価の問題を「独立に」解明することを試みる[116]。道徳上の義務の履行の贈与性は、不完全債務か否かではなく、贈与の要素である無償性の存否の問題であるとして、対価があるか否かが決定的であるとするのである。さらに、ロレンツの見解は、贈与性を認めるBGB五三四条の個別事例での不都合、即ち、贈与法が適合的であるかという見地から、有償原因を非金銭的価値があるにすぎない利益まで拡大することを検討しているのであり、グルントマンも、有償行為の範囲を法の外にある義務の履行にまで広める。契約法上の効果まで生ずべき自然債務を認めることが論理的に有償性の拡大につながるとしても、リービッシュ以降、そのような形式論からは完全に離れて、有償性の基礎となる対価とは何かということに着目して、道徳上の義務の履行の場面における無償性と有償性の境界線が検討されてきたといえるだろう。

さらに、このような有償性が広範に認められ、特にこれが贈与者の主観に関わることを基礎として、反対概念である無償性を要素とする贈与契約を利他性の観点から限定しようとするのが、フィッシャーである。この見解は、贈与には無償性のみならず、出捐者の利他的意図が必要であるとするのである。フィッシャーにとって自然債務はあまり問題ではなく[117]、強調されるべきなのは、そのような義務の任意の「履行」[118]が、当事者間で利他的な気まえのよさが欠けるとされるゆえに、贈与の中に包摂することができないことである。フィッシャーの利他的贈与概念からすると、ＢＧＢ五三四条が道徳上の義務の履行を贈与とすることも「矛盾」であるとされ、これが利他的贈与の外にあることが明確にされている。また、グルントマンが指摘するところによれば、ＢＧＢ制定過程での議論において「道徳上の義務の履行」とは Liberalität の要素がないか、又はわずかなものとされている。これらの見解からすれば、ＢＧＢ五三四条という例外規定の存在から、贈与が原則として Liberalität とされていること、あるいは、少なくとも当該行為について見れば受贈者に利益を与える利他的なものとされていることは、ドイツ法においては十分考えうるのである。この点、ある行為の有償性・無償性とは、倒産法、親族法まで視野に入れれば、その問題領域は広く、単純に決しうるものではない。しかし、本稿においては、贈与法の適用が想定されている贈与の性格、即ち贈与観を探求することのみを考える。ドイツ法において現代まで、道徳上の義務の履行の贈与性の問題の議論が続いてきたのは、贈与性が否定されれば、ＢＧＢ五三四条が排除していない厳格な方式規定等、有償契約と大きく異なるドイツ贈与法を適用しなくてよいということにある。つまり、有償契約と距離のある贈与法の適用範囲という実質的な問題が存するのである。そして、道徳上の義務の履行の贈与性・

無償性が特に争われてきたことが、これが好意契約でないこと、いわば利己的性格を有することに由来するならば、好意によらない贈与が有償行為に近い位置にあること、即ち、Liberalität や利己的行為であるといった贈与の性格は、無償性と理論上異なるものであるにもかかわらず、ドイツ法ではこれらにつながりが存することを示唆するものといえるのである。このように考えれば、道徳上の義務の履行の贈与性の問題は、贈与法の一部が適用可能な贈与契約と適用不能な契約の範囲如何という問題であるといえる。

次に、道徳上の義務の履行の贈与性を明文で否定し、贈与規定すべてを排除する立法例として、スイス債務法を参照したい。道徳上の義務の履行を贈与の外におくことは、これに欠けている何らかの要素が贈与契約にとって基礎的なものであることをより鮮明に示しているのではないであろうか。スイス債務法の取扱いは、個別的に柔軟な処理が可能である点で、この問題の処理として「優れている」と評価されている。[119] しかし、贈与法から排除されるため、贈与規定の不適合というドイツ法における問題は生じ得ないが、かえって逆方向の問題が生じている。スイス法では、個別事例における解決の妥当性のために、契約の効力に関する基礎的、一般的問題が前面に出てきている。スイス法での取扱いを考察することは、本稿で扱う問題は結局のところ、出捐約束の法的拘束力のあり方が問題となるという事態の本質を見る上で有意義であろう。

第二節　スイス法

道徳上の義務の履行が贈与であるか否かについて明文規定を有するのはドイツ民法だけではない。道徳上の義務に基づく約束の贈与性に関する限り、ＢＧＢ五三四条と反対の立場を採る立法例として、スイス民法典中のスイス債務法（Das schweizerische Obligationenrecht（以下ＯＲとする））がある。スイス民法典は、中央ヨーロッパ的パンデクテン法学による第二の法典である。[120]

一　スイス債務法の規定

ＯＲ二三九条三項は、「道徳上の義務の履行之を贈与とみなすことなし」[121]と規定する。

このように、ＯＲ二三九条三項は道徳上の義務の履行の贈与性を否認する。ここにいう贈与概念は規定を見る限りＢＧＢにおけると同様である。ＯＲ二三九条一項は「贈与とはある者が自己の財産よりして反対給付を受くることなく他人を利得せしむる一切の生前出捐を言う」とする。本条からその契約的性質は明らかでないが、受贈者の受諾を必要とすることがＯＲ二四四条から明白に認められるとされている。同条は「贈与の目的を以って他人に或る物を出捐する者は、自己の財産より現実にこれを別除した場合と言えども、受贈者の受諾あるまでいつにてもその出捐を取消ことを得」というものである。[122]従って、スイス法でも、贈与は契約である。そして、その内容は無償性の合意であり、明示黙示の意思表示を要するが、それには無償性の認識と意思で充分である。その上に贈与者が利得結果を望むこと（特別の意味での animus donandi）は、事実上無償性の意思としばしば重なるが、不要であるとされている。利得は客観的にのみ生じればいいのである。[123]また、道徳上の義務の範囲についても、ＢＧＢ五三四条が規定するものと類似する。[124]さらに、ドイツ法がＢＧＢ八一四条として取入れた旧ＯＲの不当利得法の規定も、新ＯＲの中に同内容のまま存在する。即ち、ＯＲ六三条は一項で非債弁済の規定をおき、[125]二項で「弁済が時効に因り消滅したる債務に対して為されたるとき、又は道徳的義務の履行の為になされたるときは、返還請求権を生ぜず」とする。[126]これらに対し、道徳上の義務の履行約束を贈与とするか否かについて見れば、スイス法の立場はドイツ法と対照的であるといえる。しかし、これも実質的な効果から見れば、ＯＲ二三九条三項は道徳上の義務の履行約束について、贈与法の一部の規定のみではなく全部が適用されないこととするものであり、贈与法の排除という点では、その範囲に差異が存するのみで、BGB五三四条と基本的に同方向の規定といえる。OR二三九条三項によって排除されている贈与法とは、BGBと同様、売買等有償の法律行為と比較して特色のあるものである。その特色は、贈与者の義務がより狭い範囲にとどまるということ、贈与の履行後でも一定の返還債権を保持するということである。その趣旨は、「受贈者の法的地位を考慮するのと同様に贈与者の法的地位も考慮する」というものである。[127] このようなOR上の贈与規定について次に概観する。

まず、OR二四三条一項は、「贈与の約束はその有効なるが為には書面の方式を必要とす」とし、この書式には署名が必要である（OR一三条）。OR二四三条二項は、土地の贈与の場合には「公の証書作成」が必要であると定める。贈与契約を諾成契約とする日本法と異なり、これらの方式の遵守は贈与契約の有効要件となっている。これは契約と同時に履行されるのでない債務行為たる贈与契約を、要式行為とするものである。[128] この方式規定の趣旨は、主に贈与者を軽率な贈与から保護するためであるとされる。[129] OR一三条一項によれば、贈与者の意思表示が指示された方式でなされればよいのであって、受贈者の表示については要求されておらず、贈与が条件付のときでも同様である。[130] 方式の内容については、通説によれば、将来無償の出捐をする意思が書面から明らかにならなければならないとされる。[131] 特に、マイセンは、方式が要求される範囲を詳細に論じている。まず、「債務契約たる贈与の客観的、本質的部分」を明らかにすべきであるが、これについては、何がこの「無償行為の核心」として方式規定に服するのかが問題であり、契約当事者、贈与の客体、贈与意思、がそれに該当するとする。そのうち特に、約定された贈与意思が、少なくとも合理的に書面、又は公の証書から明らかとならなければならないという。このため、書面でなされても無因債務約束（OR一七条）は贈与ではない。[132] 書面から贈与意図が明らかでなければならないからである。[133] このように、無因の約束との区別を意識するせいか、方式の内容については日本法よりも厳しく解されているように見える。

また、受贈者は、贈与者又はその相続人に、不履行の効果に関する一般原則を定めるＯＲ九七条以下により、損害賠償を請求しうる。しかし、その場合、ＯＲ九九条二項により、無償性を考慮して「責任の程度」が弱められることとされている。[134] また、贈与によって受贈者に生じた損害の賠償は、故意または重過失に基づく場合に限るという特別規定がある（ＯＲ二四八条一項）。さらに、贈与した物や債権の担保責任は贈与者が明示的な特約で義務を負った場合のみ認められるとされ（同条二項）、法律上の瑕疵担保責任は問題とならない。[135]

さらに、贈与者は贈与約束の履行前にも履行後にも、法律上の撤回権を有する。贈与がすでに履行された場合は、相続法上の原則により、相続からの廃除原因にあたる受贈者の行為があれば、贈与者は撤回権を与えられる。即ち、ＯＲ二四九条一号「受贈者が贈与者に対し又は贈与者の近親者に対し重罪を犯したるとき」、二号「受贈者が贈与者に対し又は贈与者の親族の一人に対し自己の負担すべき親族法上の義務に著しく違反したるとき」である。いまだ履行されていない贈与約束の場合は、これに加え、さらに二つの場合が存する。これは、行為基礎の見地から贈与の撤回を正当化しうるものであり、贈与の履行が贈与者にとって非常に重い負担となるほどの、贈与者の財産関係の変化と、重大な親族法上の義務の発生である（ＯＲ二五〇条一項二号三号）。撤回権は、贈与者自身のほかその相続人に与えられ、消滅時効も規定されている。履行済みの贈与の撤回は、受贈者に存する利得の返還請求権を生じさせる（ＯＲ二四九条）。[136]

ＯＲ二三九条三項は、道徳上の義務の履行の場合、これらの規定すべてが適用されないと定める。よって、道徳上の義務の履行については、連邦裁判所は最初に躊躇したものの、結局、後述のように、無方式の口頭の契約が有効であることを承認し、学説もこれを承認している。[137] なお、ＢＧＢ八一四条と同旨のＯＲ六三条二項に基づいて、道徳上の義務を自然債務のような法的性格をもつもの、又は事実上これと同視しうるものと認めることと、ＯＲ二三九条三項がその履行契約を非贈与とすることとの間に矛盾はなく、ドイツ法の若干の少数説が問題にする条文間の不調和はスイス法には存しないといえる。

二　判　例

判例は贈与方式を欠く「道徳上の義務の履行」の効力を肯定するが、結果的には折衷的な立場を採ると評価されているようである。即ち、道徳上の義務に基づく約束が、法的拘束力をもたせる意図でなされたか否かが、事例に即して個別に吟味されているというのである。よって、具体的な事例を見るべきであろう。

[1]　連邦裁判所一九一八年一月二〇日判決

事案の詳細は不明であるが、認知の訴えの被告が、父であることを認める旨の裁判外の意思表示をし、非嫡出子に対して一定の扶養料を給付する義務を引受ける契約を無方式でなしたという事例である(138)。連邦裁判所はこの契約の拘束力について次のように判断している。

本判決は、非嫡出子に対して一定の扶養をする義務の引受は、裁判外で無方式でなされていても、拘束力を有するとする。両親が、父性が存する場合に扶養その他の金銭請求権について双方の譲歩により裁判外で和解できる以上、仮定的父親として請求権を承認することもでき、この請求権が完全に発生すると認めうることは明らかである」(139)。このような合意では、当事者の意思は父性の確認を主眼とするものではなく、その意図はむしろ、これに依存しない独立の債権を母ないしは子のために生じさせることによって、父性の確認を避けることにあるであろう。即ち、約束者は自分が本当に父であるかどうか未決定のままでおくつもりなのかもしれないし、法律上は非債と知っているにもかかわらず注目を避けるというような類の理由から債務を負うつもりなのかもしれない。従って、これは、支払義務を生じる法的根拠が婚姻外の父であることにあるのではなく、請求権が本来由来するところの根拠(Titel)(140)に依存しない義務を創設する、金銭債権の承認である。従って、そのような約束をした者は、自分が実際は父親ではないからといって後にその支払を拒むことはできない。但し，「その債務が債務承認行為自体についての意思の欠缺故に否定されるか，場合によっては不当利得に関する条件が付されているなら」，その履行を拒むことができる。[141]

この事例では，被告が本件契約を，後見人として交渉した母親に，明示的になしたことが確定されている。[142] そして，そこに被告の認知を認めない以上，法的な扶養義務の発生はいまだ認められないことになる。よって，本判決はＯＲ二三九条三項に言及しているわけではないが，道徳上の義務の履行の事案と解することができよう。そして，これは，裁判外の無方式の扶養義務の引受を，裁判上の父性確認を避けるための和解契約とするのか，少なくとも弁済原因によるのではない金銭債権の設定とするのか，いずれにせよ，法的な父性の確認とは切り離された債務の発生を認めている。父子関係が法的には存せず，法的義務がないならば，非嫡出子に対する扶養契約を道徳上の義務の履行として，その拘束力を贈与方式なしで認めるものであるということができる。この種の事案では，契約の解釈に際して，母子に対する扶養の必要性が配慮されることも考えられる。

〔2〕　連邦裁判所一九一九年五月六日判決

事案は，次のように，資産家の被告（父）が原告（息子）に，将来の相続と関連して長年にわたる給付を約したというものである。[143] 原告の収入をあまりにも多く膨らませないために，そして，原告からの直接の要求を避けるために，一九一四年二月一三日，両者が地方公共団体の長の前で協議し，被告が原告に家を譲り渡す等合意をした。これにより給付されるべきもの全てが，利息なしの相続推定額と解されていた。さらに，被告は，原告の債務の責任をこれ以上負わない意思を表示した。これら追加手当で暮らしていってほしい，あるいは他の収入源を手に入れてほしいという趣旨であった。地方公共団体の長はこの口頭の取決めを公証し記録したが，両親は署名しなかった。約束された手当の二年分が支払われた後、一九一六年初めに被告は後見に付され、後見人は更なる給付を停止した。[144]このため、原告は、一九一四年の取決めが被告にとり拘束力のある契約の性格を有するとして、約された扶養料の支払を求めて訴えを提起した。訴えにおいて、原告は一九一四年の取決めが原告に対する被告の法律上の援助義務（スイス民法三二八条。同条は完全に困窮していることを要求しない）の承認であると主張した。これに対し、被告側は、一九一四年当時にはこの援助義務は存在したが、原告はその気になれば就労可能で十分な収入を得られるし、子供も稼げる年齢となり、原告夫婦の状態は改善したとして、その存在を争った。また、取決めについては、相続分が尽きれば中止されることが前提とされているから、相当額を超えるということはないが、この事例では、常に中止できる任意の出捐があるのみであり、拘束的な契約としての給付約束はなく、あるとしても関係の変化により解消できるとした。[145]しかし、州裁判所は、記録からすると、原告と被告との関係に、債務を解消しうるような変化があるという十分な根拠はないとし、[146]本件取決めは訴えうべき法的債務を引受ける意思でなされたものであると判示した。[147]被告は請求棄却を求めて控訴した。[148]

連邦裁判所は、州裁判所の判決を取消し、原告の請求を棄却した。[149]被告の口頭の扶養約束は訴求可能でないとしたのである。本判決は、当該約定が「債務法的契約であり、そして、それが両当事者により真剣に望まれたもの」と評価できるか否かだけでは、その法的拘束力を決することはできず、契約の有効な成立の形式的前提となる債務の原因（causa）の審理が必要である」とする。そして、「これについて、この合意は何も示していない。その支払が原告とその家族の『扶養のために』給付されるという表示からは、何も引き出されない：それは、出捐の法的原因を含まず、ただ金銭が受領者のもとで使用されることについての、法的には取るに足りない陳述を含むのみである」。即ち、約束者が受領者との関係でその扶養を義務付けられているために、その目的で金銭が受領者に出捐されることは、出捐行為自体の性格を決するものではない。[150]よって、ありうる約束の原因としては、気前良さを示すこと、道徳の命令の履行であることが考えうる。[151]このうちまず、純粋な気前のよさを示す贈与であるとすると、OR二三九条で規定された贈与方式である書面がないため、請求は棄却されなければならない[152]。次に、被告が社会的な地位と家族の評判を考慮して、また道徳の命令を考慮して、この約束をしぶしぶ認めたのだということも、原告の主張を基礎付けることはできない。なぜなら、道徳上の義務の存在は「確かに返還債権を排除しているが（OR六三条二項、二三九条三項）、訴えうべき請求権の根拠（Titel）を与えはしないからである[153]」。道徳上の命令がそれ自体としてはなんら法的義務を発生させないならば、そもそも履行されるべき債務が存することを前提とする、法的に拘束的な履行約束の対象になりえないのである[154]。

本判決は、この事案においては、原則として、父が息子に一定の生活水準を可能にするために援助する無方式の約束が、法的な債務引受の意図でなされたものとはいえないとする。「生活の感覚」によれば、そのような意図、即ち、債務の基礎付けに必要な法律行為的、拘束的な意思と結びついているとはされ得ないからである。そのような場合には、約束がなされても法的に強制されうる請求権が基礎付けられることはなく、純粋に任意の給付だけが問題となるのである[155]。以上により、法的に拘束的な給付契約は存しない[156]。

これは、[1]判例と異なり、出捐約束に法的債務を生ずる意思を認めない判例である。さらに、本判決は、道徳上の義務の履行であることとは、請求権の根拠、債務を基礎付ける原因とはなり得ないことを明らかにする。道徳上の義務に不当利得返還請求権の排除の効果しか認めず、OR二三九条三項は訴求可能な請求権を与えるものではないとするのである。これによれば、道徳上の義務は法的拘束力のある「履行契約」の対象たり得ないため、OR二三九条三項の存在にもかかわらず、その履行を約しても、これに基づき法的拘束力を認めることはできない[157]。確かに二三九条三項は引用されているが、道徳上の義務の履行について六三条二項に定められた効果、即ち弁済されたものの保持のみを認め、契約法上の効果まで認めることはしない。なぜなら、法的意味での債務についてのみ履行を契約できるのであり、「道徳の命令」に基づいてはそのような義務は生じないからである。この判決は、が認められるべきでないとするのである。

道徳上の義務を原則的に法的存在である自然債務とは認めず、その履行約束も認めない後述のオーゼルの見解をとる。ＯＲ二三九条三項は道徳上の義務の履行の贈与性を否認するのみで、それ以外の効果を規定してはおらず、有償ともしていない。この自由な規定の下で、本事例では「生活の感覚」からして拘束力のある履行契約の存在が認められるべきでないとするのである。

［3］　連邦裁判所一九二七年六月二九日判決（破産事件）

破産者は、一九一八年一一月に後見局で、両親のいない姪を無償で我が子のように世話し教育するため、家族に受け入れる債務を口頭で負担した。そして、姪の後見人として、その両親の遺産から、そして、姪の恩給金から一定額を受け取って、自己のために使い果たし、一九二六年に破産し、養育されてきた姪は原審でこの額について勝訴した。(158) さらに、親族の孤児を無償で扶養をし、教育するという口頭の約束が、道徳上の義務を果たすとの意図でなされた場合には、法的拘束力を有するかが争われたものである。(159)

本判決は、口頭でなされたにすぎないにもかかわらず、破産者の無償の扶養義務の引受約束は、有効であるとする。即ち、ＯＲ一一条により法律が定めた場合にのみ、特別の方式が契約の有効要件とされるところ、(160) この無償の約束がＯＲ二四三条により書面という方式が要求される贈与約束であるとの主張は、妥当でない。確かに、破産者のこの無償の引受が、法律上の親族の援助義務の履行であるとはいえない。法律上の義務は、傍系においては、兄弟姉妹について存するのみであり、姪に対しては存しないからである。さらに、「共同体で支配的な道徳上の見解によれば、親族を無償で扶養しなければならないということは、親族が自己の財産を有している限りは、ほとんど道徳上の義務とはされない」。しかし、このことは、ＯＲ二三九条三項の契約が、贈与でないとされるために必要なものではないという。約束者が、「仮にその存在が一般的に承認されていないとしても、道徳上の義務を履行する」という考えで行為したのならば、それで十分なのである。(161) そして、本件で破産者がそのような考えで約束をなしたことは明白である。このような場合、「出捐者は贈与意思を欠き、贈与はもはや問題となりえない」[162]。従って、本件の無償の扶養約束は、契約の無方式性を定める一般規定に服し、有効であるためには、破産者と後見局との単なる口頭の取決めで十分であるという[163]。

この判決は、[2]と異なり、道徳上の義務を履行する意思でなされた契約は「贈与意思」を欠き、贈与契約と異なる無償給付であるとしながら、ＯＲ二三九条三項に基づきその法的拘束力を認める。また、この二三九条三項の要件に関して、「道徳上の義務」が客観的に承認されていなくても、これを履行するという出捐者の主観的意図が存すればよいとする。これを、道徳上の義務を強く感じて約束した者に、債務負担の意思を読み取ったものであると見れば、債務負担の意思解釈を問題とする[1]判決との連続性を認めることができる。そして、ＯＲ二三九条三項の効果として、贈与でないことになるから、「契約の無方式性」の原則により口頭の約束に拘束力が認められるという、[2]判決と反対の結論を導くのである

これによれば、贈与契約は主観的に道徳上の義務感によらないことを要することになるから、その動機を問題として、義務感からなされた Liberalität でない行為の場合は贈与でないとし易くなるであろう。そこでは「贈与意思」を利他的な色彩を有する特別なものと見る余地がある。但し、これは、約束者である破産者が姪にいくべき恩給金等の一部を受け取り、自分のために使い果たした事案であり、このような背景が考慮されていると思われる。要するに、裁判所は、法的拘束力を認めるべき事案か否かを個別に判断し、妥当な結果を導く解釈を選択し、採用しているといえる。

以上に見た連邦裁判所判例について言えば、ＯＲ二三九条三項をＢＧＢとの比較において見ることで推測しうるものとは異なる。ロレンツは、スイス法について、この規定に基づいて、方式なしに引受けられた道徳上の義

務の履行の訴求可能性が認められていると、安易に考えるべきではないとする。[164]確かに、例えば、ドイツ法のシュミットの見解のように、道徳上の義務を客観的に決定し、その履行約束に有償契約と同様の拘束力を与えている、というわけではないようである。判例の判断基準は、二三九条三項に対する疑念から、[165]この規定の「激しさ」を取り去るものであると評価されている。[166]そこでは、社会共同体の評価による契約の客観的性質が類型的な法的拘束力の強さの基礎とされているというよりも、主観的な効果意思、法律行為性の判断材料として、道徳上の義務が考慮されるにすぎない。即ち、約束にいかなる効果を付与すべきかについて、当事者意思の解釈により、①二三九条三項の解釈等により完全な法的拘束力を認めるべきか、②贈与契約としての拘束力の弱い贈与法を適用すべきか、あるいは、③道徳上の義務を履行する約束に法的効力を認めるべきでないか、という判断を、当該事案のもとに個別的、実質的に行なっているのである。

三　学　説

学説には、道徳上の義務を履行する契約が、原則として有効に為されうるとする見解（1）と、原則として有効には為され得ないとする見解（2）があると整理することができる。前者の諸見解は、ＯＲ二三九条三項の規定の立法趣旨を強調するか、ＯＲ六三条二項に基づき自然債務や不完全債務を認め、贈与性の否認を論理的に説明するかにより、多少差異が見られるようである。また、若干の見解は、贈与者が法的債務を負担しない場合があることに留意すべきことを強調しており、実質的に見れば、これらは前者と後者の折衷的な立場といえる（1 ⑵）。

1　原則として有効とする見解

(1)　単に贈与性を否定するのみの見解

(ア)　コラーの見解

不完全債務を用いて説明する見解として、コラーの見解がある。コラーは、「贈与意図以外の法的根拠の欠缺、という贈与の要件が、不完全債務の履行、特に道徳上の義務として現れる出捐を贈与法から排除させる」とする。不当利得返還請求権を定めるOR六二条で返還されるべきものとされる、「原因を欠く利得」とされないための贈与意図、贈与原因が、この場合には存しないのであり[167]、贈与法も適用されないのである。

これは、そもそも不完全債務の履行であり、この場合には贈与は問題とならないこととするものである。但し、この贈与意図をどの程度の実質的内容、即ち、利他的色彩を有するものとしているのかは明らかでない。

(イ)　メルツの見解

メルツは、道徳上の義務の履行は、贈与意図以外に何の法的根拠もない契約であって、給付者が道徳上の義務の履行のつもりであっても、これは本来「無償」の出捐であって贈与と評価されるべきものとする。その上で、OR二三九条三項が立法政策上明文で非贈与とし、「六三条二項が、道徳上の義務の履行として給付されたものは『非債』として返還請求されえないことをはっきり示している」ことから、法秩序は、理論的には道徳の義務に不完全債務という性格を付与しているとする[168]。この、道徳上の義務の存在の有無は、給付者の主観的な判断によるが、給付者がその基礎となる事情を知っていることが必要である[169]。

このように、道徳上の義務を不完全債務とし、これを履行する約束が法的義務の履行契約と同様に法的拘束力を生じうるとすると、法的義務と道徳上の義務の関係が重要な問題となるように思われる。スイスにおいて、法と道徳がどのように考えられているのか、メルツは詳細に述べている。メルツによれば、「法は、その性質上『正しく』公正であることを求める権利を発生させる強制的秩序である。道義的規範も、『正しさ』を求める権利を発生させる」。道義的規範は、法秩序と同じく人間の行動に影響するものであるが、直接的な法的強制を放棄している。「この放棄には、主に二つの決定的根拠がある。その一つは、法がその事実上の範囲を自覚し続けねばならないことである」。これは、倫理的命令が主観的なものを顧慮しなければならないのに対し、法は法的保護を可能にするため形式化されなければならないことをいう。それに加え、メルツはより重要な第二の根拠として「自己決定」を挙げる。即ち、「法の完全な道徳化（あるいは道徳の法化（Verrechtlichung））は人間の自己決定を損なう」。そこで、「強制可能であるところでも、法秩序は個人の自己形成のために彼自身の道徳上の責任に自由領域を与えておく。法治国家的見解によれば、個人は相当範囲内でその権利と義務を自身で形成することができ」、自分自身の判断によりその自由を行使しうるべきなのである。そのため、基本的な道徳的権利だけは法規範の中に拾い上げられるが、「より高尚な道義的規範を考慮するかは、多くの場合、行為者の裁量に委ねられるにとどまる。このことは、社会的儀礼という伝統的な規制にも妥当する」[170]。

そして、これら強制力を有する法と、自己決定の重んじられる道徳は、様々に交錯し、「法秩序は法と非法とを厳しく分離してはいない」のであり、メルツは、道徳上の義務が不完全債務とされることもその現われのひとつとしている[171]。ここでは、訴えうべきでない義務の任意の履行が、贈与ではなく債務の内容たる給付として扱われるのである。

㈢　ベッカーの見解

ベッカーは、「道徳により命じられた給付について法的義務は存しない。さもなければ、単なる道徳上の義務ではないことになる」ことを前提に、OR二三九条に「三項の規定がなければ贈与に関する法は適用されねばならない」ことを原則とする。しかし、「道徳上の義務の履行が方式規定により困難にされること」は立法者の意図ではありえないし、同様に、一定の場合に贈与を解消する権利（撤回権）を贈与者に与えることも立法者意思ではありえない。給付されたものの返還債権も、OR六三条二項により排除されているのである[172]。

ベッカーは、道徳上の義務の履行は贈与の性質をもつが、立法上の取扱いを尊重するべきであるという立場を採るといえる。但し、それについて自然債務理論を用いてはいないようである。

⑵　贈与を否定しつつ特に法律行為性を問題とする見解

㈤　トゥールの見解

トゥールは、ＯＲ二三九条第三項の存在から、ドイツ法におけると異なり、道徳上の義務の履行が法的に有効に契約されうること、そしてこれが贈与の方式規定には服しないことを、その帰結として導き出している。トゥールは、道徳上の義務に基づく債務は、性質上は贈与によるものであるが、同条に基づいて、無方式で引受けられても訴求可能であるとする。即ち、「法秩序は人に、共同生活に不可欠な範囲でのみ強制力を課す」から、この「法的に強制可能な領域を超える」ところに、道徳上の義務が存在しうる。この「道徳上の義務は国の強制力をもって実現されることはないから、全く法秩序の外にあるように見える。しかし、そのような義務も法律により、二つの点で顧慮されている」として、ＯＲ六三条二項とＯＲ二三九条三項を挙げ、これらにより道徳上の義務は法的な意味で「履行」されうることとなり、これは不完全債務の履行であると性質付ける。[173]その履行約束については法的根拠を欠き効力を生じないとする見解もあるが、トゥールは「この約束の法的根拠ならば存在するように私には思われる。約束者の気前のよい意図（freigebigen Absicht）に存するのである」とする。よって、この約束は贈与の性質を有し、ＯＲ二三九条三項の規定がなければ、贈与の方式規定にも服するはずのものであるという。

但し、トゥールはそのような約束の場合、当事者に、しばしば法的拘束力をもたせる意図が欠けることを指摘する。[174]即ち、「この種の口頭の約束が拘束的であることは、懸念のないものとは言えない。なぜなら、道徳上の義務が問題となっていることからしてまさに、そのような約束はしばしば法的拘束力の意図を欠くものだからである」[175]。道徳上の義務に過ぎないという認識でそれを果たすことを約束する場合には、当事者がなお道徳の世界にとどまる約束と考え、効果意思が欠如することがありうるのであり、このことをよく考慮すべきなのである。[176]

(オ)　ブーハーの見解

ＯＲ二三九条三項の文言を見ると、先に制定されていたＢＧＢ五三四条と異なり、道徳上の義務により命じられた給付約束の場合には贈与規定全部を排除してしまう。これについて、ブーハーは、ＯＲ二三九条三項をＢＧＢ五三四条より進んだ規定であると位置づけ、「実務的には、このような『贈与』約束に、書面という要件が脱落することは、非常に不適切である」と否定的に評価している。[177]

論理的には、道徳上の義務の履行を贈与法から排除する場合、「消滅時効等により訴え得ない債権の満足として、伝統的に贈与ではなく『法的義務』の履行とされているのであり、従って、贈与原則による事後的な返還債権は排除されることになる」としている。伝統的な「法的義務」とは、自然債務ないし不完全債務を意味するのであろう。さらに、ブーハーは、債務を負う意思の表明を厳格に要求することを主張し、この点について、自説はトゥールの見解と類似するとしている。表示者はしばしば、法的義務を基礎付けることを意図するというよりは、むしろ道徳上の義務を承認するという意思であるにすぎないからである。[178]

(カ)　マイセンの見解

マイセンは、ＯＲ六三条二項とＯＲ二三九条三項に基づいて、契約上の請求権と「同様に、約束され、又はすでになされた出捐について、給付受領者が道徳上の請求権を有しないことも、無償性の前提である」とする。道徳上の義務の履行のための出捐は、法的意味ではなんら債務が存しないにもかかわらず利得を保持させる効果が認められ、かつ、その履行が贈与とは扱われないことから、結果的に見れば、道徳上の請求権が事実上、法律上の請求権と同視されているのである。[179]但し、道徳上の義務に基づく場合、ある約束が法的に拘束されているとされるか、それとも法的効果なしの「好意（Gefälligkeit）」に過ぎないかが、両当事者の意思表示の解釈により決定されるべきであるとして、法律行為性の有無の問題に配慮している。

マイセンは、明示的に自然債務、不完全債務とはしないが、ＯＲ二三九条三項に属する出捐約束の法的拘束力を原則的に認め、かつ、個々の事例の状況を考慮して例外的に法律行為性を否定する点では、前掲の学説と同様である。例えば、任意で与えられた扶養において、被扶養者が扶養を要する状態であり、扶養者がそれを負担する道徳上の義務を負っている場合には、扶養の給付は無償でないと推測されてよいという。これに対し、受領者に自由に使える資金が十分ある場合は、無償性が推定されうる。(180) このように、マイセンは、法的債務の不存在が無償性を基礎付けるとしながら、道徳上の義務が法律上の義務と「結果的には事実上同視されている」として、道徳上の義務の履行に無償性や贈与規定の適用を認めない。そして、法的拘束力を持たない「好意」である場合を留保することにより、出捐の無償性、法律行為性が個々の「事例の状況」により定まるという結果を導き出すのである。

法的拘束力を認めない場合を「好意（Gefälligkeit）」であるとするのが、前掲した学説と異なるマイセンの見解の特色である。(181) そこで、マイセンがこの「好意」をどう把握しているかを見ると、「好意」とは、①行為が道徳的に肯定的なこと、即ち贈与の動機が相手に対する好意であることと理解されることもあるが、②法的拘束力の欠如という意味も有するという。(182) マイセンによれば、①の意味での好意は贈与の要素ではなく、好意によらない無償行為もある。(183) ②の意味での好意は、約束者が法的には拘束されないつもりでなすことが特徴であり、法律行為たる贈与契約は問題にならず、単なる「好意」関係にすぎないという。「好意」に関するマイセンの見解で重要なのは、この②の好意と無償性が重なる場合に、これら「無償性と好意の存在によって、法律関係と単なる好意関係の境界づけが必要となる」とされ、②の意味の好意は①があるときにこそ問題となるとしていることである。即ち、「無償性と好意が存する場合には、法的拘束力の欠けるものとして、軽率に締結されることがありうる」のである。これに対し、好意的な動機を伴わない場合には、「好意」関係を承認し難いのであって、無償契約が好意によりなされている場合に、法的拘束力を有しない「好意」関係に過ぎない可能性が生じるというのである。このように、マイセンは、無償性の合意にとって動機は問題でないことを前提に、無償である上に好意を動機とする一方的約束の場合（①）にこそ、法的拘束力を持たない「好意」関係（②）であることが考えられるという認識を示しているのである。[184]この見解は、好意による約束が法的拘束力になじまないことを示唆しているように思われる。

2　原則的に効力を否定する見解

これらの見解に対して、オーゼルは、道徳上の義務の場合には、法的意味の債務が存しないため、履行約束というものは原則としてありえないものであると考える。よって、原則的に贈与として方式が不可欠であるが、事情によっては債務の引受が存するとする。この見解の基礎となるのは、オーゼルの不完全債務等特殊の債務に関する次のような考えである。

まず、あらゆる債務は「原則として」訴訟により強制しうるのであり、権利者は契約内容である給付を強制する可能性を与えられる。このような効力が付与されている債務のほかに、訴訟による法的保護が生じないものも存する。自然債務とは、民事債務に対するものであり、これら全てに共通する特徴は、一般に訴訟等公の助力によって強制可能ではないが、支払がなされれば有効となることである。その支払が任意に為されても贈与ではないし、誤って為されたとしても返還請求され得ない。[185]オーゼルによれば、自然債務には次の二種がある。⑴博戯・賭事による債務等の場合、その非訴求性は裁判所により職権で顧慮されるべきであって、履行約束があっても支払の代わりにはならない。[186]これに対し、⑵時効消滅した債権のような場合、非訴求性は職権で顧慮されず、抗弁が必要であり、履行約束も可能である。[187]そして、「道徳上の義務」は、これら自然債務と類似するものとされる。前述したところの自然債務共通の特徴が当てはまるからである（OR二三九条三項、六三条二項）。その地位は、⑴博戯・賭事のような場合と⑵時効消滅した債権のような場合の間に存するという。即ち、これを履行する約束は、原則として、単なる道徳上の義務を再び発生させるに過ぎない。例えば、前掲[2]判決である。但し、この種の約束の基礎に「無償の出捐の意図」が存在する場合、ＯＲ二三九条三項により贈与方式によらなくても有効である。例えば、前掲[1]判決である(188)。

このように、オーゼルは、道徳上の義務を少なくとも不完全債務に類似するものとする。しかし不完全債務自体の効力についても「弁済されたものの保持」以外は必ずしも認めず、道徳上の義務の履行約束についても、道徳上の義務を発生させるという意味しか持たず法的拘束力は生じさせないのを基本とする。但し、「無償の出捐の意図」が存する場合に限り、例外的にＯＲ二三九条三項により無方式で有効であるとするのである。この点、例外的に法的拘束力が認められる債務承認とはどのようなものかが問題となる。例外的場合の一つとして参照されている[1]判決を見ると、そこでの出捐約束は、父としての法律上の扶養義務の存否に関わらず、一方的な無償の債務負担をするという意思でなされたと解釈されている。これに対し、法的効果が否定される原則的事例としてオーゼルが挙げる[2]判決を見てみると、一定の生活水準を可能にするため親が息子を援助する約束について、当該事情の下では一般の感覚から考えて、債務を基礎付ける法律行為的な効果意思は存しないとされている。ここでも、社会通念を考慮して具体的当事者の意思解釈がなされているといえ、この点で、１(2)の諸見解と根本的には共通する見解であるといえる。[2]判決の判断は、この息子がすでに相当額の援助を受けていたこと、稼動力があるはずであること、その子供も成長したこと、また両親が署名を拒んだこと、といった事実を基礎としているのであって、これらに着目して、法的拘束力まで認められる「無償の出捐の意図」が存するかが決せられるのであろう。

要するに、オーゼルも、原則的に約束の法的拘束力を否定し、契約性について厳格な認定を行うというだけで、この問題が当事者の効果意思の有無によるという考えについては、１(2)の見解や判例の立場と共有しているように思われる。ただ、１(2)の見解とは原則と例外が逆であり、原則として道徳上の義務の履行は本来「履行」ではなく、その約束の効力は道徳の世界にとどまる。そして、例外的に、道徳上の問題であるにもかかわらず、独立に法的拘束力を認める強い効果意思が出捐者にある場合にのみ、OR二三九条三項による約束として法的債務が生じうるとするのである。この点1(2)の見解よりも法的拘束力を与えるに慎重で、より厳格で限定的な解釈を行うものといえる(189)。

オーゼルは、法的拘束力一般に関して次のように述べている。即ち、社会には法的拘束力が意図されていない種々の債務が存在する。そのような場合、宗教的、倫理的な考慮、また、愛情、友情や社交上の理由により、しなければならないと考えるからこそ、人は何かを約束するのであるが、これにより生じる義務は法的な意味の債務ではない。例えば、先の[2]判決の事案では、約束があっても法的な意味はもたないとすべきなのである(190)。

四　スイス債務法下での個別的解決

OR二三九条三項は、道徳上の義務の履行について、方式規定、撤回権、責任規定といった贈与特有の規定すべてを免れさせるものである。ブーハーが指摘するように、この効果を見ればBGB五三四条をより徹底した規定といえるのであり(191)、ドイツ法で述べたことからすると、好意によらない契約を贈与法から排除する点で、好意を基調とする贈与観、この点で限定的な贈与観がより鮮明になっているといえるかもしれない。ここでは贈与法が適用されない以上、若干のドイツ少数説が指摘する、方式規定等の適用による拘束力の弱化が不都合であることはあり得ないが、これとは逆に、法的拘束力を認めるべきでない場合が問題となり、個別具体的に妥当な解決が探求されている。

この問題を論理的に位置づけようとすると、次のようにいえる。ドイツ法と異なり、スイス法では、OR六三条二項で道徳上の義務の履行について不当利得返還請求権が排除されるとともに、OR二三九条三項でその約束の贈与性が否定されるため、これを不完全債務の履行契約と構成することについてOR内に矛盾は現れず、その点では整合性を得られる。そのため、多数の学説が六三条二項と二三九条三項に基づき、道徳上の義務を不完全債務ないしそれに類似したものとし[192]、その効果として「弁済されたものの保持」を超え、契約法において履行約束の法的強制力を原則的に認めるのである。これに対して、これを原則として許さないオーゼルの立場がある。しかし、これを実質的に捉えれば、両説の立場は全く異なるわけではない。道徳上の義務の履行の本質を贈与とする立場であっても、不完全債務等の履行とする立場であっても、そのいずれでもないとする立場であっても、前者の多数説に法的拘束力のない例外的場合を積極的に認める見解が多いことに注目すべきである。道徳上の義務の履行と見られるものであっても、贈与法の制約を一切受けない強い法的拘束力を常に認めることは困難であることによるのであろう。トゥールによれば、法的強制を伴わない道徳上の義務との関係で約されていること自体から[193]、当事者が法的義務でなく道徳上の義務を承認する効果しか予定していない場合が充分考えられるのである[194]。そして、このような懸念こそ、オーゼルが強調し、道徳上の義務を履行する約束の効果は原則として道徳の世界にとどまるとする理由である。このように、贈与法から完全に解放されたスイス法上の道徳上の義務の履行約束は、なお一般的な法律行為性の有無が問われ、道徳的義務の存否が主観的判断によるとされることもあって、この問題の一要素として法的拘束力が争われている。そこでは、両説が単純に贈与性の有無について対立しているのではなく、当事者の効果意思の認定について、多数説が原則的に肯定するのに対して、少数説は原則的にこれを否定するという意味で、相異っているのみであると見ることができる。

　判例を見れば、贈与法によらず当事者の効果意思について個別的に解釈しているが[195]、この点、ツヴァイゲルトは、具体的事例を訓練された裁判官の解釈によって解決することを評価する[196]。要するに、当該当事者の効果意思の有無の問題であり、その認定にあたっては個別事情やその社会的評価をも考慮して決定され、判例には出捐者に債務を負わせるにあたっては事案の状況を生活感覚で評価すべきことを明言しているものがある。道徳心によることを効果意思を認める一資料とし、当事者の主観的意思のみを問題とすると、論理的には人格的に道徳心の強い者のほうが債務を負わされる結果となるはずであるが、前掲判例を見る限りそのような不当性を感じさせるものはない。出捐者の意思が、解決の妥当性に重点をおいて解釈されているためである。そこでの基準として、Liberalität や気前のよさといったものは要素とされていない。しかし、その「履行」約束で法的債務を負うとするほどに、なすべきものであるという道徳上の義務を当事者が感じている場合、それは義務感によるのであってLiberalität ではあり得ない。(197) 少なくとも、ＯＲ二三九条三項の趣旨がこのような性質の契約であるために贈与法による拘束力緩和が一切なされるべきでないというにあることは考えうることであろう。スイス法においては、道徳上の義務の履行約束について、贈与法の手当てによって弱い拘束力を定める途を捨て、約束の法的拘束力を事案に即して無定型に決することとしているのである。

第三節　小　括

これまで、道徳上の義務の履行に関して、贈与法に明文規定をもつドイツ民法とスイス債務法について紹介してきたが、日本贈与法を考察する上で、これらの規定の存在は何を示しているのだろうか。贈与性に関する限りは、一方は贈与（ＢＧＢ五三四条）とし、他方は非贈与（ＯＲ二三九条三項）としており、両者は反対の立場を採る。このように反対の前提を有するものの、ドイツ法では不完全債務の履行約束という構成などにより有償性を備える場合を認める見解が、スイス法では不完全債務等であるにしても拘束的に履行約束をなすことを必ずしも認めない見解が、少数説として存在する。

このように、両者は贈与性だけを見れば、反対のことを規定し、それを基礎として反対の方向性をもつ問題点が議論されているといえるが、これらの規定の趣旨は基本的に共通している。即ち、ドイツ法においても、スイス法においても、贈与は無償契約であり、贈与法には有償契約とは異なる多くの特別規定が置かれている。いずれの国でも「道徳上の義務の履行」について贈与法中に明文規定を置いたのは、これら贈与法上の特別規定の全部又は一部を排除するという例外的取扱いをする趣旨である。そして、ドイツ法では、贈与法が本来 Liberalität を対象とするために、ＢＧＢ五三四条は、これから外れる贈与に贈与法を適用することを限定する趣旨であるとする立法資料や学説がある。このことからすれば、これらの国では、道徳上の義務を免れるためになされた約束は、Liberalität でないために特殊の贈与とされ、スイス法では贈与の外に置かれ、ドイツ法では贈与の要素たる無償性の存否が争われている。

とすれば、これについて規定がなく、議論もなされていない日本では、このような贈与の性質に関して、ドイツ法等に比べ無関心であるといえるであろう。そして、道徳上の義務の履行に関して贈与規定を排除するために例外規定が必要となるドイツ法やスイス法における贈与は、そもそも贈与法に排除すべき特別規定が少ない日本法における贈与より、基本的性格について限定的ものなのではないかと推論される。そこで、道徳上の義務の履行に関する例外規定の有無は、無償契約という贈与概念を共有するはずの日本法との贈与観の相違の重要な手がかりとなるであろう。そして、贈与観の差異が、贈与法の差異に現れ、さらに、贈与契約の範囲、その要素たる無償性の範囲を異なったものとしているのではないか。

このように考えれば、スイス法の方が道徳上の義務の履行を非贈与とするため、贈与の範囲が限定的であることをより明らかにしているように思われる。しかし、そこではこれを贈与法による規制の外に置くために、法律行為性という契約一般の問題として不都合性の是正がなされている。道徳上の義務の履行であるか否かも主観的に決定されるとする判例からすると、効果意思の認定を主観的道義感が十分に支える場合に二三九条三項が持ち出されることがあるというだけのものであるところ、本稿はスイス法における法律行為性一般の事例研究としては不十分に過ぎ、その実態を把握することは困難であろう。道徳上の義務の履行を特殊の贈与類型とするドイツ法のほうが客観的な枠組みを保持しているといえ、また、道徳上の義務の履行を非贈与とするスイス法の立場は後述する日本法から離れすぎている。そこで、次章からは、主たる研究対象をドイツ贈与法とし、その基本的贈与観を、論理及び実態の両側面から探っていきたい。

（1）　右近健男編『注釈ドイツ契約法』一五四頁〔右近健男〕（三省堂、一九九五）、柚木馨＝上村明廣『獨逸民法〔Ⅱ〕』四六〇頁（有斐閣、一九五五）の訳を参照した。ここでは道徳上の義務（eine sittlichen Pflicht）の「履行」とはしていないが、後述のようにスイス債務法がこのように表現しているほか、ドイツ法において、自然債務理論との関係から「道徳上の義務の履行」として論じられたため、本稿では主としてこの用語を用いることにする。

（2）　Münchener Kommentar zum Bürgerlichen Gesetzbuch, Bd. 3, 1995（以下 Münchener とする）/Kollhosser, §534 RdNr. 6, 7 S. 1068.

（3）　道徳上の義務等を考慮する規定としては、他に、子を代理してなす両親の贈与は許されないが道徳上儀礼上の贈与は許されるとする一六四一条、後見人の代理権につき同旨の一八〇四条、遺言執行者の管理処分権に基づく無償処分につき同旨の二二〇五条、遺留分の算定につき、遺産に加算したり遺留分中に充当せられることはないとする二三三〇条が存する。

（4）　Gefälligkeit は、ドイツ法で古くから問題とされてきたもののようである（Mugdan, Die gesamten Materialien zum Bürgerlichen Gesetzbuch für das Deutsche Reich, Bd. 2 (Recht der Schuldverhältnisse), 1899, S. 736）。この「好意」と無償の法律行為との境界は今なお議論されているが、主として、無償出捐から損害が発生した場合の賠償に関して、法律行為たる贈与なら契約責任、好意なら不法行為責任が適用されるという点について、実務上意味を持つとされている。これが問題とされるのは、一般に、無償出捐が法律行為たる贈与なのか、法律行為ではない非拘束的な「好意」なのかが、その無償性ゆえに、時として不確かであるからである。贈与の場合は契約的責任、特に

ＢＧＢ二七八条（法定代理人及び補助者に対する責任）が適用される。「好意」出捐の場合は、不法行為責任（ＢＧＢ八二三条以下）、特に使用者責任（ＢＧＢ八三一条）が妥当する。贈与契約と好意出捐の境界はまず事実上の当事者意思で決定される。当事者がその行為に法律上の意味を認めるつもりである（法的効果意思を有する）か否かである。但し、大概、当事者はその点について明確な意思を持っていないし、表明することもない。そこで、補充的な契約解釈（ＢＧＢ一三三条、一五七条）に従い、当事者が法的効果を取り決めたであろうか否かが「誠実に」（取引良俗を顧慮して信義誠実によって）吟味されるべきである。「好意」出捐は基本的には社交的な領域でのみ承認されうる。例えば、通常の手土産（花など）、逆になじみの客に対する主の出捐（飲食物）である（Münchener/Kollhosser, § 516 RdNr. 46）。無償契約はいずれもこれとの区別が問題になるのであるが、学説が中心的領域として取り上げるのは、委任と好意の区別である。重大な事由なき不利な時期の告知の場合の損害賠償、間接強制、また、費用償還や受取物引渡について問題となるからである（一木孝之「無償委任の法的性質――『契約成立』に関する一考察（３・完）」早稲田法学七七巻一号六〇、六一頁等［二〇〇二］）。Flume, Das Rechtsgeschäft（Allgemeiner Teil des bürgerlichen Rechts, Bd. 2), 1965, §7 S. 5ff. も、委任と好意について詳述している。なお、委任と贈与の関係については、「出捐」を両契約の区別の徴表とするか否かに争いがあり、これを肯定した上で、事務処理の引受は法律上の出捐ではなく贈与は成立しないとする説が有力であるという（一木・前掲一二五頁）。

（５）ＢＧＢ五一八条一項は「ある給付を贈与として約束した契約が有効であるためには、約束につき公正証書の作成を必要とする。第七八〇条、第七八一条に掲げる債務約束又は債務承認を贈与として行うときは、約束又は承認の意思表示につき同様である」とする。同条二項は「約束した給付の実現は、方式の欠缺を治癒する」とする（近江健男・前掲［注１］の訳による）。

（６）Medicus, Allgemeiner Teil des BGB, 1997, §53 S.333; Handkommentar Bügerliches Gesetzbuch/Schulze §313 RdNr. 1; J. von Staudingers Kommentar zum Bürgerlichen Gesetzbuch mit Einführungsgesetz und Nebengesetzen（以下 Staudinger とする）/Cremer §519 Rn. 1, §530 RdNr. 2.

（７）二〇〇一年の債務法現代化法による民法改正で行為基礎の障害については明文規定が設けられ、次のように規定された。第三一三条「⑴契約の基礎となっていた事情が契約締結後に著しく変更し、かつ、当事者双方が当該変更を予見することができた場合において、契約を締結せず、又は内容の異なる契約を締結したであろうときは、個々の場合における諸般の事情、特に契約上又は法律上のリスク分配を考慮して、契約を改訂しないで当事者の一方を拘束することが期待できない限り、契約の改訂を請求することができる。⑵契約の基礎となっていた本質的な観念が誤りであると判明したときも、事情変更と同様とする。⑶契約の改訂が可能でなく、又はそれを当事者の一方に期待できないときは、不利益を被る当事者は、契約を解除することができる。継続的債務関係については、解除権に代わり、解約告知権が発生する。」というものである（岡孝編『契約法における現代化の課題』二〇五、二〇六頁〔巻末資料〕［法政大学出版局、二〇〇二］）。二〇〇二年に新規定を含む民法全体が改めて公布された。

（8）　Anwalt Kommentar Schuldrecht/Krebs §313 RdNr.4, RdNr.9; Oetker=Maultzsch, Vertragliche Schuldverhältnisse, 2002, S. 257.

（9）　Staudinger/Cremer §534 RdNr. 2. 但し、負担をつけること自体が許されないわけではないので、例えば親から子への独立資金の場合など、負担付ならばＢＧＢ五二七条に服するとする。

（10）　同条は第二草案四七六条として、忘恩行為を定める四七五条の後に置かれ、ドイツ帝国議会の委員会により、贈与法の最後に置かれた（Jakobs=Schubert, Die Beratung des Bürgerlichen Gesetzbuchs in systematischer Zusammenstellung der unveröffentlichen Quellen, Recht der Schuldverhältnisse II, S. 414, 415）。

（11）　Mugdan, a. a. O.(Fn. 4), S. 756. remuneratorisch Schenkung は普通法における不明確な概念であるが、現在いわれる belohnend Schenkung との関係など、その正確な意味は把握できておらず、今後明確にしたい（後掲第二章［注67］参照）。とりあえず以下ではいずれも「報償的贈与」とする。

（12）　椿寿夫、右近健男編『注釈ドイツ不当利得・不法行為法』一九、二〇頁〔右近健男〕（三省堂、一九九〇）の訳による。

（13）　道徳上の義務や儀礼を斟酌してなされた義務の給付の場合には condictio indebiti（非債の場合の不当利得返還請求権）が排除されるという規定は第二委員会によるため、第一草案はこの問題について何も述べていない。「この草案は、その給付が儀礼上の義務や道徳上の義務に応じたものであることにより、condictio indebiti が排除されるか否かについて、沈黙している。存在しない法的義務の履行のために給付される場合は、特別の理由に基づく一定の関係に関して condictio indebiti が否定されない限り、一般的に債務として承認されていない不完全債務の存在は問題とならない」(Mugdan, a. a. O. (Fn. 11), S. 465)。

(14) Mugdan, a. a. O. (Fn. 11), S. 1176, 1177. 基本的な考えとしては、法的義務だけを規制しようとするＢＧＢの任務を踏み越えるという理由で、道徳上の義務の履行に関する一般的な規制を拒絶したものである。法的なものと評価されず、倫理の領域にまで入り込みうる義務に、ＢＧＢが法的効果を与えることは、矛盾であろうというのである。

(15) Mugdan, a. a. O. (Fn. 11), S. 1177.

(16) Lorenz, Entgeltlich und unentgeltliche Geschäfte (Festschrift für Max Rheinstein zum 70. Geburstag am 5. Juli1969, Bd. 2, 1969, S. 558. 道徳上の義務や儀礼に基づく給付の際に贈与税が発生するかだけが問題である事例では、当該出捐が既に行われてしまったケースであるために、「ここで特に興味を引かれる、そのような給付約束の強制可能性如何という問題は、未解決のままになる」。

(17) JW 42Jahrgang. Nr. 2. 1913, S. 855.

(18) JW 42Jahrgang. S. 855. 債務証書による独立の無因債務としても、ＢＧＢ七八〇条、七八一条を見れば、贈与契約の場合には五一八条の方式が必要なのである (S. 856)。

(19) JW 42 Jahrgang, S. 855.

(20) JW 42 Jahrgang, S. 855.

(21) JW 46 Jahrgang, Nr. 7, 1917, S. 710.

(22) JW 46 Jahrgang, S. 710.

(23) JW 46 Jahrgang, S. 711.

(24) JW 46 Jahrgang, S. 711.

(25) RGZ 125, 1929, S. 380, 381.

(26) RGZ 125, S. 382.

(27) RGZ 125, S. 381, 382.

(28) RGZ 125, S. 383, 384.

(29) RGZ 125, S. 384. ところで、このライヒ裁判所判決は、前提として、訴えを基礎付ける一九二四年八月二七日の交渉の際、兄（弟）と非嫡出子の後見人は、被告有限会社の共同代理の資格ある社員として行為したが、彼らには代理権があると判断している（RGZ 125, S. 381）。

(30) Fischer, Die Unentgeltlichkeit im Zivilrecht, 2002, S. 86 ; Migsch, Die sogenannte Pflichtschenkung, AcP. 173 (1973), S. 48.

(31) Lorenz, a. a. O.(Fn. 16), S. 558. ロレンツは、「ライヒ裁判所の指導のもとに」、最終的には、道徳上の義務や儀礼を斟酌した当事者の合意が無償性の合意に含まれるという見解は固まったのであるが、そのような出捐の贈与の性格は五三四条で認められるとして、この判例を挙げる（Lorenz, a. a. O.(Fn. 16), S. 556 N. 39）。

(32) Lorenz, a. a. O.(Fn. 16), S. 559.

(33) Enneccerus=Lehmann, Recht der Schuldverhältnisse（Ein Lehrbuch）, 1958, §120 3a α S. 489.

(34) Palandt Bürgerliches Gesetzbuchflage, 58. Auflage, 1999（以下 Palandt とする）/Putzo §534; Kommentar herausgegeben von Reichsgerichtsräten und Bundesrichtern, 1959, §534 Anm.1 S. 324.

(35) Staudinger/Cremer §534 RdNr. 1 S. 904.

(36) Tuhr, Der Allgemeine Teil des deutschen bürgerlichen rechts, Bd. 2, Zweite Hälfte, 1918（変更を加えない復刻版として一九五七年出版）, §75 S. 171, 172.

(37) この場合は、債務者の債務は存在するが、それに相当する債権者の債権が存在しないというだけであり、弁済原因により生じた出捐として有償である。これは、基礎となる義務は強制し得ないが、任意の給付が債務の支払でないとはされないことからその存在が明らかになるのであり、このような義務からの解放は対価である（Tuhr, a. a. O.(Fn. 36), §72 S. 68, 69）。

(38) Tuhr, a. a. O.(Fn. 36), §72 S. 69 N. 33. それにもかかわらず、八一四条が返還債権を排除していることについては、「民法が、誤って義務を承認した場合にも、道徳と儀礼により正当化される出捐は保持させるようとするから、返還債権が排除されるのである」とするのみである。

(39) Crome, System des Deutschen Bürgerlichen Rechts, Bd. 2, 1902, S. 17; Oertmann, Entgeltliche Geschäfte, 1912, S. 92.

(40) 前二者の場合は強制的に感じる義務の履行、最後の場合は報酬を稼いだものと評価されているという（Larenz, Lehrbuch des Schuldrechts, Bd. 2（besonderer Teil）, Halbband, 1986, §47 I S. 199）。

(41) Münchener/Kollhosser §516 RdNr.13 S.991.

(42) 但し、前述の新判例一九二九年九月三〇日判決をフォローできておらず、意図的に新判例に反対するものではない（Lorenz, a. a. O. (Fn. 16), S. 558 N. 39）。

(43) ポティエによれば、債務の本質は履行必然性・強制可能性にあるので、これを欠く自然債務は本来債務とはいえないが、自然債務は良心の裁きにおいて、債務者に履行の義務（債務）を課すとともに、債権者には履行を請求する権利を与えるので、広義では法上のものであるという（金山直樹『時効理論展開の軌跡―民法学における伝統と変革―』一〇九頁〔信山社、一九九四〕）。そして、フランスの支配的学説は今も自然債務を法的債務の観点からではなく、道徳ないし良心の規則としてみており、自然債務は道徳的義務以外のなにものでもないとされている（石田喜久夫『自然債務論序説』一二一頁、一二五頁〔成文堂、一九八一〕）。そして、その効果として、更改可能性をも認められているが、これは厳密な意味での更改ではなく、自然債務を基礎として新しく履行の約束をすれば、この約束が法的に完全な効力をもち、訴求可能となるというものである（奥田昌道編『注釈民法（10）』一八九頁〔奥田昌道〕〔有斐閣、一九八七〕）。

(44) Schmidt, Die rechtliche Wirkung der Befolgung sittlicher Pflichten, Die Reichsgerichtspraxis im deutschen Rechtsleben II, 1929, S. 38.

(45) Schmidt, a. a. O. (Fn. 44), S. 38. ＢＧＢ八一四条の規定の趣旨について、立法過程での議論を挙げ、その妥当性を主張する（Schmidt, a. a. O. (Fn. 44), S. 37）。

(46) Schmidt, a. a. O. (Fn. 44), S. 41.

(47) 道徳上の義務は、一般的な隣人愛が命じるところ、個人が全体に対して有する一般的な義務（例えば、慈善活動する義務）といったものではなく、むしろ贈り主と受領者の特別な関係に基礎付けられなければならない。なぜなら、この見解によった場合、「贈り主と受取る者の間の特別な関係という要件を欠落させるならば、贈与は、立法者が意図したよりも著しく小さな制度へと縮まる」であろうからである（Schmidt, a. a. O.(Fn. 44), S. 41)。

(48) Schmidt, a. a. O.(Fn. 44), S. 41.

(49) Schmidt, a. a. O.(Fn. 44), S. 42.

(50) 判例に批判的な見解は、この場合に自然債務を認めると、弁済者が法律上の規定を知らないで、又は、債務の金銭的価値を知らないで、法律上の債務額よりも多くを払った場合でも、弁済者の返還請求が拒絶されることになる点を批判したという。この点、シュミットは、BGB八一四条の解釈から、支払額が債務者の道徳上儀礼上の義務の枠内に保たれているか否かを問題とする。例えば、抵当権債務者が価格増額法により二五％増加しなければならない場合、債権者が金銭的価値の減少によりひどく損害を受けたことを考慮して、金マルク全額は無理でも五〇％を支払う道徳上の義務はあるとするが、その額の決定は困難であると思われる(Schmidt, a. a. O.(Fn. 44), S. 42)。

(51) 有限会社が破産し、その業務執行者が、破産で損失をこうむった欠損を補償する旨、会社債権者と約束したという事例があるという。被告（業務執行者）の抗弁は、方式を欠く贈与約束であるから無効というものであったが、この抗弁は、両当事者の無償性の合意を欠くという理由で上級地方裁判所により斥けられた。但し、この判決は、被告の補償義務を道徳上の義務ではなく法的義務としている。この判決のように法的義務とするでなく、道徳上の義務とされても、シュミットの見解によれば支払約束は贈与形式なくして有効である(Schmidt, a. a. O.(Fn. 44), S, 42)。

(52) Schmidt, a. a. O.(Fn. 44), S. 42.

(53) 方式が規定されているのに無方式でなされた契約を履行する契約について、通説はBGB五一八条二項（履行が方式欠缺を治癒する）と七六六条二項（保証も要式行為であるが、この場合も履行により治癒される）を根拠に、道徳上の義務の履行を認めていないという。シュミットも、約束を履行する道徳上の義務を承認し、第二の給付契約が贈与でないため贈与方式を要しないとするならば、方式規定をあまりにも空疎にするとする。方式なしの第二の契約は第一のものの簡単な繰り返しでしかないからである。このような場合には、道徳上の義務を生み出す基礎となる新しいもの、異なる種類のものが付け加わっていないから、方式を必要とする立法者の意思を尊重せざるをえない。しかし、例えば、兄弟姉妹間での扶養請求権を否定するよう立法者を促した根拠は、この種の扶養が合意された場合にはもはやなんら力を持たない（Schmidt, a. a. O. (Fn. 44), S. 43）。では、相続人に、方式を備えない遺贈を履行する義務はあるであろうか。例えば、自分の息子に多額の相続財産を遺す父親が臨終の床で、貧しい大学生に五〇〇マルク遺贈するよう言い、死後息子が学生に五〇〇マルクの支払を口頭か単なる文書によって約した場合、それは訴求し得るであろうか。この場合、この方式を欠く息子の約束が、父親の方式を欠く表示の繰り返しにすぎないとは言い得ない。両意思表示の間に死が入ったことにより状況が変わったのであり、遺言に関する方式規定が、息子の約束を有効と見ることによって空疎なものになることはない。終意処分の方式欠如について論じられる根拠は、生者間の約束（この場合息子の約束）には適合しないのである。即ち、息子と学生の間にも、息子と父親の間に存したピエテート（尊崇）の関係により「特別な関係」が作り出される。但し、常に方式違反の遺贈を履行する道徳上の義務が存在するということはできない。例えば、父が優秀で勤勉であると思っていたその学生が不品行なごろつきであったと息子が突き止めた場合、道徳上の義務は存在しない。父親が息子に一五〇〇〇マルクの積極財産と一二〇〇〇マルクの債務を遺し、息子と敵対関係にある第三者に対する三〇〇〇マルクの方式違反の遺贈を息子に負わせる場合も、存在しない。従って、個々の事例によるのである（Schmidt, a. a. O. (Fn. 44), S. 43, 44）。方式違反の遺贈を履行する道徳上の義務が存しうることは、フランス法のほかライヒ裁判所判決により承認されているという。被相続人がその甥を単独相続人に指名したが、被相続人はもともと、さらにその甥の二人の姉妹をも指名する意図を有していたという事案である。即ち、遺産分割の協議を単純化するために、弁護士である甥の助言に従って、この甥のみを指名したのであって、その際、被相続人は、甥の分の三分の一を姉妹たちに与える義務を甥に口頭で負わせた。ライヒ裁判所は、甥はこの負担を履行する道徳上の義務を負っていると判示した。また、これに類似する他の事例では、被相続人が相続人を指名したが、遺産を分割せずに与える代わりに、書付けに記録された額を兄弟姉妹に支払うことを、口頭で相続人に負担させたというものである。ライヒ裁判所は両事例で一九〇六年のライヒ相続税法五六条の規定（これによれば道徳上の義務や儀礼を斟酌してなされた贈与については税金の免除が生じる）を適用可能とみなした。シュミットは、贈与とすることには反対であるが、決定的なのは、実務上相続人の道徳上の義務が認められていることであり、ライヒ裁判所は、その点を否定しているわけではないと評する（Schmidt, a. a. O.(Fn. 44), S. 44, 45）。

（54）　従って、これは五三四条等の「贈与の特別規制」に服さない。これは、「法的義務なくしてその両親により独立資金として子供に出捐されるものが、贈与とされない（一六二四条）」のと同様である（Endemann, Lehrbuch des Bürgerlichen Rechts, Bd. 1, 1903, §99 Anm. 18 S. 587, 588）。

（55）　Endemann, a. a. O.(Fn. 54), S. 587, 588.

（56）　Schmidt, a. a. O.(Fn. 44), S. 38, 39.

（57）　BGB五一八条後段は明文でこのことを述べる。贈与契約の有効性は公正証書作成にかからしめられるが、このことは、「第七八〇条、第七八一条に掲げる債務約束又は債務承認を贈与として行うときは、約束又は承認の意思表示につき同様である」（訳は、右近健男・前掲［注1］一三六頁）。方式の欠缺は約された給付の実現により治癒されるが、無因の債務約束、債務承認では充分でないとするのである。従って、この規定は、この点で無因性の効果を越えてこの約束や承認を公正証書の要件に服せしめるものである（Medicus, Schuldercht II, 2000, §86 III S. 90）。

（58）　リューメリンは、BGBにおける債務約束と債務承認をテーマとする論文中で、「七八〇条（私文書による無因の債務約束）と七八一条（同様に無因の債務承認）によって不完全債務を訴えうべきものに転化する可能性が是認されるか否か」について述べ、この問題に言及する。即ち、七八〇条、七八一条に掲げる債務約束又は債務承認を贈与として行うときは、その意思表示についても贈与方式が必要とされる。これに対して、自然債務の履行約束と見れば「自然債務ゆえに贈与は問題になりえないから、贈与約束の原則がここでは介入することはない」ため、無因の債務承認を無方式で為しうることになる。では、道徳上の義務の履行の場合にはいずれであるのか、「ことによると、独立の債務約束や債務承認により、完全に有効な債務となる可能性を、道徳上の義務や儀礼を斟酌してなされるすべての場合に承認してはならないのではないのか？」という疑問に対して、自然債務が存するとして七八〇条、七八一条で訴えうべきものとするために、「八一四条が引き合いに出され」、八一四条と五三四条の関係が論じられるのである。このとき「まず生じる困難性」は、五三四条が「そのような道徳上儀礼上の義務の存在が、行為の贈与の性格を排除することはない」とするところに存するのである（Rümelin, Zur Lehre von den Schuldversprechen und Schuldanerkenntnissen des BGB, AcP. 97（1905）, S. 302, 303）。

(59) Rümelin, a. a. O.（Fn. 58）, S. 302, 303.

(60) 「エンデマンによれば、そのような道徳上儀礼上の義務は二つの異なるカテゴリーに区別される」のであり、一方では「贈与をなす道徳上の義務や儀礼上の義務が存し」、他方では「その履行が贈与とならない道徳上の義務が存在する」ことになるが、リューメリンは、「そのような区別は、一般の見解に適合する」という（Rümelin, a. a. O.（Fn. 58）, S. 303）。

(61) Rümelin, a. a. O.（Fn. 58）, S. 303.

(62) Rümelin, a. a. O.（Fn. 58）, S. 303 N. 160.

(63) Schmidt, a. a. O.（Fn. 44）, S. 38, 39.

(64) Voss, Leipziger Zeitschrift für Handels-, Konkers- und Versicherungsrecht II. Jahrgang Nr. 3, 1908, S. 213.

(65) Voss, a. a. O.（Fn. 64）, S. 213, 215.

(66) Kipp, Kommentar zum Erbschaftsteuergesetz in der Fassung vom 22 August 1925, §3 Anm. 119 S. 204.

(67) これに関するキップの立場は次のようなものである。「民法によれば、博戯と賭事によっては債務が基礎付けられることはない。しかし、博戯や賭事に基づいて給付されたものが、債務が存在しなかった故に返還請求されるということはない（ＢＧＢ七六二条）」。いわゆる婚姻仲立人報酬も同様である（ＢＧＢ六五六条）。これらの場合においては、「法の外にある債務が、強制可能でないが履行可能な債務、若しくは、そう評したいならば、責任なき債務が存すると評価されなければならない。いずれにせよ、そのような債務の履行が贈与とされることは決してない」（Kipp, a. a. O.（Fn. 66）, §3 Anm. 120 S. 204）。

(68) また、キップは、この問題が領域ごとに異なって解されうると指摘している。債権者の取消権においても、「判例において、道徳上の義務の履行を目的とする給付は取り消しうる無償の処分とは評価されないことが、繰り返し強調されている」のであって「道徳上の義務を弁済しようとする者は、原則として無償の出捐の意思を持たない」とされている。そして、「これらの判決によれば、たとえ一方当事者だけがその給付が道徳上や儀礼上の義務を基礎としていると考えるとしても、原則的に贈与ではない」ことになる（Kipp, a. a. O.（Fn. 67）, §3 Anm. 120 S.

204)。

(69)　Kipp, a. a. O.(Fn. 66), §3 Anm. 120 S. 204, 205.

(70)　Kipp, a. a. O.(Fn. 66), §3 Anm. 120 S. 205.

(71)　Schmidt, a. .a. O.(Fn. 44), S. 40.

(72)　ジーバーは、BGB八一四条の解釈については、現在の通説と同様、法的義務を誤信して履行した給付の場合のみを規定すると解している。

(73)　Siber, Die schuldrechtliche Vertragsfreiheit, Jherings Jahrb, Bd. 70, 1922, S. 276. よって、贈与であるから「無方式の贈与約束は非拘束的で、この約束にもかかわらず、贈与者には依然として道徳上の義務が存するのみである」(S. 276, 277)。

(74)　Siber, a. a. O.(Fn. 73), S. 277. この場合の処理としては、五三四条が問題になることはなく、また、八一二条に基づいて法的根拠の欠缺ゆえ不当利得返還請求権に問題になるということもない。なぜなら、その法的根拠、道徳上の義務の履行は達成されているからである。「贈り主がこれを錯誤で法的義務と評価していた場合にのみ、八一二条による返還債権が考えうる。しかし、その返還債権は八一四条により排除されるのである」とする。

(75)　Siber, a. a. O.(Fn. 73), S. 277, 278.

(76)　Schmidt, a. a. O.(Fn. 44), S. 41.

(77)　Schmidt, a. a. O.(Fn. 44), S. 41.

(78)　リービッシュの問題意識は、道徳上の義務や儀礼上の義務の履行たる出捐すべてをBGB五三四条の贈与であると解釈すると、法的義務の欠缺を知ってなされた場合、BGB五三四条に完全に吸収されることになる点にある。このとき、「給付者が給付をなす義務を負っていないことを知っていた場合、又は、給付が道徳上の義務若しくは儀礼を考慮したものであった場合は、債務の履行のため給付したものは、返還を請求することができない」とするBGB八一四条は、法的義務が誤って承認された場合の出捐にのみ適用しうることとなり、明文に反するというのである(Liebisch, Das Wesen der unentgeltlichen Zuwendungen unter Lebenden im bürgerlichen Recht und im Reichssteuerrecht, 1927, S. 44)。八一四条後段の解釈としては、ジーバーだけでなく（前掲・［注74］参照）、現在の通説でも、給付者が誤って法的義務の存在を承認していたことが必要であるとされている。これは、非債の認識ある場合は八一四条前段が規定しているのであって、非債の積極的な認識があれば直ちに八一四条前段が適用されるからである（Staudinger/Lorenz §814 RdNr. 15)。リービッシュは、八一四条前段は出捐者が法的義務の履行ではなく、道徳上の義務の履行であるとする場合に、尽きると考えるようである。

(79) Liebisch, a. a. O. (Fn. 78), S. 47. 結局、贈与の要件としての無償性の合意を認める場合、「その内容は無償性の本質から引き出されるのであり、つまり、それはあらゆる反対給付の欠缺、ないし、法的義務も、道徳上又は儀礼上の義務も欠いていることを指す」というというのが、リービッシュの基本的な考えである（Liebisch, a. a. O. (Fn. 78), S. 57)。

(80) Liebisch, a. a. O. (Fn. 78), S. 47. 例えば、非常に重要な道徳上の義務に基づく出捐は、ＢＧＢ一六二四条の独立資金である。独立資金を与える義務は民族意識に強固に根を下ろしているから、この場合、義務を履行するという出捐者の意思が承認されうる。従って、それが相当額の限界内に保たれているならば、贈与とされてはならないだけでなく、無償の出捐でもなく、有償の出捐であるとする。

(81) この見解は新判例後のものであり、道徳上の義務や儀礼を顧慮したことについての当事者の合意は無償性の合意をも含むという見解が定着している状況で生じる問題を、有償行為と無償行為の境界領域が不明確であるとの問題として論じるものである。

(82) Lorenz, Entgeltliche und unentgeltliche Geschäfte (Festschrift für Max Rheinstein zum 70. Geburstag am 5. Juli 1969, Bd. 2), 1969, S. 558, 559.

(83) ロレンツは、この点に関する各事例の不都合を指摘していく。そのような不都合は新判例のリーディングケースである前掲一九二九年九月三〇日ライヒ裁判所判決の事案においても生じるものであるとする（Lorenz, a. a. O. (Fn. 82), S. 559)。他にも、義務的出捐の場合には、贈与の方式要件に本質的な軽率保護という考え方は、そのような出捐がそれまでに存する生活関係に吸収されていることを考慮すると意義の少ないものであるとするのは、Migsch, a. a. O. (Fn. 31), S. 46.

(84) この点に関する判例として、RG 22. 11. 1909, RGZ 72, 188、そしてRG 30.6.1910, RGZ 74,139などがあるという

(Lorenz, a. a. O. (Fn. 82), S. 559 による)。

(85) この場合、一般にはもはや法律行為に分類されえない社交的な好意（gesellschaftlich Gefälligkeit）の問題に近いかもしれないとされている（Lorenz, a. a. O. (Fn. 82), S. 560)。

(86) RG 11. 11. 1910, JW 1911, 94 Nr. 16 の理由付けが参考になる（Lorenz, a. a. O. (Fn. 82), S. 559 による)。

(87) OLG Augsburg14. 4. 1918, LZ 1919, 117 に正しい評価のための手がかりが見出されるという（Lorenz, a. a. O. (Fn. 82), S. 560)。両配偶者にもともと財産がなかったが、のちに夫がより大きな財産を相続し、妻と一般的財産共同制の合意をした。この場合、「無償性に関する家族法上の統一性のゆえに」、贈与は認められないという（Lorenz, a. a. O. (Fn. 82), S. 560)。

(88) RG 21, 4, 1917, JW 1917, 710 Nr. 7, RG 1. 12. 1914, SeuffA. 70 Nr. 212 があるという（Lorenz, a. a. O. (Fn. 82), S. 560)。

(89) Lorenz, a. a. O. (Fn. 82), S. 560. このとき、客観的な有償性メルクマールとして、退職した労働者に秘密保持義務が存在しうる場合には、より確かな基盤に基づいて有償であると考えられるという。

(90) RG11. 12. 1925, JW1927, 1190 Nr. 2 があるという（Lorenz, a. a. O. (Fn. 82), S. 561 による)。

(91) RAG11. 11. 1933, JW1934, 377 Nr. 2, BAG4. 8. 1955, JZ1955, 640 があるという(Lorenz, a. a. O. (Fn. 82), S. 561)。

(92) BAG19. 6. 1959, NJW1959, 1746 Nr. 22 があるという（Lorenz, a. a. O. (Fn. 82), S. 561 による)。

(93) Lorenz, a. a. O. (Fn. 82), S. 567.

(94) 旧少数説が問題としてきたBGB五三四条とBGB八一四条との関係については、現在、両領域の差異は無償性の合意の有無にあるとされる。BGB五三四条の道徳上の義務の履行には、BGB五一六条一項の無償性の合意が存しなければならないが、それは八一四条後段においては典型的には欠けるものである。それにもかかわらず、法的根拠の欠缺は、ここでは例外的に、客観的に存在するとされる道義上の義務や儀礼の配慮により補われるのである。八一四条後段の場合とは、給付者が誤って法的義務の存在を承認していた場合と解され、この点で八一四条前段には当たらない。それにもかかわらず、八一四条後段は、受領者のためにある意味では保持に必要な法的根拠である取得根拠を作り出すのであるという（Staudinger/Lorenz §814 Rn. 15)。

(95) Grundmann, Zur Dogmatik der unentgeltlichen Rechtsgeschäfte, AcP. 198（1998）, S. 478.

(96) Grundmann, a. a. O. (Fn. 95), S. 477, 478.

(97) グルントマンが参照するのは、忘恩規定の例外として形成されていくBGB五三四条の制定過程の議論を記載した第二委員会議事録である（Grundmann, a. a. O. (Fn. 95), S. 477, 478 N. 54）。そこでは、忘恩行為の趣旨について、報償的（renumeratorischen）贈与の場合に関連してLiberalitätという要素が重要であることが記載されている。これは、Liberalitätと無償性を異なるものとする見解から言えば、無償性そのものの有無の議論ではない。これについては、後述する。

(98) Fischer, Die Unentgeltlichkeit im Zivilrecht, 2002, S. 79.

(99) 義務的な贈与に関しては、その場合の任意性の存在まで否定する見解もある（慣例的な機会贈与は純粋な贈与であるが、いわゆる義務的贈与は、無償でもなく、任意になされるのでもないため、贈与ではないとする。Migsch, a. a. O. (Fn. 30), S. 46）。このような見解については、ラーレンツが、「道徳の圧力」があるところでは確かに「任意性」が疑われうるが、それは重要ではなく、贈与を承認することと矛盾するものではないと批判している（Larenz, a. a. O. (Fn. 40), §47 S. 199 N. 12）。

(100) フィッシャーは自説を裏付けるものとして、後述のように、BGHが、財産をなした配偶者が財産のない配偶者に、当事者の意思により相応にこれを分与する出捐を、いわゆる無名出捐として特別の行為としていることを挙げる。このような出捐は、具体的な法的義務に基づくものではないが、少なくとも道徳的には正当化されるものであり、これが贈与ではなく特別の行為とされていることの基礎は、まさに気前のよさの欠缺に存するとするのである。また、一六二四条によれば、独立資金のような、家族法に根を持つ特別の道徳上の義務の場合に、贈与としての出捐の意思は存しないとされることも同様であるとする（Fischer, a. a. O. (Fn. 98), S. 86）。

(101) 「一般的な法律行為の基礎」から出発するならば、このような結果となるという。道徳上の義務の履行と言う目的が出捐の一方的な動機であり、それが当事者により法律行為の内容とされていなかった場合をもって、BGB五三四条が適用される余地を残すことができるのである。この場合は無償の贈与となる。(Fischer, a. a. O. (Fr. 98), S. 87)。

(102)　Fischer, a. a. O. (Fn. 98), S. 87. このように、気前のよさを贈与の要素とするとき、これが備わらない場合としては、利他的意思の排除が約定された場合と、BGB五三四条の道徳上の義務の履行という古典的形態とがありうる。フィッシャーは、前者は贈与でなく、一種の無償の出捐であるとするが、これと五三四条との区別は次の点にある。即ち、出捐が義務感によりなされたか否かの評価は、前者の場合では当事者の主観的な判断に従うが、後者の場合では一般的に承認された基準に従って決せられる。前者の例としては、スポンサー契約（Soziosponsoring）が挙げられており、この場合後援者（Sponsor）が利他的目的を追求していないのは明白である。但し、その法的効果としては、当事者の類型化された利益と合致する範囲に限り、贈与規定が適用可能であるという。即ち、贈与という古典的な契約類型と結びついた贈与法的効果は直接的には適用されないことになるが、BGB五一六条以下で規定された法的効果のうち、どれがあくまで適用可能であるかが、当事者の意思ではなくて、類型化された利益状況により定まるのである。例えば、当事者間に人的な近しい関係が欠ける限り、重大な忘恩行為ゆえの撤回という特殊な贈与法的効果は適合しない。出捐者が経済的利益を追求していることを認定できる場合には、BGB五一八条による方式要件は必要でなく、困窮ゆえの返還債権も必要ない。それに対して、贈与法上の特典的な責任については、有償行為との比較において、受領者に固有の義務が欠如しているためにより保護に値しないのであるから、無制限に適用可能であるという（Fischer, a. a. O. (Fn. 99), S. 82)。

(103)　この場合には受領者が第三者の利益との関係でも有利となるからであると、フィッシャーは理由づける。それは、道徳上の義務の履行に関する他の規定から明らかであるという。つまり前述の一六四一条（道徳上の義務又は儀礼を斟酌した贈与の子を代理してする両親の贈与の禁止の除外）、一八〇四条（後見人の被後見人を代理する贈与）、二三三〇条（相続開始前一〇年以内に履行された贈与でも、遺留分の算定につき、遺産に加算したり遺留分中に充当されることはない）といった規定である（Fischer, a. a. O. (Fn. 98), S. 86)。

(104)　Fischer, a. a. O. (Fn. 98), S. 86.

(105)　Fischer, a. a. O. (Fn. 98), S. 80, 81. フィッシャーは、その考察から、贈与における無償性の意思には、利得意思と気前のいい意思があると考える。そして、「法律行為の内容からして、経済的性質でない利己的な目的（例えば――仮に価値のない――反対給付を得ようとする）を追求する場合、この意思は排除されるだろう」とする。さらに、これらの価値のない「対価」の事例で、利他的な「無償性」が問題であるのか、あるいは、贈与構成要件として無償性のほか、これとは別に書かれざる主観的要素として「特別な独立の気前のいい意思」を必要とすべきか、いずれが構成としてよいかを論じ、フィッシャーは後者の立場に立つ。なぜなら、贈与はＢＧＢの債務法各論で独立の契約類型とされているから、それは独立の契約目的をも追求するものであるところ、贈与契約の契約目的とはつまり、忘恩や困窮の場合の諸制度に関して言われる、贈与法に特徴的な感謝の関係を基礎付ける、「気前のよさの実現」を追求することにあるからである。このため、無償性についての約定に加えて、それ以上のもの、気前のよさという契約目的の性格をなしているメルクマールが付け加わって、はじめて概念に輪郭が授けられるのである。

(106)　Fischer, a. a. O. (Fn. 98), S. 79. フィッシャーは以前の判例に散見された、有償性に必要な反対給付が財産権的性格を有しなければならないという見解は、贈与法においては貫徹されえないとしている。あくまで贈与法の適用に関する議論であることに留意すべきである。

(107)　Fischer, a. a. O. (Fn. 98), S. 80.

(108)　Fischer, a. a. O. (Fn. 98), S. 80.

(109)　例えば、Endemann, a. a. O. (Fn. 54), §99 Anm. 18; Rümelin, a. a. O. (Fn. 58), S. 303 ; Oertmann, a. a. O. (Fn. 39), §534 2b についてである。

(110)　これに対して、やはり二分説に立つリービッシュは、トゥールの通説的見解、即ち非常に限定的な自然債務だけが法的債務の性質に適すると捉え、これ以外の道徳上の義務や儀礼上の義務はそうではないと捉えることには、全く根拠がないと批判する。トゥールのいう自然債務と同様、リービッシュも、不完全債務の本質は、債務者の義務は存するが、これに対応する債権者の債権が存しないことにあるとする。そして、そのような義務の存在は、不当利得返還請求権が排除され、任意の給付が非債弁済として扱われないことから、生じるとする。その点が決定的なメルクマールである場合には、道徳上の義務もそれに分類されるはずである。なぜなら、そのような義務を履行する出捐は、ＢＧＢ八一四条により返還請求が否定されているからである (Liebisch, a. a. O. (Fn. 78), S. 43)。しかし、リービッシュは、後述のように、このような不完全債務の捉え方には反対の立場をとる。その理由として、債権者の取消の領域における不当な結果を強調している (Liebisch, a. a. O. (Fn. 78), S. 46)。即ち、通説によれば、不完全債務の典型的な例としての賭事・博戯の債務の支払は有償の給付であって、破産法上の取消には服さないことになる。これに対し、一六二四条による相当な独立資金の承認は道徳上の義務の履行であるから無償の出捐として破産法上の取消にも服することになるのである（Liebisch, a. a. O. (Fn. 78), S. 45)。

(111)　Tuhr, a. a. O. (Fn. 36), S. 149 N. 72.

(112)　他にも、コザックは、道徳や儀礼により命じられる給付はＢＧＢ八一四条により返還請求されないが、道徳上の義務の履行による「贈与」に特別規定が適用されることとされているから、特殊の贈与契約であるとする（Cosack, Lehrbuch des bürgerlichen Rechts, Bd. 1, 1922, S. 326, 571, 572. これには特に報償的贈与があるとされる）。クローメも、独立資金（一六二四条）のような一定の道徳上の義務や儀礼上の義務は、その任意の履行が贈与とされない限りで、法律によって不完全債務として優遇されているが、それ以外は法律が全く法的義務としていない以上、不完全債務ですらない。このことは五三四条が贈与と規定していることから、明らかであるという（Crome, a. a. O. (Fn. 39), S. 17)。

(113)　Dernburg, Das bürgerliche Recht, Bd. 2, 1909, S. 15.

(114)　自然債務について、ドイツの学者は、一九世紀末以降のゲルマン法の研究から、責任を欠く債務である不完全債務（unvollkommene Verbindlichkeit=Naturalobligation）をいう（石田・前掲［注43］一一頁、磯村哲「債務と責任」『民法演習Ⅲ』二頁以下［三嶺書房、一九五八］）。

(115)　Liebisch, a. a. O. (Fn. 78), S. 46.

(116)　Liebisch, a. a. O. (Fn. 78), S. 46. 実質的判断からすれば、「通説によりいわゆる不完全債務について達した結果はいずれにせよ正しく、それに対して、道徳上の義務と儀礼上の義務について主張されたことは正しくない」と結論付けている。

(117)　Fischer, a. a. O. (Fn. 98), S. 70. フィッシャーにとっては自然債務が道徳上の義務と境界付けられることができないことからしても、訴えうべきでない義務が、法的義務に近いか、又は、無償性を必ずしも排除しない道徳上の義務（ＢＧＢ五三四条）の近くにあるか否かについて区別することは、あまり重要ではない。自然債務に関するフィッシャーの立場は、基本的にこれを「訴えうべきとする取決めは、民法と矛盾し相違するため、排除される」

というものである。自然債務については、一般的な規定はなく、民法起草者によっても認知されていなかった。従って、給付は任意になされなければならないが、給付の返還債権が法律的に排除されるから、実行後はもはや返還請求されえないというだけものである。当事者の合意があっても、それは「訴えうべき取得を根拠づけるものではない」のであって、不当利得返還請求され得ないという意味で、保持しうることを認めるのみであるという（Fischer, a. a. O. (Fn. 98), S. 70）。そして、この給付の基礎になった取決めは、利得意思を欠くという理由で、有償と評価されるべきであるという（Fischer, a. a. O (Fn. 98), S. 72）。

(118) Fischer, a. a. O. (Fn. 98), S. 72.

(119) Zweigert, Rechtvergleichende Bemerkungen zur Scheidung verbindlicher Geschäfte von unverbindlichen, JZ, Bd. 19, Nr. 11/12, 1964, S. 353. ツヴァイゲルトは、道徳上の義務の履行約束の場合に、ドイツ法の下では、公証人の書面がなければ訴求可能な請求権は生じ得ず、裁判所が利益考量をなしうる余地がない点を批判し、伯父が姪に大学の費用を出すことを約束した場合を不都合な事例としてあげている。

(120) F・ヴィーアッカー著、鈴木禄彌訳『近世私法史』五九三頁（創文社、一九六一）。

(121) オーゼル＝シェーネンベルガー共編、佐藤壮一郎訳『スイス債務法』（司法省調査部、一九三九）の訳文を参照した。ここでは「道義」とされているが、スイス債権法は「Die Erfüllung einer sittlichen Pflicht」としており、ＢＧＢと同様であるので、「道徳上の義務」とする。

(122) これらの条文については、オーゼル＝シェーネンベルガー共編、佐藤壮一郎・前掲（注121）の訳を参照。

(123) Oser = Schönenberger, Das Obligationenrecht, Kommentar zum Schweizerischen Zivilgesetzbuch, Bd. 5 II Teil (Halbband), 1936, §239 RdNr. 20, 24.

(124) 道徳上の義務とは「法的共同体で支配的な道徳観」により命じられるものであるとされ（Becker, Obligationenrecht, II Abteilung, Die einzelnen Vertragsverhältnisse（§§184-155）（Schweizerisches Zivilgesetzbuch, Bd. 6）, 1934, S. 163; Maissen, Der Schenkungsvertrag im schweizerischen Recht, 1996, S. 32）、給付する債務がなく単に道徳上の請求権が存するのみであるにもかかわらず、給付することが礼儀正しいとされるようなものである。判例を中心に見ると、例えば、扶養義務の存しない親族に対する扶養給付、親族を援助するための任意の債務引受、内縁関係にある者の債務の支払、相続人が任意に長年被相続人の家事をしてきたことを勘案した年金の支払、非嫡出子に対する年金の支払がある。学説でも、世間に知られた不幸な事故の被害に対する慈善ないし公益目的のためのもののほか、事案の状況如何によるが、親族のため又は永年勤続者のための援助と補償、重要な無償役務の給付に対する報償等が挙げられる（Tuhr, Allgemeiner Teil des Schweizerischen Obligationenrechts, 1924, §4 N.7 後二者については Vischer, Obligationenrecht-Besondere Vertragsverhältnisse, Bd. 1 (Schweizerisches Privatrecht, Bd. 7), 1977, S. 186 も言及する）。チップを道徳上の義務とする見解もあるが（Guhl, Das Schweizerische Obligationenrecht mit Einschluss des Handels- und Wertpapierrechts, 2000/Koller, §43 RdNr. 4, S. 395; Becker, S. 164）、有償とする見解もある。マイセンは、労働者に対する付加的給付や、チップといった、報償的趣旨の贈与については、先行役務との法的関連性を否定し、事実上の関連性があるのみであるとする。そして、事実上の関連性では原則的に反対給付がないとしながら、法的な基礎的関係に関連する出捐であれば、例外的に反対給付と評価されるべきであるとして、これらの有償性を肯定する（Maissen, S. 35, 36）。また、道徳上の義務の概念が制限的に解されるべきとする学説が多いのは、そうでなければ多くの契約が贈与法に服さない結果となるからであるという（Vischer, S. 186）。即ち、この概念が非常に曖昧である一方で、これにあたれば、方式規定、責任規定、撤回権などすべての贈与規定が適用されないことになる。このうち、ドイツ法と比較して法政策上重大であることは、無方式の約束が約束者を拘束することであるという（Maissen, S. 32）。その評価は常に、両当事者の全個人的、経済的関係を顧慮してなされるべきである（Becker, S. 163, 164）。

(125)　一項は、弁済を為すに当たって錯誤があることを証明することを要件として、返還請求権を認める。日本の非債弁済の規定と、その趣旨は同様である。

(126)　訳は、オーゼル＝シェーネンベルガー共編、佐藤壮一郎訳・前掲（注121）参照。

(127)　Guhl, a. a. O. (Fn. 124)/Koller, §43 S. 401, 402.

(128)　Botschaft des Bundesrates an die Bundesversammlung zu einem Gesetzesentwurf betreffend die Ergänzung des Entwurfes eines schweizerischen Zivilgesetzbuches durch Anfügung des Obligationenrechtes und der Einführungsbestimmungen (Vom 3 März 1905), Bundesblatt der schweizerischen Eidgenossenschaft, Jahrgang 1905, Bd. 2, S. 53.

これが述べる同条の趣旨は贈与者保護という簡明なもののみである。本稿におけるスイス法の立法過程の研究は後述するものにとどまり、不十分である。

(129) Vischer, a. a. O. (Fn. 124), S. 189 ; Guhl, a. a. O. (Fn. 124) /Koller, §43 RdNr. 3 S. 397.

(130) Vischer, a. a. O. (Fn. 124), S. 188. ＯＲ一三条一項は、「法律を以って書式を規定したる契約は、これに依りて義務を負ふべき凡ての者の署名を記載することを要す」とする（オーゼル・シェーネンベルガー共編、佐藤壮一郎訳・前掲［注123］参照）。

(131) Guhl, a. a. O. (Fn. 124) /Koller §43 RdNr. 3 S. 397 ; Bucher, Obligationenrecht Besonderer Teil, 1988, S. 151, 152.

(132) Maissen, a. a. O. (Fn. 124), S. 91.

(133) Guhl, a. a. O. (Fn. 124) /Koller §43 RdNr. 3 S. 397. ＯＲ一七、一八条は明文で無方式又は書面による無因の債務承認を認めることから、贈与における「書面」を考える際には、これとの区別が必要となるのである。出捐の法的根拠たる贈与の成立と無因債務の成立が混同されてはならないからである。ドイツ法ではＢＧＢ七八〇、七八一条で書面の要求される無因の債務によって贈与がなされる場合でも、ＢＧＢ五一八条の厳格な方式(公証人の証書等)は必要である旨明らかにされている(ＢＧＢ五一八条)。ここにいう贈与意思、贈与意図がドイツ法に関して後述するように、契約成立のための意思表示以上のものを指すのか明らかではないが、贈与概念からして契約における意思表示にすぎないとすべきであろう。

(134) ＯＲ九九条は一項で「債務者は原則として一切の過失に対しその責に任ず」とするが、二項で「責任の程度は取引の特殊なる性質に依りて之を定め、取引が債務者の為に何等の利益を目的とせざる場合に於ては、特に之を斟酌す」とする（訳は、オーゼル＝シェーネンベルガー共編、佐藤壮一郎訳・前掲［注123］参照）。無償性を一般的に取引の特殊な性質として考慮する規定である。

(135) Guhl, a. a. O. (Fn. 124) /Koller, S. 402 ; Maissen, a. a. O. (Fn. 124), S. 109.

(136) Guhl, a. a. O. (Fn. 124) /Koller, S. 402, 403. なお、ここで行為基礎としたものをコラーは clausula rebus sic stantibus としている。これは普通法の理論であり、私法では行為基礎と関わる。全ての契約は、その締結に決定的であった関係が根底から変化してしまっていない限りで、守られるべきである、というものである（Deutsches

Rechts-Lexikon, Bd. 2, 2001, S. 1931）。

(137) Vischer, a. a. O. (Fn. 124), S. 189.

(138) Entscheidungen des schweizerischen Bundesgerichtes aus dem Jahre 1918, Bd. 44, II Teil-Zivilrecht,（以下 BGE 44 II とする） S. 3-7. 父子関係は認知か裁判によってのみ確定される。父であることの無方式の裁判外の意思表示は、せいぜい父子関係訴訟の基礎となる状況、事実に関する裁判外の自白、即ち、性的関係の間接証拠の意味を有するのみである。そこで、扶養約束の法的有効性が論じられるのである（S. 3,4）。原審は被告の書面による表示に基づいた認知そのものを認めるが、本判決はこれを否定するのである（S. 7）。

(139) BGE 44 II, S. 5.

(140) Titel=Rechtstitel=Justus titulus は、正権限、即ち、法律上正当な原因をいう（山田晟『ドイツ法律用語辞典（改訂増補版）』三四五頁［大学書林、一九九一］）。

(141) BGE 44 II, S. 6.

(142) BGE 44 II, S. 6.

(143) Entscheidungen des schweizerischen Bundesgerichts aus dem Jahre 1919, Bd. 45, II Teil-Zivilrecht, S. 291.

(144) BGE 45 II, S. 292.

(145) BGE 45 II, S. 293.

(146) BGE 45 II, S. 295.

(147) BGE 45 II, S. 294.

(148) BGE 45 II, S. 295.

(149) BGE 45 II, S. 299.

(150) BGE 45 II, S. 295, 296. また、相続計算がされていることから、消費貸借の承認であるとの主張がなされたというが、「貸付金の承認を問題としてきた被告の立場は、明らかに根拠がない。なぜなら、概念的に不可欠な、原告の返済義務の約定という要件が欠けるからである」。原告が相続時に、もはや彼がすでに受け取ってしまったもの以上何も受け取らないとしても、それでもやはり、被相続人が彼を支援するつもりであった場合には、彼は返済しなければならないわけではないのである。そこで、本判決は消費貸借を否定する（S. 296）。

(151)　他にも、原被告間に争いのある法律上の援助義務（スイス民法（ZGB）三二八条）の履行であることが考えられるが、ZGB三二八条は、「好意の関係にある者には、その助力なければ困窮に陥るであろう尊属と卑属の親族を援助する義務がある」とする（オーゼル＝シェーネンベルガー共編、佐藤壮一郎訳・前掲［注121］参照）。本件で、この法律上の援助義務の履行であるとするのは明らかに誤りである。父から息子へ法律上なされた給付であれば、取決め自体の中で明示されたりしないし、協議の中で言及されたりもしないだろうという解釈が支配的であるからである（BGE 45 II, S. 297）。

(152)　BGE 45 II, S. 297.

(153)　というのも、そうでなかったならば、即ち、道徳上の義務を負う者に法的にも義務が発生するならば、OR六三条三項「債務取立及び破産法に依る非債弁済の返還請求権は之を留保する」という規定は不要となってしまうからである。「なぜなら、そのときには最初から『原因なしに』なされた給付や債務がないのに約束するということはありえないだろうし、不当利得返還請求権の排除が一般原則より直ちに当然であることとなるであろうからである」（BGE 45 II, S. 298）。

(154)　BGE 45 II, S. 298. これはオーゼルの見解であるとして、その著作が引用されている。

(155)　BGE 45 II, S. 298, 299.

(156)　BGE 45 II, S. 291-299.

(157)　Merz, Obligationenrecht, allgemeiner Teil, I Teilband (Schweizerisches Privatrecht Bd. 6), 1984, S. 267 N. 20 の評価である。ここでは、真の債務負担の意思の欠缺が決定的であるという。

(158)　BGE 53 II, 1927, S. 198.

(159)　BGE 53 II, S. 198, 199.

(160)　OR一一条は、「凡て契約は其の有効なるが為には法律が其の旨を規定する場合に限り、特別の方式を必要とす。法律の規定する方式の意義及効力に付別段の規定なきときは、契約の効力は右方式の遵守に繋るものとす」とする（訳は、オーゼル＝シェーネンベルガー共編、佐藤壮一郎・前掲［注123］による）。

(161) BGE 53 II, S. 199.

(162) BGE 53 II, S. 199, 200.

(163) BGE 53 II, S. 200.

(164) ロレンツは、本文に挙げている[2]の判例、BGE 45 II, S. 291, 298 について、法律規定から無方式の約束の訴求可能性を導くトゥールの立場（Tuhr, Schweizerische Juristen-Zeitung, Bd. 18, 1922, S. 202）と容易に相容れないものであると評価している（Lorenz, a. a. O. (Fn. 82), S. 558, N. 38)。

(165) これを指摘するものとしては、オーゼルの見解のほかにも、例えば、約束が道徳上の義務を問題にしていること自体から、当事者に法的拘束力を生ぜしめる意図が欠ける可能性があり、「この種の口頭の約束が拘束的であることには、私には懸念のないものではない」という、後述のトゥールの見解がある（Tuhr, a. a. O. (Fn. 164), S. 202; Oser / Schönenberger, a. a. O. (Fn. 123), §239 RdNr. 13 S. 954)。

(166) Oser / Schönenberger, a. a. O. (Fn. 123), §239 RdNr. 13, S. 954.

(167) Guhl, a. a. O. (Fn. 124) / Koller, §43 RdNr. 3 S. 395.

(168) この際、給付者が錯誤で法的義務の存在を信じており、それゆえに道徳上の義務を履行したのか否かは、返還債権の排除には関係ないという。この解釈はドイツ法と異なるが、OR六三条二項がこれらの場合を含むとする見解が存する(Merz, a. a. O. (Fn. 157), S. 261, 262, 266, 267 ; Vischer, a. a. O. (Fn. 124), S. 186)。

(169) Merz, a. a. O. (Fn. 157), S. 266. よって、道徳上の義務を正当化する事情が事実でないのに、給付者が誤って給付する場合には、不当利得法に基づいて返還請求されうるのである。

(170) Merz, a. a. O. (Fn. 157), S. 260, 261.

(171) これにはほかに、信義誠実、人格権、良俗等に関する白紙委任的規範というべきものがあり、「そればかりか、法秩序は、権利の濫用という実定法的概念をもって、『外見上の』法と『現実の』法とが異なることの可能性を認める。特に、良俗は契約自由を制限し(OR一九条、二〇条)、故意の良俗違反には、違法性の欠缺にもかかわらず、損害賠償の義務を課すことがある（OR四一条二項)」。そして、これらの一環として、OR六三条二項とOR二三九条三項に基づき、法秩序は社会的道徳の義務に不完全債務という性格を付与しているが、立法者はこれと関係なくその具体化を行い、一連の構成要件を定めて、個別の不完全債務を規定している(Merz, a. a. O. (Fn. 157), S. 261, 262)。これら法律上具体化されたものとは異なる固有の事例群として、OR六三条二項と二三九条三項による道徳上の義務の履行が不完全債務だとされるべきである、とする理論においては、通例、これらの道徳上の義務という共通の基礎を消し去ることが適切であるということになる」と分析している（S.261,262)。

(172) Becker, a. a. O. (Fn. 124), S. 163（1934). さらに、OR二三九条三項の規定のひとつの法的効果として、贈与として処分することが禁じられている者でもこのような出捐を相当な範囲でなしてもよいという効果も、ベッカーは指摘している（S.164)。例えば、OR二四〇条は、相続法や後見法の場面や、禁治産宣告等に関して、贈与者を制限するが、道徳上の義務の履行であれば、これらの規定の適用はないのである。ドイツ法にも類似の規定が存する。

(173) Tuhr, Allgemeiner Teil des Schweizerischen Obligationenrechts, 1924, S. 29. 但し、これと博戯債務等との相違は、履行されうるだけでなく、法的に有効に約束されうる点であるとする（S. 30)。後者の場合は贈与の性格はなく、法的拘束力を認め得ない場合を考慮しなくてもよいということであろう。

(174) Tuhr, a. a. O. (Fn. 173), S. 30, N. 8b.

(175) Tuhr, a. a. O. (Fn. 164), S. 202.

(176) 当時、このトゥールの見解は、孤立していたという。しかし、これを採用しているように見える裁判例として、「土地の売主が買主と口頭で合意していたが、それにもかかわらずより高い価格で第三者に売ってしまったという事案がある。売主が第一の買主に売買額の超過分の半分を出捐するという口頭の約束は、無効な債務約束とされるのであって、道徳上の義務の履行とされるものではない」とするものがあったという（HE. 14, S. 149 以下、Schmidt, a. a. O. (Fn. 44), S. 35による)。ここでは、買主の道徳上の義務が承認されたならば、口頭の約束が有効とされたであろうことが、推定される（Schmidt, a. a. O. (Fn. 44), S. 34, 35)。

(177) Bucher, a. a. O. (Fn. 131), S. 155.

(178) Bucher, a. a. O. (Fn. 131), S. 156.

(179) Maissen, a. a. O. (Fn. 124), S. 30, 31.

(180) Maissen, a. a. O. (Fn. 124), S. 31, N. 143. 境界領域の出捐に関しては、ドイツ法は婚姻を条件とする出捐の有償性の問題があるし（後述）、フランス法では、任意の扶養給付は自然債務の履行とされると指摘している。

(181) Gefälligkeit は、前述したように、ドイツ法でも問題とされている。ドイツ法では②の意味で用いられているように見える。利他的動機を積極的に要求するものであるかは不明であるが、贈与に関する限り履行請求の可否という形で問題となることはあまり考えられないように思われる（前掲［注4］参照）。

(182) Maissen, a. a. O. (Fn. 124), S. 48.

(183) ①の意味での「好意」についても、スイスの無償性を理解するうえで検討する意味があるかもしれない。マイセンによれば、「この『好意』に基づく無償の贈与出捐が約束され給付された場合、贈与者の利他的動機に基づく贈与約束となる」。しかし、「贈与の出捐の動機は贈与契約の成立に意味のないものである。「好意」という動機は、贈与者の責任範囲の算定のためにのみ役割を果たしうる」のである（Maissen, a. a. O. (Fn. 124), S. 49）。よって、「好意」なしの無償性も問題なくありうるのであり、利己性に基づき約束されなされたものであっても無償でありうる。「贈与契約における無償性の要素を満たすためには、相当の反対給付をなすことなく出捐する意思の合致と、反対給付がなされないという事実が必要である」に過ぎない（Maissen, a. a. O. (Fn. 124), S. 48）。これはドイツ法と同様、動機の利他性と切り離された「無償性」の概念である。

(184) Maissen, a. a. O. (Fn. 124), S. 49.

(185) Oser, Das Obligationenrecht, 1 Halbband §1-183 (Kommentar zum Schweizerischen Zivilgesetzbuch, Bd. V), 1929, Vorbem. Zu §1-67 RdNr. 58, S. 10, 11. これら以外の効果に関しては、場合により区別されるべきであるとする。

(186) 担保や保証により債権を強めることも許されない（Oser, a. a. O. (Fn. 185), Vorbem. Zu §1-67 RdNr. 59, S. 11）。

(187) この場合には担保等は許される（Oser, a. a. O. (Fn. 185), Vorbem. Zu §1-67 RdNr. 60, S. 11）。

(188) Oser, a. a. O. (Fn. 185), Vorbem. Zu §1-67 RdNr. 61, S. 11.

(189) この見解を支える判例としては、この[2]判決のほか、「一般には訴求を許されない約束が、道徳上の義務の履行として約束されたなら、例外的に訴え可能であるという規定は、連邦法の全く知らないものである」という古い判例があるという（Bgrt. 19, 164（Schmidt, a. a. O. (Fn. 44), S. 35 による）。但し、この判決は、贈与に関して何の規定もなく、従って、現行ＯＲ二三九条第三項も置かれていなかった、旧債務法下のものであることを考慮に入れるべきである（Schmidt, a. a. O.(Fn. 45), S. 34, 35)。

(190)　Oser, a. a. O. (Fn. 185), Vorbem. Zu §1-67 RdNr. 64, S. 12.

(191)　ＯＲ二三九条三項は、後述のように、ドイツ法で新判例が現れていない時代に制定された規定である。

(192)　ＯＲ六三条二項は、次のような趣旨で、給付されたものの保持を規定しているとされる。「自然債務を履行する場合、返還請求権はない。なぜならそれは非債弁済ではなく、確かに訴えうべきではないが、なお履行可能な債権が返済されているからである」。そして、道徳上の義務の履行が「拘束的な義務と誤ってみなされた場合」、不当利得ではないというのである(Keller=Schaufelberger, Das Schweizerische Schuldrecht Bd. 3, S. 63, 64; Merz, a. a. O. (Fn. 157), S. 261)。これについては、前掲（注168）参照。

(193)　Tuhr, a. a. O.(Fn. 164), S. 202.

(194)　Bucher, a. a. O.(Fn. 131), S. 156.

(195)　一般的な記述であるが、ドイツと比較したスイス法に次のような特徴を認める見解がある。「特に困難なのは、…発生する個別事例に適用するために不可避な、抽象概念（一般原則と上位概念）並びにその理解の過程である」ところ、スイスの国民は「具体的に考える」国民性をもつため、「最も重要で著名な事例を見て、その類推により新しい事例が評価される」のである。「抽象的一般的な規定の文言、厳密で論理的な体系…これは、ドイツ民法典の主な特性であり、ドイツ民法はこれにより、いつの時代にも重要な学問的産物になった」が、スイスの法典は「この点では、ドイツという手本に従うことはできない。スイス法はできれば定式化を避ける。他方において、個別事例を並べ立てるのも限定されなければならなかった。国民性からの別の要求、簡潔さに違反したくなかったのである」。従って、そこでのわずかな定式には、上位概念や体系のためのものはあまりなく、例えば権利濫用の禁止のように、原則として直接に適用可能な規範であったという（Tuor, Das schweizerische Zivilgesetzbuch, 1968, S. 12)。このような特徴に道徳上の義務の履行約束の問題について、立法も実務も個別的解決による方向へ向かったのは、このような特徴によるものなのかもしれない。

(196)　Zweigert, Rechtvergleichende Bemerkungen zur Scheidung verbindlicher Geschäfte von unverbindlichen, JZ, Bd.

19, Nr. 11/12, 1964, S. 353. ツヴァイゲルトは、そもそも法的拘束力を生じる「本気でなされた約束」とそうでない約束の区別を、cause や約因理論のないドイツ法では「好意（Gefälligkeit）」か否かという解釈によりなすことになるが、約束が本気であることを窮屈に証明しなくてよいこの方法は、訓練された裁判官の手によってなされるもので、優れた方法と考えている（S. 353)。

(197)　法律行為性は、好意による行為について特に問題となると考えられているのだろうか。マイセンは、このOR二三九条三項における法律行為性の問題を、契約か「好意（Gefälligkeit）」かという問題と捉えている。いずれも当事者の法的効果意思の有無を問題とするものであるが、注目すべきは、マイセンが、この「好意」というものを動機に関わるものと捉えていることである。即ち、無償契約が好意の動機による場合に、法的拘束力を生じない「好意関係」に過ぎないことがありうるというのである（Maissen, a. a. O. (Fn. 124), S. 49)。但し、この「好意」を問題とする判例や見解は、今のところは見出せない。マイセンが法律行為でない「好意」が好意による契約でこそ問題となるとするならば、これを道徳上の義務の履行の場合にも問題としている以上、道徳上の義務を履行する契約が好意によらないという性格であるとはされていないことになる。但し、マイセンはそこまでは述べておらず、客観的な「道徳上の義務の履行」類型の特性を確定するというより、個々の事例ごとの当事者の主観的「道徳感」によればよいとするスイス法を基礎とすれば、一応道徳感から為されたとしても好意による行為と評価される可能性もあろう。

第二章　ドイツ法における贈与観

本章では、「道徳上の義務の履行」に関する例外規定から導びかれうる推論、即ち、好意によらず、さらに利己的なものをも含み得る贈与概念にもかかわらず、ドイツ法における贈与の基調にLiberalität（好意の施し）があり、これに限定されるものであることを明らかにしたい。

まず、贈与法がどのような性格の贈与の規制を目指していたのかを主にドイツ民法の制定過程から探り（第一節）、次に、実際的観点から、これと贈与概念とにずれがあるか、それとも道徳上の義務の履行を贈与とするドイツ法においても、贈与概念の要素である無償性が好意や利他性といった要素と関わりのあるものなのかを検討し（第二節）、ドイツ法において観念される原則的な贈与の性格、即ち、贈与観について考察したい。

第一節　制定過程

ドイツ法においては、贈与契約には、贈与者の財産からの出捐と、その出捐が無償であることの主観的な合意が必要であるとされる。そして、無償性とは、反対給付を伴わないことをいい、その動機は問題とならず、贈与契約の外に置かれる。よって、利己的な贈与も贈与契約として認められることになる。

以上が前提であるが、それにもかかわらず、贈与法は、Liberalität を贈与の基本的性格と考え、それを配慮した内容になっているのではないか。この点、前述したフィッシャーの見解は、まさにこれを肯定するものである。即ち、BGBの贈与契約を、古典的 animus donandi、即ち Liberalität、気前のよさ、利益なき犠牲、利他主義の表出と見て、このような場合にのみその成立を認めるべきとする。この animus donandi という主観的要素はその立証困難性ゆえに贈与の法的概念の要件としては排除されたが、方式規定、贈与者の撤回や返還請求権、責任の緩和といった贈与法における特別規定は、animus donandi を基礎とする贈与の「独特の利益状況」に適合的に定められていると考えるのである[1]。このような見解が存在するドイツ贈与法は日本法とは異なる贈与観に基づくものであると考えられ、贈与契約に関する特殊な規定がこの贈与観に適合的であるために設けられているのかを、BGBの立法過程の資料を中心に、学説を補足しながら見ていきたい。

一　贈与規定の立法趣旨

1　贈与概念

(1)　立法過程に見る贈与要件――利得させる意図と契約性

ドイツ法制定過程において、贈与がどのような実質的内容、性格であるかという問題には、贈与が常に契約かという性質論が関わっているように見える。この点、ドイツ民法第二草案の分析として、穂積博士が日本民法制定にあたり、贈与を法律行為の総則に置くか債務編に置くかを論じているのを参照したい。前者の立場は、贈与が無償行為であり、他人に利益を与えるものに過ぎず、一つの特別の性質をもつ法律行為とはいえないことに基づくという。これに対し、後者の立場はドイツ法第二草案も採るものであり、日本法もこれにならう。その理由は、贈与というものは、無償行為にして他人に利益を与えるものであるため「何事にでも通ずるやうなものでありますけれども」、実は売買や貸借のように、歴史上一つの「意味を為して又一般のことに当たる法律行為と致して居りまするし一種の特別の性質を持つて居る法律行為となって居りまする通常の社会の取引に於いても然う考へて居りまするから」というものである(2)。このように、ドイツ法第二草案は、出捐があるのみと考えたならば民法総則に置くことも十分考えられるところ、贈与が歴史的社会的に見て何らかの「特別の性質」をもつものと考え、債務契約としているとするのである。この点については日独が立法上同様の立場に立つが、贈与というものがもつ固有の「性質」の内容の捉え方が異なり、それが日本法とドイツ法の贈与観、これに基づく贈与法を異なったものとしたことが考えられる。ここでは第二草案が参照されているが、ドレスデン草案にならい贈与を債務法の各論に置くことについては、第一委員会から異議はなかったという(3)。但し、法律行為とするか否かは置くとして、少なくとも贈与は常に契約というわけではないという、非契約説ともいうべき少数説が、BGB制定前後を通じて存在しており、ドレスデン草案もこの見解によるように見える。そこで、贈与契約に関する冒頭の条文であるBGB五一六条の制定の際、贈与の「概念と本質」が論じられており、①贈与は利得させる意図を要件とするか、②贈与は常に契約かを問題としてこれを解決していく過程が見られる。

ドレスデン草案四九七条は、「ある者が、合意をもって、又は、その財産を増加させる意図をもって、法的には義務を負わずに、その財産の減少によって他人に財産的利益を無償で出捐する場合、この出捐は贈与である。これが、給付約束によるか（贈与契約）、他の法律行為によるか、特に、物の所有権の移転によるか、又は、他の財産権の引渡や放棄によって、それがなされるかは問わない。……」と規定している(4)。これによれば、贈与は契約である場合に限定されないこととなる。これに対し、ヴィントシャイトは、「他人を利得させる意図で、ある者がその財産の減少によりその他人に利得を出捐し、その他人が自己に出捐されたものを贈与と承認する場合、これを贈与とする」という提案をしており、[5] 受贈者の承諾を必要としながら、即ち贈与を契約としながら、「他人を利得させる意図」をも要求した提案となっている。そして、第一委員会では、贈与が常に契約であるか、つまり贈与の契約性という問題（②）をひとまず置いて、次のことを贈与の要件とすることについてのみ、決議がなされた。即ち、後回しにされた契約性の問題を除けば、「贈与は、他人に対する出捐、つまり出捐者の財産が減少し、他人に利得させるものであり、そして、他人を利得させる意図でなされる」のであり、この要件は草案と本質的には差異のないものであり、当時の学説が認めるところでもあったという。[6] また、草案と各提案が調和しない点について個別的な決定がなされているが、その中には利得させる意図(①)についての決定もある。例えば、animus donandi（贈与する意思）は、「明白に本質的な要件」「特別な強調を要する要件」であるから、これを「贈与する意図」又は「贈与により」とすることに懸念が示され、「他人を利得させる意図」と表現する方を選ぶべきであるとされている。その理由としては、本質的な要件であるゆえに争いを生じないよう明確にすべきであること、「他人を利得させる意図」の性質も異論のないものではないが、少なくとも「意図」とはすべきであることにある。また、animo donandi（贈与することの意思をもって）によって、出捐者がより貧しく相手方がより豊かになる出捐がなされることが必要とされる場合、出捐の無償性と法的義務の欠缺の要件は不要であり、このような要件の定立は正しくない結論を導く恐れがあるとされる。[7] このことから、この段階では少なくとも無償性以上の意図が必要とされていたことがわかる。

この決定の後、贈与はすべて契約かという問題(②)の検討に移り、贈与が常に契約であるとされることが決定されるのである。具体的には、「誰もその意思に反して贈り物をされてはならない」[8] から承諾が必要とされること、さらに、これに付随して、出捐が利得者の認識や意思なしになされる事例でも、その拒絶までは出捐者は贈与の申込みに拘束されること、である。[9] その後、ドレスデン草案四九八条「四九七条で定められている性質の財産的出捐は、それが感謝の義務を履行する意図でなされることによっては（belohnende Schenkung）、贈与としての性質を失わない」の削除が決議される。その理由は、同条の内容が自明であるからである。即ち、贈与者の動機は様々であり、特に法定されない限りは、この報償的な贈与も贈与とされなければならないのである[10]。第一草案は、贈与概念に関して、四三七条が「他人の利得を意図してなされ、その他人が出捐を贈与として承諾する限りで、出捐者の財産を減少させ、その他人に利得を得させる、その他人に対して為された出捐は贈与とする」とし、四三八条が「ある者が、贈与する意図で、その財産を減少させる出捐によって、他人にその意思なく利得させる場合、その他人が贈与を拒絶するまでの間出捐者は拘束される。他人が利得と贈与意図を知った後遅滞なく拒絶を表示しない場合は、その承諾が推定される。拒絶された場合には、出捐者は二六七―二六九条に応じて利得の返還を要求することができる」とする。

ところが、帝国司法庁準備委員会は四三七条の贈与の定義は維持しつつ文言を変更する旨決議し、準備委員会決議草案四三七条「贈与には、ある者がその負担で他人の財産を増加させ、両当事者がその増加が無償でなされるという点で合意することが必要である」、四三八条「ある者が、贈与する意思で、他人の財産をその他人の意思なく増加させた場合、他方当事者がそれを承諾すると表示したとき初めて贈与は存在する。他方当事者が、出捐者が彼に定めた相当な表示期間内に贈与を拒絶しない場合、この承諾は表示されたものとする」とした[11]。贈与概念はここに無償の出捐契約とされ、利得させる意図はこの受贈者の承諾を伴う贈与契約（準備委員会決議草案四三七条）の定義からは消えている。承諾が表示されない場合（準備委員会決議草案四三八条）には「贈与する意思」が必要とされているが、この点、第二草案四六三条は「ある者がその財産で他人を利得させる出捐は、出捐が無償でなされることについて両当事者が合意しているならば、贈与である。出捐が受贈者の意思なしになされた場合には、出捐者が定めた承諾の意思表示のための相当期間内に受贈者がこれを拒絶しないならば、贈与は受贈者により承諾されたものとする」とし[12]、受贈者の承諾のない場合についても「贈与する意思」にさえ言及がない[13]。しかし、このことを見て直ちに、利他的な実質を否定することが贈与概念の形成に決定的であった、ということ

はできない。(14)

⑵　学説による位置づけ

以上のように、第一委員会においては、贈与を契約に限定しないドレスデン草案だけでなく、贈与すべてを契約とするヴィントシャイトの提案も、「利得させる意図」を贈与要件としている。第一委員会ではいずれにせよ animus donandi が本質的要件とされ、その内容が「他人を利得させる意図」であることを明確にすべきことが決議された。ここからは、利得させる意図が後述の Liberalität を内容とするのか、これらの関係は不明である。ここでは、この利得させる意図の性質が不明確であることも指摘されているが、利得させる意図の内容は出捐に必要な意思以上の実質を有するものではあろう。前述のように第一委員会での暫定的決議においても出捐と利得させる意図の双方が要件とされており、「出捐」には、財産的利益を取得させる意思が出捐者に必要でない場合もある。(15)学説上も、贈与の主観的要件について、出捐の要件として利益を与える意図が要求され得ないことに加えて、さらに、「利得させる意図」も要件としないのが通説であるとされる。(16)また、第一委員会において、この「他人を利得させる意図」という要件のもとでは「無償性」は不要かつ不当なものとされており、利得させる意図が無償性以上の実質的内容を含むものとされていることがわかる。無償性の意思のみが贈与の要件の唯一の主観的モメントとなれば、その上に利得させる意図は不要となろう。(17)とはいえリービッシュによれば、実際には、無償性の意思は大概利得という結果に向けられ、この結果が目的とされているのだから、利得させる意図は事実上存在するが、それは法律上の要件、メルクマールではないという。無償性の意思には利得が関係するが、これは作為的に成し遂げられうるものではなく、利得させる意図は要件とはならない。出捐に関係する利得とは純粋に客観的なメルクマールであり、無償性の意思は利得させる意図と共通するものではないのである。(18)

ところで、リービッシュは利得させる意図が契約内容でないという理由でこれを法的に顧慮しないが、この構成は贈与の無償性のみならず契約性を前提とする。即ち、贈与には、財産減少と利得(出捐)という客観的構成要件と、この財産移転の無償性に関する当事者の合意という主観的構成要件が存し、後者の合意は契約である。[19]では、契約性を認めない立場においては、当初重要視されていたと見られる利得させる意図が要素とされるのであろうか。贈与の契約性は普通法の著名な争点であり、animus donum accipiendi（贈与を受領する意思）の必要性は法源から判明しないとする少数説が存在していた。[20]例えば、サヴィニーは、贈与を実行する財産的「出捐」が成立し得るのに必要な限りで、受贈者の承諾を要するにすぎないとする非契約説を採る。[21]即ち、贈与を契約とはせず、出捐の、ある態様として扱っていたのである。[22]サヴィニーによれば、贈与は「種々の法律行為が身につけうる一般的な性格」であって、贈与を債務契約とする位置づけは、贈与が「一つの法律行為」であるとの誤った前提に基づく、「明らかにかたよったやり方」である。[23]贈与とは、生じうる個々の法律関係全てによって実現される、意図的に利得させることを伴う譲渡であって、個別の法律関係と結合して初めて経済的な存在を獲得するのであり、そのような法律関係なしにはいわば未定である。そして、贈与は昔から様々な方法で制限されてきたが、意思表示という積極的な方式による場合は特に制限される。[24]所有権譲渡による贈与がその例であるが、これに対して、他人の債務の弁済のような場合では、承諾は必要ないことになる。贈与が契約でなく、受領者の利得の意識及び同意が必要でない場合が存するのであるから、「贈与が契約として現れる場合においても、それは贈与の本質から来ているのではない」。[25]受贈者が承諾しているか否かは、贈与にとって「法的には全く偶然的で、どうでもいいことであって、受贈者の同意は、この法律行為の有効性になんら寄与せず、ひそかな善行は、ここでは、取り決められた善行と完全に同じく有効である」という。[26]そして、贈与が契約の性質を持っているような場合においても、「第一の」有効要件は「与える者の意思」である。なぜなら「これがなければ、すべての贈与の基礎としての気前のよさは、まったく考えられない」からであるとする。[27]

このように贈与の契約性を否定すると、出捐者側の意思のみで贈与性を決しなければならないことになる。例えば、サヴィニーによれば、贈与は Liberalität であり、このような贈与者の意思のみが問題となるのである。即ち、贈与概念の基礎は、与える側の「個々の行為」の基礎にある私欲のない好意（Wohlwollen）であり、これは beneficium、liberalitas と表現され、行為者が相手方の利益（utilitas）または利便（commodum）を目的とし、決して自己のそれを目的としないことである。[28] そして、贈与には「相手方の利得に向けられた意図」が必要であり[29]、利得自体が存在していても、この意図が欠けている場合には、贈与は認められないのである。この意図が欠ける主要な場合として、利得を与える者のある特定の意図によって、相手方の利得に向けられた意図が必然的に存在しなくなるという場合がある。[30] その例として、ある者が自分になくてはならないからといってある物を買うのにその価値を超える支払をする場合、また、現金がいるのでしかたなく物を価格未満で売る場合には、その目的は自分自身のみに関するのであって相手方に関するものではないから、贈与ではないとするのである。但し、これらの場合、その特定の意図が利得させる意図と矛盾するのではなく、むしろ、特定の意図が非常に優勢であるために利得の陰が薄くなり、利得はそのときの不可分の結果として認められるに過ぎず、その法律行為を決心させるものとはいえないというにすぎない。[31] とはいえ、このことから、贈与の本質が純粋の好意にあるため、利己的な動機の混入によって贈与が排除されると考えるのは「誤解」であるという。行為者のいくつもの目的の中に相手方の利得が存すればよく[32]、当該行為について気前のよさがあればよい。例えば、相手方に気に入られ、より大きな利益を引き出そうという利己的な意図が背後にあっても、まずは相手方の利得が現実に欲せられている以上、個々の行為を考察する以上これは問題とならないという。このように、利己的な目的さえ贈与の本質を排除しないのだから、感謝を表すための報償的（remuneratorisch）贈与も贈与であるというのがサヴィニーの見解である。[33] 贈与の性格に関する記述は必ずしも明快ではないが、当該贈与において利他的意図が基調でなければならないとしながら、現実に利己的動機の混入を許さないわけにはいかず、利己的目的が利他的色彩の陰を薄くさせ、行為の動機といえないほどになるときには贈与性を否定する考えといえる。

ＢＧＢ制定後も贈与の契約性を否定する代表的な見解として、ハイマンの見解がある。ハイマンは契約性を否定し、ローマ法と同様の扱いをするべきであると主張する。[34]ハイマンは、「贈与の意思」が契約申込とは異なることを主張するが、その内容としてはBGB五一六条の無償性そのものを考えているように見える。即ち、BGBの立場に反対して、贈与に無償性以上の実質を要求するのでなく、BGBが規定する無償性の内容的な特徴を問題としているのである。無償性とは反対給付なしに与えられることであって、そのメルクマールは反対給付の否定であり、まさしく消極的なものである。そこでは給付者の動機は問題とされず、無私の慈善のほか、経済的目的、打算的な思惑によるものでも無償の給付である。ハイマンによれば、causa donandi の本質が一定の法律効果に向けられていることに存するならば、贈与の法律行為的性格に疑問の余地はない。しかし、無償性の特徴は消極的でしかありえず、そのような意図では出捐に無償の財産的出捐という特徴を与えているとはいえない。即ち、その内容が意図的な財産移転というものでしかなく、給付や利得として反対給付なしに与えられる譲渡である、という性格しか与えないならば、あらゆる目的がこの贈与原因と両立することになってしまう。法律行為の概念は、出捐自体の中に含まれている以上の効果に向けられていること、法秩序がそのような意思内容について効果の発生を承認することが必要であるから、贈与する意思は法律行為の性格をもち得ないのである。[35]要するに、ハイマンは、贈与する意思（animus donandi）が契約とは異なるものであって、概念的に法律行為ではないから、これが真実の意思か否かだけが問題となるにすぎないとするのである。[36]ここでは「贈与する意思」の内容の消極性が強調されており、積極的内容を有する何らかの意図を要求してBGBの立場を批判する見解ではない。[37]むしろ、BGBは常に無償の譲渡に贈与法を適用し、法政策上の制限はないとした上で、[38]その内容の乏しさゆえに契約性を否定するのである。[39]しかし、厳密な意味では法律行為でないとしながら、承諾について意思表示に関する規定の適切な適用を認めるのである。[40]

このように、BGBにより贈与の要素とされた無償性の消極的な内容を強調するハイマンの見解に対しては、通説からの批判がある。例えば、トゥールは、その内容が対価の不存在という消極的なものにすぎないからといって贈与の法律行為性を否定する点を批判する。即ち、法律行為とは、これに関与する私人が、法律の定める限界の範囲内で自らの権利関係を規制する手段である。よって、法的状況の変動こそがその目的であり、法的効力は意思表示の内容と本質的に一致するが、法律行為によって意図される法的状況への影響とは、「行為者のなしうる権利変動が生じない」ということの中にも存しうるのである。[41] また、リービッシュもハイマンの見解について、贈与においては合意内容が消極的に決せられるものであるという点では正しいが、それ故にその合意の契約的性質を否認すべきではないとする。[42] この合意の意義は無償性の確定に尽きるわけではない。それは出損の法的根拠を作り出し、それなしには贈与者が生じた給付を返還しうるところの法的永続性を獲得させるという意義を有するのである。[43] 従って、この合意を契約と解する通説を採るべきであるとする。

このように、無償性の内容の消極性を問題としないリービッシュの見解は契約説に属するものであるが、贈与者は好意（Wohlwollen）や感謝（Dankbarkeit）のみならず、他のあらゆる目的で出捐しうることが明確にされている。[44] 具体的には、贈与をひけらかそうという意図、受贈者の好感を得ようという意図、後に義務を負わせようという意図、勤労者を元気付けるために雇用者が保養所を与えるといった商業的目的のほか、受贈者に損害を与える意図でさえ、無償性と両立するために贈与性を失わせることはできない。[45] しかし、これらの場合、このような目的の性質上、利得させる意思は存在し得ない。リービッシュは、贈与者のこれらの狙いにもかかわらず、他人の利益を望んでいると認めることは、人生経験に反するというのである。贈与者とは当然にその出捐が他人の利益を結果するという意識（Bewusstsein）を持っているものであるにしても、これは利得させる意思と同義ではないという。[46] この点、結論的にはともかく、利己的目的が利得させる意図と矛盾なく存在し、ただ利得させる意図の陰が薄くなり決定的でなくなるに過ぎないというサヴィニーの見解とは異なるように思われる。さらに、リービッシュは、商業的目的として、土地投機家が土地を市に贈与するのに、これにより駅が建設され付近の土地価格が上昇するとの期待がある場合、名ピアニストにピアノ工場がグランドピアノを贈与するのに、これが演奏会で使われるという期待がある場合、服飾や靴の会社が顧客獲得のために、子供に遊び道具をサービスする場合を挙げ、これらの目的は無償性の意思と両立可能であり、出捐の法的性質にとって無意味であるとする。(47) リービッシュは、BGBのいう無償性が包含する利己的目的を相当に広く捉えているようである。ここに、旧来の不明確な利得させる意図を排し、動機と意思との差異を強調しようとする傾向が見られるように思われる。BGB制定後はその影響を受けて契約説も非契約説も利己的贈与を認める方向を採ったのかもしれない。

贈与概念については、契約内容から取引目的が一応明らかな有償契約に比して、対価がないというだけの内容では契約・取引の目的は不明であり、利他的な意図を中心として形成した方がより実質的な概念となろう。しかし、以上見てきた限りでは、贈与概念についての争いは、基本的には、Liberalität や利得させる意図といった実質的内容の要否を争うものではないように見える。いずれにおいても、利己的動機が存する場合をも贈与としている。契約説は「押し付けがましい気前のよさ」の否定を根拠とするものであって、(48) このために第一委員会からサヴィニーの見解が否定されてヴィントシャイト等の契約説が採られ、(49) 実際上問題とされてきた事例群、例えば、受贈者の認識も意思もなしにその債務を弁済してやる場合等について、「契約原則を完全に遵守したままで」処理することとしたのである。つまり、承諾がなければ状況を認識した後、拒絶しないことで贈与の成立を認めることとし、(50) この方針はその後も変わらず、一方的な利得させる意図やこれを意味しうるものは、承諾のない場合ですら、贈与の定義から消えていく。契約説はBGB下での通説となり、それは贈与契約の「BGBにおけるその位置」からも導かれるが、債務関係の設定変更には当事者の契約が必要とされるBGB三一一条、第三者のためにする契約において第三者は権利を拒絶できるとするBGB三三三条、債務の免除は契約によりなされるとするBGB三九七条の中で明らかにされている、受益についてすら「誰もその意思に反して何かを強制されることはないとの一般原則」を根拠とするものとされている。(51) 但し、この贈与の契約性(②)と利得させる意図(①)の問題とは、関連性が存するように見える。贈与を契約と解する見解では、無償性の合意が意思表示や契約に関する法で規制されるため、贈与者の利得させる意図の有無のみで処理されることは考えられない。無償契約性が認められるとき、合意内容でない一方的な利得させる意図は事実上存するものに過ぎず、このことは意思理論によれば「契約意思と契約外の動機」が区別されるべきであることに基づく。[52] このように、「無償性の合意が必要とされることによって、かつて議論されていた贈与の契約的性格が規範化され」、贈与者の一方的な利得させる意図では不十分となったのである。現在、「出捐の合意とその無償性の合意は、内容的に関係する」とされるが、その関係とは、後者の契約によって前者の出捐が「贈与という法律上の原因（causa donandi）を維持する」というものである。[53] 前述の見解を見た限りでは非契約説によっても贈与の範囲が利他的なものに狭まることはなかったかもしれないが、利得させる意図という、出捐や無償性を超える内容を持ち、利他的なものを基調とするように見えるものを要素としうる非契約説は姿を消している。そして、動機は顧慮されないとすることで、[54] 利己的目的も許容されることが理論的に根拠づけられている。[55] ここに、BGB五三四条が道徳上の義務を履行しようとする契約を贈与とすることが基礎付けられる。即ち、道徳上の義務の履行が好意によらない契約であることから、「出捐をさせた動機は重要でないこと」が「特に五三四条により明らか」になるとされ、[56] 好意といった動機は「贈与」概念にとり本質的でないため、「まさに道徳上の義務に基づく出捐は贈与の重要な事例を形成している」という。[57] 贈与類型としてのBGB五三四条の存在は、贈与の無償契約性、即ち、動機の利他性を不要とすることの証左とされるのである。しかし、同条が道徳上の義務の履行等について特殊の扱いを規定していることに着目すると、贈与においては、契約外にあるはずの動機を全く顧慮しない立場が採られてはいないことを示唆するものといえる。また、最近のフィッシャーの見解は、契約説を採りながら利他的な「気前のよさ（Freigebigkeit）」という主観的要件を立てる。そして、BGB五三四条の制定過程を見れば、「Liberalität」が贈与法と確かに関係していることが判るのである。[58]

２　忘恩行為に関する規定、及び道徳上の義務の履行に関する規定

⑴　忘恩規定の適用範囲

そこで、道徳上の義務の履行に関するＢＧＢ五三四条の制定過程を見ると、これは忘恩行為に関する制度に付随する例外規定として形成されていったものであり、そこでの議論から、逆に忘恩規定の適用対象である本則的贈与の性質が窺われる。第二委員会議事録によれば、「道徳上の義務や儀礼を斟酌して行われた贈与」が例外とされる根拠とは、「受領者が原則的に感謝の気持ち（Dankbarkeit）を義務付けられないため、従って、忘恩ゆえの撤回権の前提が存しない」というものである。そして、このような贈与の範囲については、普通法時代から問題とされてきた報償的贈与との関係で述べている。先行役務に対してなされる贈与に、役務の報酬のほかに贈与者の「多大な Liberalität（好意の施し）」が含まれている場合には、忘恩行為による撤回を否定する理由はない。しかし、Liberalität が先行役務との関係で存在しないかわずかに過ぎない場合には、儀礼を斟酌した贈与の概念に属するものであるとされ(59)、撤回の対象とならない。このような例外に関する議論から、忘恩規定は、好意の施しがなされ、それを受けた者に感謝の気持ちが義務付けられているという関係を基礎としていることが明らかになる。よって、忘恩規定についていえば、Liberalität がその前提とされているといってよいであろう。そして、道徳上の義務の履行は、そのようなものから外れるために、例外的扱いを受けるに至ったのである。このことから、忘恩規定に適合的な本則的贈与においては、Liberalität という要素が大きいということができるのである。それでは、ＢＧＢ五三四条が忘恩行為に付随する例外規定として形成された過程の議論を見てみたい。

第一委員会では、ドレスデン草案五一四条「生者間の贈与は受贈者の忘恩ゆえに撤回されうるが、通常支払われるものとされる人命救助の報償や役務の報酬のため贈与される場合は、この役務への支払として相当額である範囲内では排除される」や、プランクの提案「生前贈与では、贈与者に、受贈者の忘恩ゆえに撤回する権利がある。贈与が道徳上又は儀礼上の義務（特に「感謝の義務」を場合によっては付け加えること）の履行のためになされ

た場合は、そのような義務が現に存して、その事情において贈与が過度のものとはいえない場合には、この規定は適用されない」等が検討されたものの、撤回権の例外を設けることは否決された[60]。多数派は、①撤回権が承認された根拠を強調し、②立法者が倫理の命令に対して中立的立場を採ってはならないことを重視したため、忘恩規定の適用範囲の限定に賛成しなかったのである[61]。これに関しては、次のような内容の資料がある[62]。まず、①撤回権承認の根拠は、相続法との関連で論じられた[63]。即ち、Liberalität に基づく出捐を取り去ることは、贈与のほか特に相続法においても現れるものであり、忘恩ゆえの撤回は法的道徳的に十分な根拠を有する。撤回権は、報復の手段ではなく、自己に示された好意(Wohltat)に値しないと自ら実証した者から贈与物を取り上げるだけであり、その人間がこれに値することを当然の前提として与えられたものを失うのは、廃除の理論により認められる、指導的原理であるという。②に関しては、立法者は道徳の要求に反する状態に決して無関心であってはならず、むしろ事情によっては法的なものにまで高められるべき道徳上の義務も存するという。これらのことからすれば、忘恩ゆえの撤回という制度は尊重されるべきであり、これを制限すべきでないという結果となる[65]。この多数派に対して、撤回権の例外を認める見解もあった。プランクのほかヴィントシャイトも、純粋な報償的贈与の受贈者は感謝の義務を負わないという理由をもって、この場合の撤回権を否定したのである。このような贈与を撤回するならば、そのこと自体が受贈者に対する忘恩になってしまうから、撤回を認めてはならないというのである。また、パーペはドレスデン草案に賛成であった[66]。これらの主張にもかかわらず、忘恩規定の例外を設けることが否決された更なる理由として、報償的贈与を通常の贈与であるとして、ドレスデン草案四九八条を否定した前述の決議も挙げられている[67]。これは撤回権ではなく贈与概念に関するものではあるが、いずれも贈与概念に属するのに、撤回権についてのみ報償的贈与等が一般原則から除外されるべき十分な理由は見出せないと、多数派は主張したのである[68]。これは、贈与概念と撤回権の適用範囲を一致させるものといえ、この点で一元的な規制がなされていたといえよう。このように、第一委員会では、忘恩規定は是認され、これを制限する例外規定は否決された。[69] そこでは、「たとえ贈り物が人命救助に報いるためになされた場合でも、この草案は報償的贈与に関する例外を認めない」とされたのである。[70]

これに対し、帝国司法庁準備委員会においては、第一草案とは異なり、「道徳上の義務や儀礼を斟酌して行われた贈与の場合、重大な忘恩ゆえの撤回が排除されることが決議され」、よって、準備委員会決議草案四四九条は「受贈者が、贈与者又はその親族に対する重大な非行により、贈与者に対する重大な忘恩の罪を犯した場合には、贈与は撤回されうる。この規定は、道徳上の義務又は儀礼を斟酌してなされた贈与には適用されない」とする。[71] 受贈者により給付された役務について贈与者が感謝を表明するためになした贈与を適用外とするという提案もなされたが、[72] 道徳上の義務や儀礼を斟酌してなされた贈与という概念が採られたのは、前者は報償的（renumeratorischen）贈与であり、その概念が不明確で疑問を生じうるとして避けられたからである。報償的贈与が道徳上の義務の履行に当たるかは、Liberalität を含むかによるとされ、前述のごとく第二委員会でも同じ結論に達している。[73] ＢＧＢ五三四条の道徳上の義務の履行と報償的贈与は互いに異なるものであるが、第一委員会からの議論の過程を見ると、報償的なものが中心となるように思われる。道徳上の義務の履行に関する例外規定は、編集会議決議暫定集成四四九ａ条、第二草案四七六条では、独立規定として忘恩行為に関する規定の一環とされたが、ドイツ帝国議会の委員会において贈与法の最後に置かれることになる。[74] 現行ＢＧＢでは、忘恩規定等が適用される Liberalität たる本則的贈与と、五三四条の規定する例外的贈与という二元的な規制がされているといえる。

⑵　Liberalität と贈与

ＢＧＢ五三四条の贈与のメルクマールとなっている Liberalität は、サヴィニーが贈与の基礎的要素とし、ロレンツ、グルントマン、フィッシャー等も無償行為について用いている語である。道徳上の義務の履行は、前述のように有償・無償の境界領域として争われてきた贈与類型であるが、ただ無償性が疑わしいからというだけではなく、Liberalität や利他主義（Fremdnützigkeit）といったさらなる要素が繰り返し持ち出されて問題とされてきたものである。[75] そこで、この概念を明確に把握するために、Liberalität に関する若干の文献を見てみたい。

まず、サヴィニーは、贈与概念について、Liberalität や利他的と見うるものを基本とするものと考える。しかし、当該行為だけを見て気前がよければよく、最終的に自己の利益とする目論見の類は単なる背景と考え、また、利己的目的によるものでもそれがあまりにも優勢でない限り、なお「利得させる意図」を認め、利己的贈与を許容しているため、贈与の性格を把握しづらくしている。

この点、契約説に立つフィッシャーの方が、利他的な主観的要件を設けるという贈与理論ゆえに、哲学的な概念としての Liberalität を論じている。Liberalität は哲学的視点から古典時代以来扱われてきたものであって、自由な個人にふさわしい感情とされている。即ち、人間が純粋に内的な、なんら外的な顧慮や目的により決定されない動機に基づき、「気前がよい」といえ、他人の利益の保護にその満足を見出すものである。これは、正しい額を保持すべきで、その実現によって受領者に不利益を生じさせることがあってはならない。[76] これは、愛情を金銭に押さえ込んで好意を表す徳であり、理性がそれを要求するときに無償で金銭を手放すことであって、吝嗇の欠如が浪費の過剰となることから、この二つの悪徳の中間にある。この徳の特徴的なメルクマールは、wohltätige Wille、即ち、贈り主が受領者に役務も金銭も要求せず、これを好まず、自分自身が相手に対する寛大さを有することから生じる意思である。但し、フィッシャーは、これを背景として無償の出捐を社会学的に分類するならば、多様な現象が現れるとしている。受領者に対する感情的な関係、即ち、慈悲の心のような利他的な動機と並んで、虚栄心や不正な目論見のような利己的な動機であることもあり、軽率な浪費的行動として無思慮による場合も関わってくる。それどころか、打算的で利己的な動機であることが、今日では標準的な贈与の現実であるかもしれない。それぞれの事例に現れる無償の出捐の動機は、様々な性質でありうるのである。ＢＧＢの法律的な贈与概念は、哲学的に発展してきた贈与概念に適合するが、内容的には一致していないのである。[77]

ＢＧＢ五三四条に関する見解も、Liberalität の反面と考えれば、これを理解する一助になる。これについては任意性の存在まで否定する見解もあり[78]、Liberalität という概念が義務感によらず自由になされることを意味することが窺われるといえる。ラーレンツはこの見解を批判するが、「道徳上の圧力」があるところでは「任意性」が疑われうることは認めている[79]。自由な個人の自発的な行為を Liberalibät と考えれば、道徳上の義務の履行はその対極にあるといえるのである。

このように、Liberalität について、自発的・内面的な好意の発露というような実質的内容を考える見解は見られる。しかし、これを法的概念である贈与と一致するものとする見解も存するように思われる。ロレンツやグルントマンは無償契約一般を Liberalitätvertrag と当然に考えているように見える。また、レーネルは、取引として給付の交換対象たる等価物のためになされたこと、即ち、経済的に反対給付のための給付であることが、Liberalität の性質を排除すると考えている[80]。リービッシュは、相続税法の条項に関連して「気前のよさ (Freigebigkeit)」について考察しているが、これを無償性と同内容のものとし、他人の利益を出捐の動機としないことであるとする[81]。とはいえ、ＢＧＢ五三四条を見れば、少なくとも一部の贈与規定の適用をめぐって、様々な性格の贈与契約のうち、Liberalität を基調とするものとそうでないものに区別されていると考えられるのである。そして、忘恩規定等の適用される Liberalität を含む贈与のほうが、本則的なものとされているのである。

3　困窮の抗弁、返還請求権

では、忘恩行為ゆえの撤回以外に、ＢＧＢ五三四条で排除されるもう一つの規定、困窮による返還請求権（ＢＧＢ五二八条以下）の立法趣旨もまた、Liberalität と関係するであろうか。

この規定の制定については多くの議論があった。まず、第二委員会において、「贈与者が、贈与の実行後、財産喪失と収入喪失の故に、自分自身の生計を維持できる状態になくなる場合、そして、贈与時にすでに正式な婚姻が締結されているときにはその配偶者とその子孫に、贈与者に充分な財産があれば法律上の扶養義務に基づいて彼らに与えなければならないであろうほどには、扶養を与えることのできる状態になくなる場合、贈与物の三分の二について、それが扶養に当てるのに必要である限り、贈与者は受贈者に請求する権利を有する」とし、受贈者は贈与物の引渡に代えて金銭を給付しうるという提案がなされた。[82] しかし、この提案は受け入れられなかった。[83] その理由は、個別事例において贈与者を援助する受贈者の道徳上の義務が課されうることは認められるが、そのような道徳上の義務の有無は状況によって左右されるものであり、法規の形式でその要件を立てられるべきでないというものである。この道徳上の義務がLiberalitätと関連するとはされていない。その後、これと同旨の規定が帝国議会において提案され、復活を見た。しかし、その際も、財産状態悪化の責任の所在の考慮や引渡しの範囲等、請求権の内容の具体化、限定が議論され、これが「本質的には法律への規格化に一般的に適さない道徳上の義務」であるために、このような困難が生じることが指摘されている。そして、法律上の義務とする困難は依然問題とされ、いずれにせよ多くの要件や留保は不可避であろうが、最終的にはこれを原則的に承認すると決議された。この点、現行法では、困窮が贈与者の故意重過失により生じたとき、困窮から一〇年たったとき、受贈者の生計維持や扶養義務の履行が危うくなるときには、行使できないものとされている。[84]

これに対し、これと類似する困窮の抗弁権（ＢＧＢ五一九条）は、より早くから認められた。第一委員会では、契約の一般的原則との不調和のほか、実務において混乱を起こす恐れがあり、とりわけ受贈者が損失を被る場合その債権者に対して過酷であり不公正が生じることを理由に否決された。[85] その後、帝国司法庁準備委員会では、贈与物の三分の二まで認める提案がされたりもしたが、結局贈与契約の全部の履行を拒む権利を認めた準備委員会決議草案四四五ａ条が決議された。同条は、「贈与者が、その他の義務、特に贈与者に義務付けられている法律上の扶養義務を顧慮すると、贈与者自身の身分相応の生計の妨げになることなしにその履行をなすことができる状況でなくなる限り、贈与者は贈与約束の履行を拒む権利を有する」というものである。第二委員会でもこれは受け入れられ、同趣旨の規定が現行ＢＧＢ五一九条一項となる。[86] これは贈与者に一定の範囲でbeneficium competentiae（生活資保留の利益）を与えるもので、歴史的に普通法、プロイセン法に沿うものであり、多くの立法例がある。その趣旨としては、受贈者が履行を請求することで、贈与者が自らの生計を維持できず法律上の扶養義務を果たせなくなるという状況にある場合、受贈者がこのような請求をすることは「儀礼と良俗に違反する」と言うものである。(87) 歴史的背景のほか、これは一定の道徳観に基づいた規定であるようである。しかし、この「道徳」が、贈与が特に Liberalität であることを前提とするとはされていない。また、適用範囲については、道徳上の義務の履行にも適用される。(88)

このように、贈与者の困窮に関する制度の趣旨は、受贈者の道徳上の義務を法的なものとすることにある。しかし、それが、Liberalität と Dankbarkeit の関係を前提とするものとは明言されていない。問題とされているのは、むしろ、道徳上の義務に基づいて法的義務を認めるべきか否かであり、この義務について忘恩行為におけるような限定がないのはかえって義務の存在が明らかであるからかもしれない。しかし、法定するにあたり定立された要件を見れば、適用される贈与の性格を限定するものではなく、関係者の諸利益に対する政策的考慮の強いものである。特に返還請求権の場合は、履行済みの時点での受贈者の責任財産を信用した債権者への言及もあり、すでに履行された場合には、法的強制により現状を変更することとなる点で、困窮の抗弁よりも問題が多い。本質的には受贈者側に要求されるある種の道徳や道徳上の義務に基づくものであるが、これについて、贈与が Liberalität であることを前提としているとするだけの資料はない。

4　スイス法

ところで、スイスにおける贈与法の制定過程にも、本稿の問題に若干の示唆を与えるものがあるように思われるので触れておく。スイス法の贈与概念は、ＢＧＢと同様のものと考えられる。贈与法の冒頭ＯＲ二三九条一項は、「贈与とはある者が自己の財産よりして相当なる反対給付を受くることなく他人を利得せしむる一切の生前出捐をいう」と規定する。(89) ドイツ法と異なり、合意という文言は入っていないが、前述したように、スイス法においても贈与は契約とされている。贈与は、一九一一年のスイス債務法改正時に新たに編入され、債務契約の一類型として売買と使用賃貸借の間の置かれることとなった。これについて、一九〇五年三月三日の新たな債務法を加えたスイス民法典の草案に関する連邦議会の通達は、「契約としての贈与の本質から、それが受贈者の承諾前にはいまだ完全にはならないことが、結論される」としている。(90) また、同条は「無償」という文言を用いず、「相当なる反対給付を受くることなく」と規定しているが、これは無償性をより具体的直接的に表現していると言えよう。従って、スイス法においても、贈与契約はドイツ法と同様、無償性を要素とする概念である。(91) そして、スイス債務法においても、契約とは当事者の意思表示の合致により債務関係の基礎付けや変更等の法律効果を生じるものであり(OR一条)、贈与契約も契約として申込と承諾により成立する(OR三条—六条)。(92) それゆえに、贈与者の動機は無意味、かつ非本質的であって、それは気前のよさや感謝であることもあるし、あるいは、虚栄心や巧みな駆け引き、また、企業による広報宣伝上の必要といった利己的なものでありうるとされている。(93) このような贈与概念によれば、ドイツ法におけるように、道徳上の義務の履行も贈与契約に属するはずであるが、OR二三九条三項は「道徳上の義務の履行之を贈与とみなすことなし」として、その贈与性を否認する。これは、道徳上の義務の履行について、贈与法の適用を排除するための政策的な規定であるとされている。即ち、連邦議会の通達は、「それは確かに相応する反対給付なしの出捐を意味するが、他の観点から、贈与と扱われてはならないとされるものである。それは、特に、贈与の取消、撤回、減殺、方式による制限という観点である。これによれば、この場合に贈与法の適用を明文で排除することが、適切なものとされるのである」としている。(94) この法政策上の重点は、道徳上の義務の履行において特に贈与方式を不要とし、無方式の約束でも約束者を拘束することにあるとされている。(95)

この規定が制定されたのは、BGB五三四条の規定の成立より遅い。スイス債務法自体はBGB以前の一八八一年に成立しているが、この旧ORは、多くの債務契約を規定するものの、贈与契約についてはなんら規定をもたなかったのである。贈与契約が規定されるのは、BGB成立後一九一一年の改正による新債務法においてである。[96] 旧ORが贈与を規定しなかった理由は、旧ORが連邦憲法六四条を基礎とする「商法」と「動産取引」に関する法であったところ、贈与契約は動産取引にかかわりうる純粋な債務法的性格を有するものの、相続法との関係が深いという特徴をもつことにあった。そのために贈与に関する規定は一切置かれず、州法に委ねられたのである。[97] 実際、州の法令の中には、相続法と密接に関連させるものもあった。この点、各州は、異なった外部からの影響の下にあり、三つの主要なグループに区分されていた。まず、ローマンディの諸州（Freiburg, Genf, Neuenburg, Tessin, Waadt, Wallis）は、贈与と遺言を非常に密接に関連させて扱うフランス民法を手本にする。例えば、贈与の取消については相続法の中で規定する。次に、いわゆるベルナーグループを形成する諸州（Bern, Aargau, Luzern, Solothurn）は、オーストリア一般民法典を手本に選んでいる。このうち、ベルン民法（Civiles Gesetzbuch,Bern）における贈与の定義は同法七二一条に規定され、これは「ある者が他人に無償で物を移転することを義務付ける法的行為は、贈与契約（Schenkungsvertrag）である。そして、物が直ちに他人に無償で移転される場合、現実贈与（eine Schenkung von Hand zu Hand）という」というものである。最後に、チューリッヒ州の私法典（Privatrechtlichen Gesetzbuches des Kantons Zürich）の強い影響を受けて法典編纂をなした諸州（Glarus, Graubünden, Nidwalden, Schaffhausen, Thurgau、Zug）がある。チューリッヒ私法典四二六条は贈与を次のように限定的に定義している。「ある者（贈与を与える者）が気前のよさ（Freigiebigkeit）により、その財産から相手方（受贈者）に利益を出捐し、それが受贈者に属する場合、贈与とする――贈与はあらゆる種類の財産権と結びつきうるし、様々な形で、例えば、物の引渡、引渡の約束や労働の約束、債務の免除によって、行われる」。[98] ここでの贈与は明らかに「気前のよさ」を要求しているし、非契約説を採るように見える。このように、贈与を体系の中でどのような位置に置くかについては各州によって異なっていたが、[99] 新ORは、BGB同様、これを債務契約の一つとするとしたのである。

その制定の経緯は次の通りである。旧ORは連邦の最初の法典編纂であったが、「さらに私法の爾余の諸領域」関する立法権が連邦に賦与されることとなり、その準備作業において旧ORの修正の必要性が承認された。旧ORは前述のように、連邦憲法六四条により連邦が「商業ならびに動産取引に関する法律関係」を規制する権限を与えられ、制定されたのであるが、有価証券法、商法、債務法は「その技術的かつ抽象的性格のゆえに――もっとも容易に統一されるもの」であり、企業家層からの要請が強かったため、このような商事的取引に関する立法が先行したのではないかと思われる。(100) そのためか、旧ORは、贈与や土地売買というような、通常債務法に併合されるすべてを含むものではなかった。しかも、動産所有権の移転、占有質権のような、体系的に私法秩序の他の部分に属するものを含んでおり、また、他国では独立の法律で規定される商法と手形法をも含んでいた。(101) これに対して、スイス民法とともに一九一一年に修正された新ORは、(102) 贈与を契約とし、当初からこのOR二三九条三項を含んでいる。

OR二三九条三項の内容はBGB五三四条とは異なるが、一般にスイスの立法者は、ドイツ民法を模範とし、それを簡素化することを試みたという。具体的にはOR二三九条三項(及び不当利得返還請求権の排除に関するOR六三条二項)は、道徳上の義務のみに言及している。BGBにおいて儀礼を斟酌して為されるものとされるのはチップや機会贈与、命の恩人に対する報酬等の出捐であり、これらは道徳上の義務に基づくものではないとされる。しかし、ORが意図的にBGBと異ならせているにもかかわらず、これらについても類推する見解があり、争点となっている。(103) 立法理由も、前述のとおりBGBと同様、このような出捐契約に贈与法を適用させないところにある。(104) つまり、道徳上の義務の履行を、性質上は反対給付を欠く無償の贈与にあたると認めながらも、法政策上贈与規定の適用を排除するのである。旧ORは贈与が原則として利己的になされる商事的取引と隔ったものとされていたことを窺わせ、新OR二三九条三項の立法趣旨をBGB五三四条の延長と見る限り、新ORはその贈与観をより明確に示しているということができるであろう。[105] 即ち、スイス法においても無償性が贈与契約の本質的要素であり、それは反対給付の客観的欠如であるから、[106] 贈与者の動機は利己的なものでありうる。[107] それでも、贈与は好意によると推測され、ただ反証可能であるというだけであるとする学説も存し、[108] Liberalität を基調とする贈与観を認めることは、ここではより容易であるといえる。

二　立法資料に見る贈与の性格

ＢＧＢ五三四条は、「道徳上の義務の履行」に関して、贈与契約に特徴的な規定の多くを排除している。そこで、そのような規定を中心に、各贈与規定の制定過程における議論を見て、贈与法が積極的内容をもちうる Liberalität を想定しているかを検討した。まず、ＢＧＢは、贈与概念について、出捐、及び出捐者の一方的意図があればよいという立場を採っていない。立法過程を見れば、贈与の概念が、契約性の獲得とともに無償性を要素とするようになり、当初本質的要素とまでされていた利得させる意図といった一見して利他的色彩を有するものは合意内容たり得ず不要とされていくのがわかる。一方で、贈与概念に含まれうる道徳上の義務の履行について、受贈者に感謝の義務を生じさせる Liberalität が存しないかわずかなものとして、忘恩ゆえの撤回を認めないという例外的取扱いが認められた。この立法趣旨からして、ＢＧＢ五三四条及びこれと密接に関わる忘恩規定は、少なくとも Liberalität の要素を問題としていることは明らかである。しかし、その他の贈与規定では、Liberalität や感謝の義務との関わりについての言及は見られず、これを基礎とする規定であると明確に言うことはできない。五三四条により道徳上の義務の履行には適用されないと規定されている困窮による返還請求権でさえ、特に Liberalität に基づくことは明らかではない。さらに、五三四条により排除されない贈与規定、例えば、方式規定、贈与者の困窮による抗弁の規定[109]については、道徳上の義務の履行にも無制限に適用されるのであり、これらが Lib eralität に関わることは同条によっても導き出せない。五三四条自体も、道徳上の義務の履行の贈与性を認める点については、Liberalität ではなく無償性を要素とする贈与契約の概念にこそ含まれうるものであって、これが贈与概念に関するBGBの立場なのである。

そこで、贈与法は無償性を中心とする贈与概念を前提とするものであると考えるのが、まずは自然であろう。しかし、贈与法の内容を見れば、有償契約では妥当し得ない規定がおかれ、これについては、「贈与においてしばしば実現される利他的動機を支える傾向にはなく、むしろ、制限、不信の傾向にある」とされ、利他的行為者を念頭にこれへの配慮から弱い拘束力を定めていると考えることもできる。(110) また、無償契約、贈与契約が当然のように Liberalitätvertrag とされることもある。さらに、BGB五三四条について第一章に挙げた少数説が根強く存在し、Liberalität の要素が存在しないか希薄である契約が有償・無償の境界領域の一つとされ、無償契約たる贈与の外におかれるべきかが争われているのである。(111)

道徳上の義務の履行との関係で Liberalität が問題とされているのは、贈与概念ではなく贈与に特有の撤回権を定める忘恩規定であり、これが当事者間の Liberalität と Dankbarkeit の関係を前提としていることは明らかである。第一委員会は、贈与の性質による撤回権の制限に否定的であるが、撤回権の根拠を論じる議論を見れば、贈与に Liberalität を見る見解が多数派内にあることが窺われる。即ち、この撤回権について、相続法上の Liberalität が持ち出され、そこでは好意（Wohltat）に値する者であることを前提に出捐が為されているのだから、これに値しないことを自ら実証した者からそれを取り上げることは、十分に正当な根拠を有するとされている。贈与を無償の債務契約としながら、その効果を定めるについては、これを無償性以上の内容を有しうる Liberalität と見ているのである。この点、スイス法についての制定過程の研究は不十分であるが、新旧スイス債務法の贈与の扱いを見ると、贈与が商事的取引とは関係なく、むしろここでも相続に関連するものとされ、旧ORに取り入れられなかったことが示唆的である。それは相続との密接な関連性ゆえであるが、この点、まさに贈与を相続と関連させ、Liberalität, Freigebigkeit とするフランス民法を手本にする州法もあり、チューリッヒ州の私法典四二六条のように、贈与を気前のよさ (Freigiebigkeit) によるものに限定している例もある。新ＯＲも、相続からの廃除理由と同様の行為を撤回事由とし（ＯＲ二四九条一号二号）、撤回についていえばやはり相続との関連性を断ち切ってはいない。無償の出捐契約であれば、概念上利己的な贈与が認められるとは言っても、道徳上の義務の履行は贈与ではないとされ、このことから、原則として Liberalität が想定されていると考えることができる。よって、例えば、商事的関係にある者の間で無償の出捐があっても、基本的にはドイツやスイスの「贈与観」の外にあるのではないかと思われる(112)。

以上により、贈与概念の形成において契約性の獲得によって一方的な好意が顧慮されなくなったことについては、「利得させる意図」という、出捐の意図や無償性以上の実質的内容を有しうる要素を否定することに主眼があったわけではない。そこで、法的な贈与概念が利己的なものを含むことと、贈与法特有の規定の根底に事実上より限定的な贈与観が存することに、矛盾を生じないよう法的操作がなされているということも考えられるであろう。そのひとつとして、ＢＧＢは忘恩規定の適用されるものを原則的な贈与とし、これが適用されないものを特殊の贈与として五三四条を置くと考えることができる。忘恩規定の趣旨を考えれば Liberalität たる贈与を原則としているといえるだろう。但し、各贈与規定の制定過程がそのことを端的に示しているわけではなく、忘恩規定を除いては明らかではない。そこで、五三四条の「道徳上の義務の履行」という問題領域から出発して、贈与法の対象たる贈与契約一般が実は基礎的贈与観に適した好意による贈与に相当程度限定されているといえるかについて検討していきたい。即ち、第一章で見たように、五三四条の贈与性が現在に至るまで争われていることは、明確であるはずの無償性の範囲が、必ずしも自明のものではないことを示している。無償性と Liberalität とは異なるにもかかわらず、Liberalität によるとはいえない「道徳上の義務の履行」については、ドイツ法ではいくつかの重要な贈与規定が適用されず、無償と有償の境界領域にあるとされ、スイス法では贈与法の適用外にあるのである。このことからすると、贈与の要素である無償性の評価には、実は各国の贈与観からくる贈与の性格が問題とされ、これが反映しているのではないか。道徳上の義務の履行に関する特則は、まさにこのような観点から導き出されうることである。このように無償性と Liberalität に密接な関連性が存在すると言いうるならば、贈与は無償性を要素とするが、事実上の性格についていえば、原則的に Liberalität を中核とするものであるといえる。そこで、贈与法の背後にある基本的な贈与観として好意による贈与が想定されており、贈与法の対象が相当限定的であるといえるかを問題とする。但し、ここに言う Liberalität は、有償契約でほとんどの場合自己の利益が追求されることに対するもので、宗教的、哲学的に厳密な意味で利他的であることを要しない。他人を利得させるほか特に考慮に値する目的や義務がなく、単なる好意のみによって行為される場合を考える。

そこで、次節からは、Liberalität でない道徳上の義務の履行を好意によらない出捐約束の一領域と位置づけ、その内容や法的取扱いを見て、これを手がかりに、贈与契約における無償性と有償性、及び、Liberalität、利他性との実際上の関わりについて考えていきたい。

第二節　有償性の包括性と無償性の限定

スイス債務法は、道徳上の義務の履行を贈与とはしない。よって、好意によらない道徳上の義務の履行約束が無償の贈与に含まれないため、ここでは非好意契約の無償性は明確に認められてはいないことになる。これに対し、ドイツ法は、これについて無償性、贈与性を認めたが、一定の贈与規定を排除し、言ってみればより有償的な扱いとなっている。ここに、好意によらない贈与の許容という原則と、好意契約を基調とする贈与観から外れるゆえの例外的取扱いが、ＢＧＢ五三四条という条文に同居しているといえる。この後者の効果に注目すると、ここでは無償性が贈与の動機、性格によって全く影響を受けないとはいえないことになる。道徳上の義務の履行が好意によらないという性格を中心とする概念であれば、無償性と好意契約性の関連性を論じる手がかりとなりうる。そこで、ＢＧＢ五三四条の範囲を明確にした上で、これを贈与法における無償性から贈与観を探るという、一般的な問題を考察する出発点としたい。

一　道徳上の義務の履行の範囲

ＢＧＢ五三四条の具体的な適用範囲は、実は非常に狭いものとなっている。[113] 第一章で挙げた判例は道徳上の義務の履行の贈与性が問題とされた事例であり、そこでは五一六条以下の贈与の範囲が主に論じられていた。事案は、無償の家事労働をしてきた者に対する給付、同棲後の補償、非嫡出子に支払われた扶養料の価値の下落を考慮した補償、に関するものであった。五三四条の適用があるか否かの判断基準としては、「事例の具体的状況から生じる道徳上の命令に基づく義務が存在しなければならず、その際、当事者の財産と生活上の地位ならびに人的関係が総合して考慮されるべきであ」[114]り、「常に個別事例の状況が包括的に評価されなければならない」とされる。[115] そこでは額の相当性も重要な要素であり、そもそも「量的メルクマールが存在する場合にのみ五三四条の義務が認められる」のであって、「贈与をなさしめた機会の性質だけが決定的ではない」とされている。[116] 立法資料を見ても、当初から報償的贈与について議論されており、道徳上の義務には量的観点からも限度があると考えるのが自然である。額の相当性は親族扶養のような場合にも考えうるが、特に市場価値のない受益に対する報償の場面で、より大きな問題となると考えられる。

１　具体例

以下では、撤回の排除等ＢＧＢ五三四条の効果との関係で、道徳上の義務の履行の範囲が問題となる場面を検討し、同条をめぐる法的状況を考察していくこととする。

①　古典的な例としては、扶養義務を負わないにもかかわらず困窮した親族の扶養を約する場合がある。[117]典型的事例としてしばしば挙げられるものである。[118]

②　長年家事労働や世話といった役務をしてくれたことに対する感謝の気持ちから、土地や用益権、金員等を出捐する場合もある。[119]

この種の事例で、道徳上の義務は報償の欠如が道徳感を害するような特別の状況にのみ認められるに過ぎない、と限定的に解する判例がある。一九八六年九月四日の連邦通常裁判所判決であり、その事案は次の通りである。受贈者である子が、贈与者である父の近所に住んで掃除などの世話をしていたが、このことで毎月若干の謝礼を受け取っており、さらに、その後かなりの額の贈与が為された。やがて、父親が養老院で亡くなるまでに困窮してしまい、年金と社会福祉による介護費用との差額につき、ＢＧＢ五二八条の困窮に基づく返還請求が認められるか争われた。[120]

本判決は、父の子に対する出捐を、いわゆる報償的贈与（belohnende Schenkung）とし、父には介護費用の支払能力がないので、五二八条によって、介護に費やされた範囲で贈与の返還を求める権利があるとする。このとき、父の贈与が五三四条の適用を受け困窮の返還請求権が生じないのではないかが問題となり、[121]本判決は、一般的には、困窮した扶養権利者でない親族に対する援助が道徳上命じられていることもありうるが、「このような世話の給付に報いる道徳上の義務は、原則として、そのような報償が欠けることが道徳感を害するものとされうる特別の状況がある場合に、認めることができるであろう」とする。それは、「介護給付をなすのに個人的な重大な犠牲的行為がなされ、それゆえに苦境に陥った場合」であるが、本件ではこれは認められない。その理由として、当時は寝たきりでなかった父の世話がどのように子の離職と関係しているか説明がなく、父を養老院に収容させた後再就職していないことを考慮するとなおさら明白でないこと等の事情を挙げる。[122]

これによれば、親族の世話に対して報償を与える道徳的義務が生じるには、先行役務者側の重大な個人的犠牲行為やそれにより苦境に陥ることを必要とすると考えるのであり、相当に限定的である。しかし、本判決は、老人介護と困窮に基づく返還請求についての、社会扶助の領域における比較的新しい問題と関わるものであり、そこには、老親から子に対してまとまった贈与がなされた場合、窮乏した贈与者の介護を国民の負担でなしながら、贈与目的物を受贈者のもとにとどめておくというのは不当であるとの価値判断が存する。[123] また、被告の上告理由では父を「たった月一〇〇マルクという全く不適当な対価」で世話してきたことが指摘されているが、月々の対価では十分償われていなかったとしても、その後のまとまった額の贈与は、報償としての相当額を超過しているとも考えられ、厳格な基準を採って返還請求を認めたのは、実際はその価値と額の不相当によるのかもしれない。さらに、ここで問題となっているのは忘恩ではなく困窮であり、第三者に影響の大きい返還請求権が認められていることにも留意すべきである。但し、この場合、父親は自分の老後に十分な資力だけを残して息子に贈与したつもりであったと思われ、責任なくして足りなくなってしまった場合には、報償的な贈与であっても、このことを額の相当性に関して考慮すべきであろう。

③　夫の妻への贈与、また、婚姻関係になくても共同生活を営む者の間でなされた贈与は、事案の状況によっては道徳上の義務に属するものであるとされる。[124]

これには一九三六年一二月七日のライヒ裁判所判決があり、夫が妻の名で貯蓄銀行や銀行の口座を開設したが、預金払戻請求権の帰属をめぐって、忘恩による撤回（BGB五三〇条）が主張され争われたものである。ユダヤ人である被告（男性）はすでに結婚していたのに、原告（女性）と知り合いになり事実上の婚姻生活をし、原告は家庭の切り盛りをし、被告の商売も助けた。その後、二人は正式の婚姻を締結したが、離婚した。離婚後に原告が、原告名義の口座から引き出された金員を持ち出したが、婚姻直前の口座開設が預金払戻請求権の贈与とされ、その性質が問題となったのである。[125] 本判決は、ＢＧＢ五三〇条の撤回の可否については「個々の事例におけるすべての状況の評価が必要である」[126]ところ、「被告が原告の主張する出捐を原告になしたなら、これが道徳の命令に適合するものとし得ないわけではない。被告はやっと一九歳であった原告をその愛人にし、事実上の婚姻を始めた。被告はそれによって道徳的のみならず、経済的にも、原告に重大な損害を与えた。その上、この損害は、双方の間に人種の違いが存在するだけにいっそう重大であるといえる」とする。また原告はおよそ九年間存続した事実上の婚姻の間、被告に対し家事や商売において相当の役務を給付した。この状況下では、口座の開設が彼女のためでなかったにせよ、補償や、道徳上の義務の履行に相当する。原告が口座から引き出した金員を保持してよいかは、「原告の全行動、特に被告との生活関係に対する道徳的理解、そして被告の目下の経済的状態の厳密な審理によってのみ」評価されうるとし、原審ではそのような審理が欠けているとした。[127]

本判決では、事実上の婚姻生活が営まれている間にも、共同生活のための先行役務が存することが認められていることが重要である。一九歳の受贈者との重婚状態に持ち込んで始まった非婚の生活に対する贈与者の道徳的責任や被告の現在の経済状態も問題とされているが、これは、口座開設や振込みについて、そもそも出捐、贈与があったか疑問である事例であって、判例はむしろそれを苦慮して「すべての状況の評価」を強調しているのかもしれない。しかし、本判決は、贈与が受贈者が過去に受けた損害の補償でありうることのほか、非婚状態にしろ婚姻状態にしろ生活共同体の内部でなされていることについて、受贈者の先行役務であると評価し、受贈者が利得を保持しうるかを決すべきとしている。本件のような場合、贈与が損害補償や報償的な趣旨でなされた場合というよりも、このような共同体内部でその継続のために為されたものが贈与なのかが本質的な問題であると位置づけられる。[128] このような婚姻当事者、及びそれに類する者の間の贈与の問題は、現在では一つの問題領域を成すものとされている。ドイツ法においては、これについて『無名出捐（婚姻を条件とする出捐）(unbenannten [ehebedingten] Zuwendung)』という制度の発見と展開」が見られ、遅くとも一九八七年の連邦通常裁判所判決以来、[129]配偶者間の出捐は原則的に贈与ではないことが確定したという。なぜなら、それは大概婚姻のためになされ、婚姻生活共同体の実現、形成に資するものであり、後述するように無償ではないからである。

2　「道徳上の義務の履行」の範囲の不明確性

1で挙げたBGB五三四条が適用される場面は、親族関係、婚姻関係という要素もあるが、報償的趣旨の要素ももつものが多いといえる。[130]

このうち②の判例では、親族関係にある者が先行役務をなしたという場面である。普通法の概念である報償的(remuneratorische)贈与は、前述のとおり、BGB制定過程では、その概念の不明確さのゆえに採用されず、道徳上の義務の履行はこれと異なる射程をもつものとされた。[131]普通法の報償的贈与に含まれる事例は今日、儀礼贈与か目的贈与と評価されているという。[132]このうち儀礼贈与では、報償的贈与による出捐が気前のよさによるものではないといえる限度を超えない場合であることが要求される。即ち、先行する受贈者自身の給付に対する補償として儀礼上適しているものでなければならず、この限度を踏み越える場合は、BGB五三四条はこの限度内の部分にのみ適用される。[133]これは、立法者の見解に合致するものであるように見える。前述の第二委員会議事録によれば、いわゆる報償的贈与が撤回されうるかは、一般的にではなく事案の個別的な状況から、Liberalitätという要素の存在、程度によって決定されるべきであり、[134]報償を超えてLiberalität、即ち、気前のよい部分を含むかという評価の際には、先行給付との関係における価値の相当性が考慮されるのが自然であると思われるのである。例えば、大きな家屋敷で長年一緒に働いて家を修繕してきて、将来それ以上するつもりであったからといって、婚姻当事者にその家屋敷の半分の共有持分権を出捐することは、原則として、儀礼が命じるところではないという判例がある。[135]修繕というものの程度にもよろうが、共有持分権の出捐は気前のいいものとされたようである。

但し、自分達の住居についてなされていたならば、そのような働きは婚姻生活共同体に資するものとされうるのであり、無名出捐の問題として、その有償性が吟味される余地がある。(136)

このように先行役務がなされている場合には、五三四条の贈与か単なる贈与かという問題のみならずそもそも贈与であるか否か、有償性と無償性が問題とされる事例群がある。まず、先行役務が有償でない場合の出捐者の遅れた給付は、いわゆる報償的趣旨の「贈与」なのが原則であるとされる。従って、先行役務の給付はBGB五一六条の贈与ではなくとも無償であり、後の給付も贈与となることから、無償の給付相互の切替えが存在することになる。のちの贈与にとって、受領された過去の給付や役務は贈与者の動機にすぎず、五三四条の適用が問題となる。(137)贈与者は先行役務の給付に対して、法的債務を負わずに報償を与えたのであるから、このように解しうるのである。

次に、役務が有償でなされた場合を見ると、当事者が出捐を先行役務の更なる報酬であると定めれば、当然これは無償の贈与でないことになる。(138)ドイツ法においては、今日、雇用者の任意の付加的給付に関する限り、贈与ではなく役務に対する対価とする見解が確定しているという。(139)特に功労ある労働者に対する賞与や恩給約束も、後述の因果的結びつきがあるとして、先行役務と法的に関連しているから有償であり、贈与ではないとされる。(140)また、チップも、額が通常の範囲である限り、付加的な報酬として有償と評価され、これを超えた場合に報償的な贈与となるのである。(141)報償的趣旨の贈与は、単なる贈与であることも有償であることもあり、その区別は当時者の合意内容の意思解釈によるしかないのである。(142)

この点、③の場合は無名出捐の問題であり、今日では、道徳上の義務の履行か否かというよりも、生活共同体の維持を対価とする有償行為であるかが問題とされている事例群である。この無名出捐は、婚姻の継続が行為基礎とされているから無償でないのであり、決定的な区別基準は主観的領域の中にあるといわねばならない。この場合当事者が出捐の法的性質を明示していないことがしばしばであるが、贈与は両当事者が無償性について明示的に合意した場合にのみ認められうるとされている。[143] この無名出捐は、当該出捐がその共同体の存続、形成等のためになされる限り、非婚の生活共同体においても存しうるとされている。[144] この場合の当事者相互の贈与は一般的に良俗違反ではないし、一方や双方が既婚である場合でも変わらない。この非婚の生活共同体が解消された場合に共同体の中でなされた出捐が返還請求されうるかが問題となるのだが、[145] 婚姻関係にある場合と同様、何らかの状態、何らかの利益の享受が行為基礎となっているとして、有償であって贈与ではないとされる。[146] これらの生活共同体においては、労働契約等贈与でない契約が明示的に合意されるか又はこれが推定されうるのでない限り、返還請求権は生じないのであり、このことから有償性が結論される。非婚の場合ばかりか、同居していない場合であっても、いわゆる無名出捐として、出捐した当事者の共同体への寄与、又は、共同生活のための基礎としてなされたと評価されうるのである。[147] 但し、第三者保護の観点から、これに否定的な見解も存する。[148]

このように、道徳上の義務の範囲は限定的で、かつ不明確である。例えば、古典的なケースである①（親族扶養）は社会福祉の発達で意義を失いつつあるし、さらに、②（報償的贈与）のように、額の大きさ等の事情によっては有償とされ、あるいはLiberalitätたる通常の贈与とされ、また、③（無名出捐）のように有償行為の一類型へと移行しているものもある。学説上も少数説を見ればBGB五三四条の適用の前提として、贈与法における無償性を備えているかが問題となり、当事者意思の解釈により決される。このように、贈与たる道徳上の義務の履行とするか、有償行為として扱うかという判断は流動的であり、[149] 前者から後者へと移行し、あるいはいずれであるか論者により異なるものもある。このことは、Liberalitätでない贈与と有償行為の距離が近いということ、さらに言えば、この領域では無償性と有償性との境界線は実際上非常に曖昧であるということでもある。このような特殊の贈与と有償行為の境界の不明確さはラーレンツによって指摘されている。ラーレンツは、有償の報酬と「『儀礼を斟酌して為した』（五三四条）贈与との境界は流動的であ」り、「微妙な差異の問題である」[150]とする。即ち、必ずしも法的義務はなくても主観的には強制的に感じる「義務」があるために類型的に贈与でないとされるものがあり、履行行為の無償性・有償性は、明確な法的義務の存否によって解決することはできない。個別規定の手当てにより自然債務の履行と解されているものもあり、法定の独立資金のように道徳上の義務の履行の性質を持ちながら贈与でないと定められているものもあるが[151]、これらと類似するものとして、その「義務」の履行が贈与でない場合があるのである。また、無名出捐が有償性を獲得したのは、道徳上の義務が問題とされる状況が契約の目的と捉えられるようになり、これが反対給付と認められるようになったためである。要するに、贈与が存するか否かは、論理的には「無償性の合意」が存するかという基準によるとしても、これによって個別問題の処理をすることは実際上困難である。

このようにこの問題は有償性・無償性の区別という問題の一断面として捉えることができ、その評価はＢＧＢ五三四条における非好意契約たる無償契約という境界領域においては、特に不明確であって争われているのである。このことが道徳上の義務の履行の贈与性を疑問視する五三四条の少数説に反映し、現在は二分説のもとで有償性の拡大や無償性の限定が問題とされていると考えられる。このような贈与は義務感によりなされるため、Liberalität の要素がないか希薄である故に、利己的な取引目的でなされることの多い有償性と連続性を持つものが現れると推測するならば、ＢＧＢ五三四条の領域外においても、より一般的に好意契約でないものは有償とされがちであり、贈与性が疑われることが考えられる。この場合に贈与契約である無償性の合意の有無を判断することは容易でないが、無償性と有償性の境界とはこの主観的合意の存否によるほかないため、贈与の性格と深く関わるのであろう。

二　無償性の範囲

以上のように、出捐が無償とされるか、有償とされるかは不明確で、当事者の合意による。これまで述べたところから、無償性・有償性を区別する際の境界線が、実際には、贈与者の動機の性格と関係するとの推論を立てることができる。そこで、無償性の実際上の範囲が限定的なものなのではないかという考察の前提として、ドイツ贈与法の無償性とはどのような概念なのかについて、基礎的な考察をしていきたい。

1　出　捐

無償性の概念は、出捐概念に基づいてこれを構築したリービッシュのモノグラフィ以来[152]、出捐を基礎とすることが前提とされ、出捐が欠ける場合に無償性を認める余地はない[153]。有償と無償に区別されるのは出捐行為なのである。例えば、フルーメによれば、出捐は「他の人間の財産をより豊かにすることすべて」であり、法律行為をその内容によって分類すると、財産的法律行為は出捐と出捐を含まない行為に分かれる[154]。そして、出捐行為は有償と無償とに分類され得るのであり、これに対し、出捐に向かわない法律行為は有償無償が問題とならない中立的な行為に属する。要するに、他人の財産を豊かにする行為が、対価を伴っているか否かにより、有償か無償かが区別されるのである。この出捐の意義については、これと法律行為との関係をどのように捉えるかという観点より、法的な性格を重視する見解から経済的にのみ捉える見解までが存する。

当時の学説状況を見ると、まず、出捐は法律行為の一類型とするにとどまる見解が多く、そのような考え方をとるものとして、例えば、クローメ、デルンブルク、ビアマン等がいる[155]。次に、トゥールは、法律行為であるものと非法律行為であるものの双方を認め、エンネクセルスも同様の見解を採っている[156]。トゥールは、出捐行為について特に詳細に論じ、出捐は法律行為のほか、附合や混和、時効中断をしないという不作為など、法律行為ではないものにより行われることもあり得るとする。出捐により受領者に与えられる「利益」には、①財産が前よりも大きくなること（例えば、新たな権利の取得、現存する権利の価値の増加）②財産の減少が避けられること（担保の提供、債務の引受、積極財産の価値の滅失減少の回避）であるが、財産的利益にならないものを取得させるにすぎないならば、出捐ではない[157]。これらの見解に対し、シェーニンガーは、ＢＧＢにおける財産的出捐や給付行為といった概念が、純粋な経済的事象に属するものであって、法律行為とは全く別に把握されるべきものであることを強調する[158]。即ち、シェーニンガーによれば、さまざまな給付に共通の概念的本質は、給付者から給付受領者に財産的出捐がもたらされることであって、その要件は法律行為の要件とは全く異なる。給付概念の構成要素としては、出捐とその原因たる causa があるが、これは法律行為の要素ではないのである。これは、出捐と原因から成る「給付行為」を、法律行為とは異なる独自の概念として定立しようとし、その要素としての財産的出捐が経済的視点によるものであることをより強調する見解である。シェーニンガーの見解によれば、causa もまた、原則的に純粋に自然的な、法的領域の外にある要素である[159]。シェーニンガーの見解については、重要な出捐の多くが法律行為であることを指摘して、トゥールは反対している[160]。但し、シェーニンガーは、無因の債務負担は、債務者と債権者の間でそれ自体すでに給付であるとしている[161]。そこで、トゥールとシェーニンガーの見解の相違は、主に、有因の債務負担が出捐ないし給付に含まれるかにあらわれることになる[162]。この点で、トゥールは、一方でデルンブルク等よりも広い、また他方でシェーニンガーよりも広い、財産的利益の移転という出捐概念を定立しているといえる。それにより、出捐を法律行為の一種とする普通法以来の伝統を承継しつつ、財産的利益の移転という経済的基盤にたつ出捐概念を、独立の重要な法的概念としたのである。トゥールによれば、causa（原因）は出捐の法的意味にとり決定的な目的であるが[163]、これは当事者の法的関係を基準とするもので、経済的目的を指すものではない[164]。

現在、フルーメもラーレンツ＝ヴォルフも、法律行為を出捐行為の範疇であると捉え、給付がなされる場合も、給付債権が基礎付けられる場合にも出捐が存し、従って、債務契約も出捐行為であるとする。この点ではトゥールの立場と変わるところはないようである[165]。但し、「すべての法律行為的出捐には」、法律行為の当事者の関係で出捐を正当化する法的根拠、causa が必要であるとされる[166]。このように、出捐自体に関して言えば、意識的に他人の財産を増加させることであって、法律行為によってもよく、いずれも財産移動たる出捐を生じさせるための手段として認められている。[167] 出捐行為は法律行為とは完全に重なるものではなく、法律行為の一類型であり、その一方で、これに限らず事実行為をも含む広い概念である。そして、causaについては、ドイツ法では、ローマ法からcausaの欠如や契約後の不存在の発見が不当利得訴訟の基礎として用いられうるという考えを引き継いでおり（ＢＧＢ八一二条）[168]、契約の成立のためにはcausaは要求されていない。[169] よって、ドイツ法やスイス法では、causaは出捐行為でのみ意義のあるものとなっており、その領域は不当利得制度に限られ、契約たる贈与の法的効力が生じるにあたっては要求されない。このため、行為の法的拘束力の有無の判断をcausa理論によりなすことができず、行為の解釈に求めるしかないために、特に贈与のような無償行為では法的効果をもたない場合が論じられ、解釈のための法技術を要するのである。[170] そして、無償性が存するか否かも意思解釈によるのであるが、これについてはドイツ学説が詳細に論じているので、次に見ていきたい。

２　無償性

贈与契約とは出捐を無償でなす合意であるから、贈与者の財産からの「出捐」の存在がまず必要とされる。[171] そこで、ＢＧＢでは、出捐の存在が第一の要件であり[172]、それが確認された後、両当事者が当該出捐の無償性について合意しているのかという問題が検討される。[173] この出捐とは、経済的に受贈者を利得させるものであり、観念的な財産ではあり得ないとされるが、前述したように、法律行為によっても事実行為によってもなされうる。[174] 対価が与えられた場合には、受贈者の財産減少が生じたように見えるが、これにより出捐による利得が消滅することはなく、贈与の主観的要件が欠けるに過ぎない。対価が存する場合には、出捐の存在ではなく、無償性の合意の存在が否定されることになるのである。[175] このように、贈与契約における有償無償の別は、客観的な財産的得失の問題ではなく、当事者の主観的合意の内容なのである。では、これを前提に無償性がいかなるものか、学説を見たい。

前述したように、無償性とは、出損に対する「反対給付の欠如」であるとされている[176]。この点で、「無償性のメルクマールはまさしく消極的」である[177]。即ち、有償ならばあるべき反対給付がないことなのであるから、有償性が確認されることで、無償でないことが必然的に導かれることになる。無償性の決定方法は、有償性の否定によるというものなのである[178]。そして、反対給付の存否については、出損がどのようなものかが問題とされるのではなく、反対給付が約定された出損とどのように関連していなければならないかという観点から決定されている。

通説によれば出損は、「その取得がこれを補う反対給付に法的に依存していない」場合[179]、即ち「その出損が反対給付や共通の目的との法的(！)関連性を有せず、自然債務に過ぎないものであれ、存在する債務の履行をなすものでない場合に」、無償である[180]。このように、その出損と法的関連性のある反対給付が存する場合に、無償性が排除される。この法的関連性が認められるための反対給付との結合は、様々な方法で生じる。その態様として、双務的、条件的、因果的結合があるという[181]。第一に、双務契約が存する場合は、双務的結合がある。第二に、相手方が給付することを条件に出損をなす場合には、条件的結合が認められる。この場合は、相手方はその給付を請求されることはなく、それは出損者自身の給付の条件とされる。例えば、役務者が雇用関係を一定時点まで継続することに対して、雇用者が金銭給付を約束する場合、また、父親が兄(弟)を相続人に指名するという条件のもとに、兄（弟）がその姉（妹）に年金を約束する場合等である[182]。第三に、因果的結合とは、条件的結合と非常によく似ているが、反対給付がなされることが、出損者自身の給付の条件ではなく、単なる給付目的、行為基礎にすぎない場合である。例えば、後述のように、家出した妻が婚姻生活に戻ってくるよう促すために、夫が妻に対してする出捐約束である。条件的結合と因果的結合の境界線の確定は事実上しばしば困難であり、目的違反の場合の返還に関して差異が生じるにすぎない。即ち、条件的結合の場合には出損は無効となり、因果的結合の場合にはＢＧＢ八一二条一項二文後段によることになるのである[183]。

このような法的関連性に関する基準は、エルトマン以降定着したものであるという。反対給付に対する法的債権を取得しない場合どのような方法で双方の給付がお互いに関連していなければならず、どのような給付が反対給付とみなされうるかは、とりわけエルトマンにより詳細に研究され、今に至るのである[184]。その当時は様々な立場があり、双務的結合のみ認める立場もあった。例えば、コーバーは、「法律行為の内容が何らかの反対給付及びそれに対する請求権を得るためのものでない場合、出捐は無償である」とした[185]。さらに、ヘーニガーは、「有償性とは、最広義の意味においても、常に少なくとも二つの債務の結びつきである」とする[186]。ブルックハートは、「権利の基準」[187]のみが給付の法的性格を決定し得るのであり、法的強制のない給付があっても無償とされなければならないとする。これらに対し、エンネクセルスは、出捐が対価に対して利益を与えるものである場合には有償であり、この対価とは、「当事者の意思によって、その出捐の補償を形成する（先行する、同時の、後の）給付」であるという。これによれば、当事者意思により埋め合わせとされるものであればよいことになる[188]。また、ハイマンも「給付者が反対給付の……要求とその給付を結び付けるか、結び付けないかによって、給付は有償か、又は無償となる」とする[189]。このように諸説ある中で、現在採られているエルトマンの立場を位置づけようとすれば、法的なものを強調する見解と経済的なものを強調する見解の間の中間的なものということができるという[190]。まず、反対給付をすることが法律行為により義務づけられている場合だけが有償であり、双務的結合性を唯一の型とする立場は、ＢＧＢ発効前の普通法で広く見られた見解であり、ジムゾンが代表的であったという[191]。これに対するものとして、対価を単なる経済的概念として理解し、給付と反対給付の間の法的結びつきは決定的なものではないとする見解である。例えば、シュライバーは、「有償性」とは法律的な概念ではなく経済的な概念であるとする。そして、出捐が何か受取ったか将来受取るべきものに対する相当額であれば、それで十分対価の概念に含まれる。なぜなら、この対抗する価値が法的拘束のもとに与えられるか、そうでないかは、その経済的性格にとって完全に無関係であるからである。任意に給付された相当額は、法的義務に基づき給付されたものと全く同様に、対価といえるのである。[192]その根拠として、経済的意味で「対価」概念を捉えるのが一般用語であり、説得的な論証に基づいて必要な場合にのみ、法律的な用語が一般用語と異なりうるところ、この場合にはそれが不十分であることが挙げられている。[193]シュライバーによれば、当事者が主観的価値関係において互いに給付をなしているか否かだけが問題であって両給付に法的関連性は必要ないのである。[194]

エルトマンは、双務契約のみを有償とするジムゾンの見解では利息付消費貸借の場合にすら無償となることを指摘し、このような立場は「形式的視点のみをもってこの問題に迫る」「奇妙な形式主義」であると批判する。[195]エルトマンによれば、有償性は法秩序が訴えうべき請求権を認めるか否かに依存してはおらず、訴え得ない給付も訴えうべきものの対価となりうる。有償性の問題は締結された行為からだけ評価されてはいけないのであり、消費貸借では受領者のみが義務を負うが、それを基礎付けるためにはまず貸主の給付も必要であったのであって、行為の総合的特徴からすれば、両者は同程度に重要であり不可欠なのである。[196]このような場合、その契約で債務者となった者だけが法的拘束を受けるのであっても、契約の効力を基礎付けるためには、その相手方の給付も必要なのである。本来有償契約の唯一の経済的目的は、反対給付を事実上得ることである。対価に対する法的請求権を得ることが、そのための完全な手段であるが、そのような手段でなくても、実際に給付交換が達成されたならば、同様に目的を達成するのである。従って、当事者が別の、より安全でない手段で得た反対給付について、対価の性格を否定する論理的な根拠はないのである。[197]その一方で、エルトマンは、給付と反対給付の間に事実的、経済的関連性があれば有償行為とする見解にも反対する。[198]エルトマンによれば、有償とは「ある給付が報いられること、反対給付によって償われることに他ならない」が、そのための手段は法的なものでなければならない。そして、「両給付の双務的結合（synallagmatischen Verknüpfungen）のほか、条件的（konditionalen）、又は単なる因果的（kausalen）結合も、与える者にその対価を確保し獲得させるための法的手段である」とする。[199]即ち、有償性を認めるためには、給付が対価取得の「法的手段」を有すること、両給付の「法的関連性」が設定されていることが不可欠なのである。

現在、判例・通説ともエルトマンの見解に全面的に賛成しており、[200]この見解を基礎として、反対給付とは、双務契約により債務が成立する場合だけでなく、条件とされた場合にも、またこれらが認められなくても行為基礎として法的に考慮されうる場合には存するのであり、これらの場合には、出捐の無償性が否定されるとしている。[201]いずれの場合でも有償性に必要な法的関連性が両給付に認められるのであり、単なる事実的、経済的関連性とは異なるのである。この基準によれば、[202]反対給付とは、債務となりえないものでもよいこととなるが、出捐の動機とは概念的には区別されるものとなる。トゥールによれば、反対給付はふつう財産的利益であるが、[203]財産的利益とは金銭的価値のない権利でもよく、事実上の享益（Genuß）[204]でもよい。[205]現在の通説は、出捐と「法的関連性」を持つ限り、無償性を排除する反対給付は財産権的性格である必要はないことを確定しており、[206]金銭的価値のない給付であってもよい。[207]また、個別事例において、その追求する目的に照らして、当事者が主観的に彼らの給付を同等視していればよく、両給付の客観的等価性も不要である。[208]

実際に贈与性が否定された具体的事例には、前述したもののほか、日本法で考えると贈与とされるであろうものも見られる。例えば、妻が帰宅し同居することも反対給付でありうる。[209]ライヒ裁判所一九三〇年六月三一日判決は、妻がしばしば夫のもとから去っていたため、夫が妻の名義で土地を買い、内金を払って妻に登記させたという事案で、夫の支払額について不当利得返還請求権（BGB八一二条一項二文後段）を認容した。贈与法の適用については、土地取得の際に妻が夫と子供のもとにとどまることが約束されていることから、出捐は無償性を欠いており贈与ではないという。なぜなら、双務契約に基づく反対給付だけが無償性を妨げるのではなく、妻の帰宅は出捐の目的ないし条件として約定されうるものであるからである。夫の出捐は婚姻継続に対する対価であって有償であるとし、[210]通説に従い、「給付が目的とした結果が生じない場合」として不当利得返還請求権を認める原審を支持するのである。また、母が介護を必要としたときには娘が家に引き取り永続的に介護すると両者とも考えていたため、母が娘に金員を出捐したという場合も反対給付が認められる[211]。ハム上級地方裁判所一九九二年一二月一一日判決は、病気のため一人住まいのできなくなった老母が、娘夫婦が建てる新居に移って終身同居する旨約し、古い家の売却益のうち母親に属する額の一部、八千ドイツマルクをこの新居の建築資金に当てたが、三年後早くも病状悪化により老人ホームに移らざるを得なくなったという事案で、困窮ゆえの撤回が主張されたことから、新居の建築資金の出捐が贈与なのかが問題となった。地方裁判所はこれをＢＧＢ五一六条以下の贈与であるとしたが、控訴審である本判決は、以下のように贈与性を否定した。「受贈者」が「贈与」とされる合意のもとに一定の行為をしているならば、これは反対給付であって、贈与は存しない。母子間の合意が黙示の看護契約なのか、行為基礎の領域にとどまるに過ぎないかはあえて決定する必要はない。当時、母親はすでに一人では生活できない状況にあり、娘が母の世話を進んでしてきたことを考えると、契約当事者たる母娘双方とも、これを資金として建築される新居で母が死ぬまで看護されることに出捐の目的があると見ていたのであり、八千ドイツマルクは無償で出捐されたのではなく、看護契約の履行、あるいは、行為基礎としての看護の意図という基盤の上でなされたのである。何よりも終身の介護が望まれ、意図されていたことが顧慮されねばならないから、これは母の出捐に対する反対給付である[212]。

また、相続に関して補償を為すための出捐にも反対給付の存在が認められる[213]。これには、一九七〇年四月二九日の連邦通常裁判所判決が存する。これは、父親がかつて相続契約により配偶者(息子の母親)を単独相続したが、その契約を解消し、再婚した父親と息子の家族が同居している建物の敷地の二分の一の共有権を、「母親の相続分として」息子に私文書で譲渡したという事案である。後に、父親がこの共有権譲渡を贈与であるとして息子の重大な忘恩行為ゆえに撤回したのに対し、息子はこの譲渡を有償であると主張したのである[214]。この点、原審は、父による出捐は受領者である息子の給付と結びついているから、出捐の無償性の合意が証明されていないとして贈与を否定した。即ち、これが住居等を息子の費用で増築させるためになされていることのほか、母親の遺産が異母兄弟ではなくその息子に属すべきことから「相続分として」譲渡されたのであり、父親がこれにより時効にかかっているかもしれない遺留分請求権を履行しようとしたのかは不明であるが、相続上の正当な補償について因果的結合の関係があるとする。[215]本判決も、増築が息子のためになされたとしても、これにより敷地も、従って、父親の共有権の価値も増加するのであるから、これは反対給付と見られうるとする。また、父親のかつての単独相続に対する補償であることが一方当事者のみならず両当事者の動機であったことが決定的であり、双方の給付に不均衡があっても、その評価は当事者によるべきであり、家族構成員間の主観的判断に広い余地を認めてよいという原審の判断を正当とするのである。[216]ほかにも、監護権のない親に監護権のある親が子供を引渡すことも反対給付となりうる。[217]また、婿になる人への持参金約束も、婚姻締結や婚姻負担の引受が反対給付でありうる。さらに、離婚を可能、あるいは容易にするという反対給付もありうる。これら反対「給付」の有無を論じる際、必ずしも「給付」「出捐」に関する一般論は論じられていないようであるが、財産的、経済的性格は明確とはいえないものの、「事実上の享益」が与えられるに過ぎない場合をも含むとする限りでは出捐概念とは矛盾しないであろう。ここでは当事者の意図が決定的であるとされているが、[218]ドイツ法の有償・無償の基準からすると、契約の目的まで考慮して「法的関連性」の有無を定めてよいのであり、そのために、当事者の意図を基礎として対価たる反対給付を相当に広いものとすることができるのであろう。

ところで、本稿はＢＧＢ五三四条の問題を道徳上の義務の「履行」としているが、有償性・無償性の範囲の問題の一環として、履行行為の有償性について古くから争いがあったという。[219]例えば、前述のジムゾンは履行行為に対価の存在を認めず、有償性を否定した。このことは、有償であるためには当事者の債務関係内部に二つの債務があることを必要とするジムゾンの立場から、教義一辺倒に導かれるものである。[220]トゥールによれば、通説は早くから法的債務の履行を常に有償と見ていた。[221]その根拠は、債務者がこれにより債務からの解放という財産的利益を取得するから、それが対価とされることにある。[222]そして、完全な法的効果が認められない債務の履行であっても、⒇それからの解放を対価として有償とされる。(224)以上を前提とすると、弁済が有償行為である限り、これを約する弁済契約、履行契約とは、原則的に、債務内容を実現する出捐が、法的債務からの解放という反対給付と法的に関連する有償契約であると解することができる。但し、自然債務については履行が有償とされても、そもそもその履行約束の法的拘束力まで認めてよいのか、自然債務理論の効果の範囲は明らかではない。よって、自然債務からの解放を反対給付とする出捐約束が、強制されうべき債務を生じ、有償契約となるかは問題である。さらに、道徳上の義務については、第一章で見たように、多数説はこれを法外のものとして自然債務と区別しており、ＢＧＢ五三四条はその履行を贈与契約とするのである。このように考えれば、道徳上の義務の問題は、法的な性格を有する自然債務の先にあるさらに困難なものといえる。この点、道徳上の義務の履行の贈与性に関して、一部の古い少数説が議論してきたのは、これを自然債務の履行約束として有償とするべきか、どのような場合に自然債務が存するかである。しかし、自然債務、不完全債務の効果も明確とはいえないのであるから、対価の有無という実質的な問題を直接に採り上げるべきであり、道徳上の義務に過ぎないものからの解放がこれまで述べたような反対給付というほどのものであるかを検討すべきであろう。

３　道徳上の義務の履行と無償性

ＢＧＢ五三四条の適用範囲は狭く、社会におけるモラルの変化により、特に伝統的な道徳がその意義をさらに狭めていくことは考えられる。しかし、道徳上の義務の履行の贈与性が論じられていることは、広く無償性・有償性の範囲という問題意識をもって分析することにより、次のような意義を有しうるのである。まず、前提状況として、ドイツ法は有償性を判定するに際して契約目的をも考慮することを認め、当該出捐との「法的関連性」という基準によって反対給付の存在を認めている。このため反対給付の性質については、金銭的価値のない権利や事実上の享益でもよく、(225)訴え得ない給付が訴えうべき出捐約束の対価たりうることは明確に認められている。

このような基準の下では法的義務の履行のみならず、道徳上の義務の履行についても、義務からの解放が反対給付であるといいうるかが問題となり、無償性・有償性の範囲に関する問題領域の一つとなる。ＢＧＢ五三四条はこれについて無償の贈与としながら、一部の贈与規定の適用を排除するが、さらに、少数説は贈与でない場合を認め有償性の拡大を主張するものである。例えば、リービッシュは、道徳上の義務からの解放が「財産的負担を形成する」一定の場合にこれを対価と認める。[226]また、ロレンツが「純粋な気前のよさ」によらない「有償無償の間の境界領域」においては、「その約束がなされる前提となった個別の義務状態」を検討して、[227]反対給付を基礎付けようとする。グルントマンも、「法の外」に存する義務の負担をも考慮して有償性を拡大すべきとする。[228]フィッシャーの理論もこのような有償性の広範さから出発し、そこから贈与法の適用が利他的贈与に限定されるべきことを導き出すものである。贈与契約において無償性が認められるかは、そもそも意思解釈によって当事者が主観的に同価値の反対給付を設定したと見うるか否かによるのであり、しかも、それは経済的な利益の追求に限らない。[229]対価の概念が物質的把握を超えて広範に認められるために、その反面として出捐者が利己的な利益を追求する場合には実際上贈与法は適用されないのである。[230]このことから、受贈者が追求する利己的目的は無償性を排除するといい得ることになる。

このように、ドイツ法において、有償性・無償性は相当明確な構造を持つものであるが、そこでは契約目的も視野に入れられ、反対給付が広範に認められている。そして、その限界領域の一つであるＢＧＢ五三四条における争いは無償・有償の境界不確定の問題の一断面である。有償無償のいずれであるかは実際に「流動的」であり、道徳的観点から見た状況、又はロレンツによれば約束の前提たる個別の義務状態といったもの（過去の雇用関係、共同生活維持継続の事実等）が「行為基礎」とされ、そこに対価を見出しうるならば有償とされる。このような有償性概念によれば、本来的には好意によらない「道徳上の義務の履行」が、好意以外のなんらかの利己的利益の追求を目的としたものと見られるようになり、これとの対価関係が明らかとなって有償化されることは、考えられることである。先行役務に関する出捐約束や無名出捐のように、その扱いが論者によってあいまいである類型があるのは、道徳上の義務の履行とされていたものが、その目的や実態から見て反対給付の存在が認められることにより、新しい「有償行為」へと移行する過程をたどるものがあることを推測させる。即ち、社会に存在している契約の中には、その対価関係のあいまいさゆえに法的には一方的出捐契約としか現れないものでも、その目的が次第に類型化、顕在化することによって、有償とされるものがあると思われる。(231)さらに、古い判例では非嫡出子への給付が問題とされるなど、道徳上の義務の履行は、過去に起因する何らかの理由や、強い効力を認めるべき社会的要請がありながら、法的義務の履行や法的な対価とされる以前の出捐約束につき、単なる贈与として効果が弱められることを防止する役割を負っていたのではないだろうか。とすれば、法制度の整備等によって、道徳上の義務の履行とされてきたものが贈与性を否定されていく現象は生じうるであろう。ＢＧＢ五三四条をめぐる議論は、無償性と有償性の曖昧さや流動性を示しているが、現実に問題なのは、方式規定など同条が排除しない贈与規定の適用が妥当でない場合が存することであり、贈与法の適用範囲が争われているのである。よって、同条が贈与の実質的性格を考慮して贈与規定の適用を調整していることは、贈与法における無償性の合意を判定する際にもあてはまり、好意によるか、主として自己の目的を追求するかということと関連するものといえる。

即ち、「境界領域」一般において、無償性の評価は主観的に決せられ、物質的把握を要せず、出捐者が利己的目的を追求する場合には有償とされやすく、これに対し、完全な贈与性は Liberarität な出捐であるほどに認められる。実際上も、利己的な動機で為された出捐の場合、当事者の目的に反対給付が見出せる限り、その実現に焦点を合わせた有償的扱いをするのが、妥当な処理であると思われる。この場合に少なくとも Liberarität を想定した規定を原則的に適用する贈与法を適用するのは実態に合わず、当事者の設定した対価の取得、取引目的の達成を問題とすべきである。この点、ドイツの実務における大体の傾向としては、贈与か有償行為かは第一に当事者が決するべきであり、贈与とされた場合には、各種の贈与がたいていい承認されるという。(232)決定的なのは、出捐者がどれくらいの強さで反対給付に対する関心を表明するかであって、これが強くなされればなされるほど有償性が承認されるようになり、従って贈与は否定されるのである。(233) このように、無償性・有償性の境界は当事者の主観的な関心が反対給付の取得にあるか否かにあるから、贈与の認定が動機の性格と実際上関連しうることは考えやすい。

以上により、贈与法における無償性の範囲は、当事者の動機と関連して限定的に解されているといえる。そして、基本的贈与から外れる例外的贈与について特則を規定するという方法でこれを示すものとして、BGB五三四条を挙げることができるのである。道徳上の義務の履行は、無償であったとしてもLiberarität でないゆえに有償行為と実際上深い連続性を有している。ドイツ贈与法は好意を基調とする限定的な贈与観に基づいて、一部贈与法を排除して有償契約に近づけた扱いをし、さらに対価が存する場合を広く認め有償契約とするのである。五三四条が贈与の性質を規定するのは、道徳上の義務に関する通説的見解や自己決定によるべき道徳に関する行為を好意によらない利己的行為とは言い切れないことにあるかもしれない。

第三節　小　括

本章では、BGB五三四条で「道徳上の義務の履行」を特殊の例外的贈与としているドイツ法において、無償性・有償性が好意や利己性といった動機の性格と実際上の関連性を有するか、この好意によらない無償契約類型を手がかりとして、検討してきた。そうであれば、無償性を要素とする贈与が何らかの実質的な性格を有するものとされており、日本法よりも限定された贈与観が存するといいうるからである。贈与概念に関する立法資料を見れば、一方的出捐がなされる贈与が、契約とされ、その合意内容が出捐の無償性であるとされるとともに、出捐者の一方的な「利得させる意図」が不要とされていく過程を見た。そこでは、贈与は利己的動機によってもなされうる無償契約と構成されている。また、贈与特有の個別規定の全てが明確に Liberalität に由来すると直ちにいえるだけの資料はない。忘恩による撤回等について Liberalität の要素がないかわずかである贈与類型「道徳上の義務の履行」を例外扱いするＢＧＢ五三四条の適用範囲は実際には狭いものである。

しかし、道徳上の義務の履行の無償性を争う少数説を見ると、贈与の要素である無償性の範囲が明確とはいえないことがわかる。一般的、理論的には契約の目的をも考慮した「法的関連性」を基準に、対価の存在が広範に認められ、また現実にも、出捐者が表明した反対給付に対する利益、関心の高さを基準に、利己的行為が有償性を獲得する道が相当広く開けている。そこで、出捐者の目的を考慮して何らかの反対給付を設定しうる行為が有償とされることは、特に社会に類型的な行為となるほどに容易であると思われる。このように、贈与契約の概念は動機や背景を問わないことを原則とするが、その要素たる無償性が広範な有償性の反面として Liberalität の色彩をもつものへと限定されるという状況が前提として考慮されなければならないのである。贈与者が自己の利益を追求する場面としては、ほかに負担付贈与（ＢＧＢ五二五条）や目的贈与といった対価性のないものもあるが(234)、これらについてもドイツ法では一定の考慮がされている。ＢＧＢ五三四条の中間的な扱いも、有償無償の境界領域の一つと位置づけることができ、そうであれば、適用範囲は狭くとも、贈与の性格を問題とする同条の立法趣旨において、贈与法が想定する贈与の性格の手がかりとなる重要な規定の一つといえるのである。また、贈与性を争う少数説は、Liberalität でない贈与類型に贈与法の適用を否定しようとするものであるといえ、実際上も、道徳上の義務の履行と有償行為、特に両給付が因果的結合により関連する場合とは、その境界が曖昧かつ流動的で、有償とされれば贈与法の適用は一切ない。このことは、契約の法的拘束力を弱める要素としての Liberalität が希薄であるという性格を両者が共有するためではないかと考えられる。即ち、この五三四条は忘恩規定の例外規定として形成されていったのであり、少なくとも忘恩規定は Liberarität が前提となっていることが明らかである[235]。そして、ＢＧＢでは忘恩規定が適用される贈与契約が原則とされているのである。よって、贈与契約の成立に積極的に気前のよさや好意の動機が要求されることはないが、ドイツ贈与法には相手方への好意以外に目的や義務感が動機となっていない贈与が基本的に適合するとされているという意味で、限定的贈与観が存在すると考える。スイス債務法二三九条三二項については、贈与法全ての適用を回避する点でＢＧＢ五三四条の趣旨をさらに徹底するものとする見解もあり[236]、道徳上の義務の履行の贈与性を否定することは、この義務的な行為を明確な非好意契約として贈与法の適用を排除するものと考えうる[237]。

以上により、贈与契約を無償の譲渡契約と見るドイツ・スイス法においても、実際上、これを好意契約と捉えており、この意味で限定的贈与観を基礎としていると考えられる。そして、道徳上の義務の履行について、ＢＧＢ五三四条が例外的扱いをし、ＯＲ二三九条三項が贈与性を否定することは、本則的な贈与法が、Liberalität を基礎としていることをに基づく。即ち、非 Liberalität につき例外規定をおくこれらの国においては、贈与法の基礎に Liberalität というものが、暗黙のうちに予定されている。このことからすれば、これらの国の贈与法が有償契約の場合と距離ある内容であるのは、おそらくは好意を動機とし、少なくとも明確な目的や義務感によらない贈与においては、その拘束力を弱める必要を認めているからであると思われる。そのことで受贈者が不利益を被ることについては、受贈者に「感謝の義務」「道徳上の義務」が課されているとされたりするが、要するに、受贈者は、与えられた好意に値する者として振舞うよう、道徳上要求されているのであり、それは一定の要件の下に法的にも考慮さるべきほどのものなのである[238]。

このような限定的贈与観は、贈与契約の効力のみならず、贈与法の適用される贈与契約の範囲にも影響するのであり、ドイツ等の贈与法を理解する上で、重要なものである。日本法において生じる問題を考える際にドイツ法を参照するならばこれに留意すべきである。

（1）　フィッシャーは利他的要素を贈与という概念の中に受け入れるべきであり、その動機が「受領者に対する出捐者の好意の感情」に基づくという前提のもとでのみ、無償の出捐が贈与であると承認されるべきであるという（Fischer, Die Unentgeltlichkeit im Zivilrecht, 2002, S. 80, 81）。哲学的に発展してきた贈与概念は animus donandi を前提とするところ、ＢＧＢの法律的な贈与概念は、これと内容的には一致しない。animus donanndi という主観的要素が贈与契約（ＢＧＢ五一六条）の外へ排除されているからである。その根拠は、かつて、しばしばその境界づけが困難であったことである。出捐の支配的動機としての気前のよさは、実務においては立証困難であり、紛争が起こりがちだからである。そこで、「当事者が出捐の無償性について合意している場合には、出捐者側の animus donandi が問題とされてはならない」のである。フィッシャーによれば、このことは、立法者が animus donandi を贈与規定に全く不必要で無意義であると考えていることを示すものではない。贈与法の特別規定はこれを前提に規定されており、「気前のよさという内面的契機が外面的には理解されがたいために、贈与法における独特な利益状況に適合したものとするために、立法者が特別の道を選んだ」にすぎないのである。

（2）　法典調査会『民法議事速記録三』（商事法務研究会、一九八四）八三三、八三四頁。

（3）　但し、その際、贈与の法典内の地位について、適切なら他の場所ということで決議することが留保されている（Jakobs=Schubert, Die Beratung des Bürgerlichen Gesetzbuchs in systematischer Zusammenstellung der unveröffentlichen Quellen Bd. 2, Recht der Schuldverhältnisse, 1980, S. 337）。

（4）　Jakobs=Schubert, a. a. O. (Fn. 3), S. 337. 同条は引き続き混合贈与について規定する。

（5）　Jakobs=Schubert, a. a. O. (Fn. 3), S. 338.

（6）　Jakobs=Schubert, a. a. O. (Fn. 3), S. 339.

（7）　Jakobs=Schubert, a. a. O. (Fn. 3), S. 339, 340.

（8）　Jakobs=Schubert, a. a. O. (Fn. 3), S. 340, N. 7.

（9）　Jakobs=Schubert, a. a. O. (Fn. 3), S. 340, 341, 342.

（10）　Jakobs=Schubert, a. a. O. (Fn. 3), S. 342, 343. belohnende Schenkung を報償的贈与としておく。

(11)　Jakobs=Schubert, a. a. O. (Fn. 3), S. 346. 贈与が拒絶された場合には、利得返還義務を負うことを定める。

(12)　Jakobs=Schubert, a. a. O. (Fn. 3), S. 348.

(13)　現行BGB五一六条二項は、五一六条一項の定める現実贈与において、対象となる出捐が債務法上の合意に先立って行われる場合、「出捐を相手方の意思を問わずになした場合は、出捐者は、相当の期間を定めて相手方に承諾の意思表示を催告することができる。相手方があらかじめ贈与を拒絶しているのでないときは、期間の経過後、贈与は、承諾されたものとみなす。拒絶のときは、出捐されたものの返還を不当利得返還の規定に従って請求することができる」（右近健男編『注釈ドイツ契約法』一三二頁〔右近健男〕［三省堂、一九九五］の訳による）と定める。

(14)　第二委員会議事録では、贈与の主観的要件としての合意の内容は、「物権的移転行為による財産移転が、無償で利得させる目的で（unentgeltlich zum Zwecke der Bereicherung）生じること、即ち、贈与によりなされること」であるとされている (Mugdan, Die gesamten Materialien zum Bürgerlichen Gesetzbuch für das Deutsche Reich, Bd.2 (Recht der Schuldverhältnisse), 1899, S. 738)。

(15)　Tuhr, Der Allgemeine Teil des deutschen bürgerlichen rechts, Bd. 2, Zweite Hälfte, 1918 (変更を加えない復刻版として一九五七年出版), S. 55.

(16)　Liebisch,Das Wesen der unentgeltlichen Zuwendungen unter Lebenden im bürgerlichen Recht und im Reichssteuerrecht, 1927, S. 57.

(17)　Liebisch, a. a. O. (Fn. 16), S. 57 ff.

(18)　Liebisch, a. a. O. (Fn. 17), S. 58.

(19)　Liebisch, a. a. O. (Fn. 17), S. 56, 57.

(20)　古くは Savigny のほか Meherfeld, Pernice, Lenel 等がこの立場を採った（Haymann, Zur Grenzziehung zwischen Schenkung und entgeltlichem Geschäft, Jherings Jahrb., Bd. 56, 1910, S. 103, 104 による)。また、シェーニンガーも、「先行する債務その他の法律関係なくしてなされる」贈与を「給付」として（Schöninger, Die Leistungsgeschäfte des bürgerlichen Rechts, 1906, § 5 S. 9)、契約的性質を否定する。

(21)　Windscheid, Lehrbuch des Pandektenrechts, Bd. 2, 1865, § 365 N. 5.
(22)　Fikentscher, Schuldrecht, 1997, § 73 S. 481.
(23)　サヴィニー著・小橋一郎訳『サヴィニー現代ローマ法体系』第四巻（成文堂、二〇〇一）九頁。
(24)　Savgny, System des heutigen Römischen Rechts, Bd. 4, 1841, § 142 S. 5, § 160 S. 104, 105.
(25)　小橋・前掲（注23）一三六、一三七頁。
(26)　小橋・前掲（注23）一三七、一三八頁。
(27)　小橋・前掲（注23）一四、一五頁。
(28)　小橋・前掲（注23）一四、一五頁。
(29)　贈与の要件として、生前法律行為（小橋・前掲［注23］二三頁）であって、利得と見合う損失（二七頁）、受贈者への利益（七五頁）、「相手の利得に向けられた意図」が必要である（七五頁）。
(30)　そのほか、誰かが物の真の価値を知らないで安すぎる価格を売る場合もこの要件は欠けるが、このとき相手方がそれを知っているかは問題ではない（七六頁）。また、夫婦間で物を無償で共同使用させるとき、それは共同の家庭生活の結果であり、利得の意図と関係せず贈与ではない（七八頁）。さらに、利得者や第三者に対する個人的な尊崇（Pietät）が動機である場合も、利得は副次的な結果として退き、贈与ではなくなる（八〇頁）。
(31)　小橋・前掲（注23）七六、七七頁。
(32)　小橋・前掲（注23）八二、八三頁。
(33)　小橋・前掲（注23）八、九、一四、八三、一九三頁。
(34)　Haymann, a. a. O. (Fn. 20), S. 107. 贈与はローマ法上、無償の出捐であり、通常無償性について合意が要求されていたが、すでに古典期の法源で贈与者の贈与意思である animus dōnandi が決定的な意味を持つとされていたという。そして、古典期の法学者は贈与原因以外の原因（causa）からの行為が好意＝気前よさ（liberālitās）を含む場合には、ときにはそれらの行為にも贈与の意思を適用したが、実務では贈与の拡大に控えめな態度がとられていたという（マックス・カーザー著、柴田光蔵訳『ローマ私法概説』三七四、三七五頁［創文社、一九七九］）。
(35)　ハイマンは、贈与が善意から、又は友情を得るためになされるが、特別の内容をもつ贈与法の法的効果を生じさせるためになされることはないことも問題とする。また、承諾の内容は、贈り物の承認であって、これを定められた規制の下に置くことでは全くないため、受領者の承諾にも法律行為の性格を認めてよいか疑わしい。そのような効果は、受領者の意思に明らかに反するときであっても、受領者の追認と同時に、法の決定により生じてしまうのである。従って、受領者の承諾は、贈り物が贈与という性格を有することの決定的な表示であるが、その法的効果は意思内容に基づいて生じるわけではないのである（Haymann, a. a. O. (Fn. 20), S. 115)。

（36）例えば、弁済原因（causa solvendi）又は取得原因（causa credendi）で何か与える者は、誤って贈与と表示しても贈与者になることはない。取消という手段によらなくても、出捐時に真に存在する行為意図を主張し、それが挫折したことに基づいて不当利得返還請求をなす権利を奪われない。「ＢＧＢ五一六条の意味での無償性の合意は法律行為的な内容を有しないから、契約申込も契約承諾もない」し、この合意には「意思表示の一致という意味はなく」、「贈与意図は全く表示されなかったとしても実現される」。例えば、「Ａが過失により、本当は、債務を負っていると想定して支払をしたいか、又は、受領者に貸付金を与えたいのに、金員を贈与したいと書いた場合、Ａの贈与の表示を有因の（契約）申込とみる通説によれば、善意のＢの承諾により贈与が成立する」。そして間違った表示を錯誤として取消すことによって、Ａはその贈与の性格を覆しうることとなる。これに対し、「ローマ法は、少なくとも通説によれば、animus donandi を欠くゆえに、そもそも贈与を否定したであろう」という（Haymann, a. a. O. (Fn. 20), S. 115, 116)。

（37）但し、贈与意図を特殊な「利得させる目的」と考えた場合でも契約性を否定すべきとする。このように考えた場合、第二委員会が受領者の協力なしに出捐者の贈与意図をもって成立しうる出捐の場合に、「契約」の申込及び承諾を考えることは、根拠薄弱であるとし、契約と区別しない立場を批判している（Haymann, a. a. O. (Fn. 20), S. 99)。

（38）Haymann, a. a. O. (Fn. 20), S. 106.

（39）非契約説には、ほかにもコラーの見解がある。ある者が「利得させる意図（Bereicherungsabsicht）」で他人を利得させる場合、その利得者が同意を表示すれば贈与となる。しかし、ＢＧＢ五一六条が、この同意を承諾としているのは全く適切でない。例えば、ＡがＢの債務を支払うことによりＢを解放してやるとき、利得はこのときすでに生じている。二つ以上の意思表示が合致する場合すべてに契約が存在するわけではなく、特に、このように、二つ目の意思表示が法的状況を創設せず、すでに完成した権利を作り出すものである場合、最初の権利を目指して二番目の権利が発生する場合には、契約はない。このような贈与では契約によらない利得が存するのである（Kohler, Lehrbuch des bürgerlichen Rechts, Bd.1 (Allgemeiner Teil), 1906, § 245 S. 551, 552)。この見解は、サヴィニーと同様、出捐があればよく、このほかに贈与契約が存することを必要としない考えであろう。ここでいわれる「利得させる意図」の内容は明らかでなく、どちらかというと無意味なものとしての消極的な捉え方がされていると思われる。この点、サヴィニーが必ずしも利他的動機に限定しないものの、贈与を基本的にLiberalität と想定して多くの記述をなしていることとは異なるように思われる。

(40) Haymann, a. a. O. (Fn. 20), S. 115, 116. この点で、ハイマンの見解と多数説との実際的差異は弱められていると評価できる（Liebisch, a. a. O. (Fn. 17), S. 57)。とすれば、非契約説といってもハイマンの見解と契約説との差異は一見するほど大きなものではない。

(41) Tuhr, a. a. O. (Fn. 15), S. 84.

(42) Liebisch, a. a. O. (Fn. 17), S. 57, 58.

(43) Tuhr, a. a. O. (Fn. 15), §72 S. 74, 75.

(44) Liebisch, a. a. O. (Fn. 17), S. 59.

(45) リービッシュは、ほかに、女性の評判を傷つけるために仕立て屋の費用を支払う、失脚を狙って公務員に贈与するという例を挙げているが、これはハイマンも挙げる例であるという（Liebisch, a. a. O. (Fn. 17), S. 59)。

(46) Liebisch, a. a. O. (Fn. 17), S. 58, 59, 60.

(47) Liebisch, a. a. O. (Fn. 17), S. 58.

(48) Haymann, a. a. O. (Fn. 20), S. 103.

(49) Windscheid, a. a. O. (Fn. 21), §365 N. 5. 贈与は契約でないというサヴィニーの見解は失当であるという点で意見の一致が見られ、プランク、ヴィントシャイト、キューベルは「誰もその意思に反して贈り物をされてはならない」ことを明確に支持したという（Jakobs=Schubert, a. a. O. (Fn. 3), S. 340, N. 7)。

(50)　Jakobs=Schubert, a. a. O. (Fn. 3), S. 340.

(51)　Staudinger/Cremer § 516 RdNr. 4 S. 787 ; Münchener/Kollhosser § 516 RdNr. 9 S. 989 ; Cosack, Die Allgemeinen Lehren und das Schuldrecht（Lehrbuch des BGB I), 1922, § 200 I S. 559 ; Enneccerus=Lehmann, Recht der Schuldverhältnisse (Ein Lehrbuch), 1958, S. 474ff. ; Larenz, Lehrbuch des Schuldrechts, Bd. 2 (besonderer Teil), 1 Halbband, 1986, § 47 I S. 200 ; Medicus, Schuldrecht II, 2000, § 86 III.

(52)　Münchener/Kollhosser § 516 RdNr. 10. フィッシャーは、より技術的な理由から贈与の契約性を導く。その理由とは、目的贈与や負担付贈与の前提として、法律行為としての贈与契約が必要であることである。例えば、目的贈与は、利得とともに法的に重要な「動機」を追求するものであるが、動機が注目すべきであることは、出捐目的が関係する法律行為的取決めを前提としているというのである。例えば、贈与が外見上報償を与える目的のためになされるときに、契約的性格を認めない場合には、一方的でそれ故注目すべきでない動機が必然的に重要とならざるを得ない。しかし、報償の理由が現実には全く存在しないという場合、贈与契約が存しないならば、その出捐はＢＧＢ八一二条一項二文後段（condictio ob rem）の不当利得返還請求権を用いては返還請求されえないであろう(Fischer, a. a. O. (Fn. 1), S. 41)。この返還請求権は、将来の目的が法律行為によって有効に確定されたが、それにもかかわらず到達されない場合に関するものである（松坂佐一『事務管理・不当利得〔新版〕』（有斐閣、一九七三）一三五頁以下）。また、負担付贈与の場合（ＢＧＢ五二五条）の負担義務も契約的合意なしには、債務として基礎付けられているとすることはできない（Fischer, a. a. O. (Fn. 1), S. 41)。

(53)　Erman BGB Handkommentar, Bd. 1, 1993（以下、Erman とする)/Seiler § 516 RdNr. 7. 第二委員会議事録では、贈与の本質は「客観的な、物的な譲渡行為（その内容は移転の対象によって決定される）と、主観的な、当事者の同意（この財産移転が無償で、利得させる目的で、従って贈与としてなされる）」という、客観的なものと主観的なものの「二つの構成要素を必要とする」とされている。詳述すれば、「例えば、所有権移転のように、この財産的変動を引き起こす主たる行為も確かに同じく契約を必要とする；しかし、贈与は、この契約ではなく、カウサについての契約である」のである。そして、これら客観的モメントと主観的モメントが時間的に一致することもあるし、ばらばらであることもありうるのである（Mugdan, a. a. O. (Fn. 14), S. 738)。

(54)　Fischer, a. a. O.(Fn. 1), S. 82 ; Planck's Kommentar zum Bürgerlichen Gesetzbuch nebst Einfuhrungsgesetz, 1928/Knoke, S. 777.

(55)　Plandt/Putzo § 516 RdNr. 6a) S. 546 ; Münchener/Kollhosser § 516 RdNr. 10.

(56)　Erman/Seiler § 516 RdNr. 7.

(57)　Esser=Weyers, Schuldrecht, Bd. 2, 7Aufl., 1991, § 12 I b S. 121.

(58)　贈与概念に関するＢＧＢ五一六条制定の議論においても、贈与が Liberalität（好意の施し）であることを前提としているような記述はある。例えば、第二委員会議事録には、贈与の客体について経済的財産の出捐に限定するかという議論で、好意と関連する言葉、Wohlthaten、又は Liberalitäten が多用され、「生活の中では、一般に、他人への好意（Wohlwollen）によるあらゆる無私の行動が、贈与と評価されるであろう」から、「非物質的な性質の『Liberalitäten』に贈与概念を拡大すべきかが論じられており、好意による贈与が当然に念頭に置かれているように見える（Mugdan, a. a. O.(Fn. 14), S. 735, 736）。少数意見は、「取引においては好意の施し（Liberalitäten）すべてが贈与と評価される」し、これには贈与の特別規定、特に撤回規定が適用されるべきであるとする。また、「贈与の存否の判断のためには、受領者に財産的利益あるいは非物質的性質の財産が出捐されたかは重要ではなく、単なる好意の行為（Gefälligkeitsakte）に属しないことが重要なのである」とする（Mugdan, a. a. O.(Fn. 14), S. 736）。これに対して、多数派は、「法技術的意味では、実際に贈与者と受贈者の間で財産移転が行われる場合に、贈与は、承認されるべきであると考える」。これと異なる性質の「Liberalitäten」については、「そのような出捐に贈与法の特別規定を適用する必要」が存するかは明らかではなく、特に婚姻財産法、後見法、相続法の領域などにおいて非物質的な性質の「Liberalitäten」に贈与概念を拡大することにより生じる実務的な不都合を指摘している（Mugdan, a. a. O.(Fn. 14), S. 736, 737）。しかし、贈与の性格と最も関係するのは「利得させる意図」を要素とするか否かという観点からの概念決定であり、この点について論じている部分では、むしろ、前述のように、受贈者を利得させようという「利得させる意図」ではなく、無償の合意とされていくのである。

(59)　Protokolle, S. 35, 37.

(60)　Jakobs=Schubert, a. a. O.(Fn. 3), S. 403.

(61)　Jakobs=Schubert, a. a. O. (Fn. 3), S. 403.

(62)　Prot. S. 1981-1983. Mat. S. 72（Jakobs=Schubert, a. a. O. (Fn. 3), S. 403, N. 1 による)。

(63)　フランス法では、贈与の本質的なメルクマールは、第一に libéralité、即ち、気前のよさ（Freigebigkeit）であるという (Ferid=Sonnenberger, Das Französische Zivilrecht, Bd. 2, 1986, S. 176)。そこで、贈与は贈与意思 (animus donandi) を要件とする。この意思は法的意味での贈与のコーズとも異なる（コーズはむしろ個別事例で効果を有するための決定的な動機であるとされる)。そこでは、反対給付の欠缺という無償性だけでは贈与を基礎付けるのに不十分である。贈与における合意の特殊性は、反対給付なしに受領者を利得させる意思、従って、なんらかの犠牲的意思にあるのだが、この犠牲のきっかけとなる動機は顧慮されないのである。この贈与意思の証明は困難であり、これを放棄して客観的に行為の利得効果により贈与の存否を決することが再三提案されており、反対給付の意識的な欠缺から贈与意思が推測されるなど、客観的考察と主観的考察の接近が生じているという。特別の事情が示されなければ、裁判所はしばしば客観的無償性から贈与意思を推定する（S. 182, 183)。

(64)　フランス法では、贈与と遺贈はともに恩恵行為とされて共通又は類似の規定に服すべきとされ、一括して「恵与」(libéralités) といわれる。生前贈与は片務契約の性質を有するが、原則として取消すことができず、受贈者は贈与者に対して感謝の義務を負い、そのために忘恩行為の場合には取消の制裁を被る（山口俊夫『概説フランス法上』四九二、四九三、五二六、五二七頁［東京大学出版会、一九七八］)。

(65)　Jakobs=Schubert, a. a. O. (Fn. 3), S. 403, N. 1.

(66)　Schmitt の覚書による（Jakobs=Schubert, a. a. O. (Fn. 3), S. 403, N. 2)。

(67)　ドレスデン草案四九八条は、前述のとおり、贈与概念に関して、感謝の義務を履行する意図でなされる belohnende Schenkung が贈与概念に含まれる旨の規定であり、自明なこととして削除された。贈与者の動機を顧慮しない贈与契約の概念に含まれるほか、普通法上の報償的贈与の概念の定まらなさが、特別扱いをされない理由であるようである。報償的贈与のために撤回権を制限する場合には、何らかの特性決定を回避したままにはできないのである（Jakobs=Schubert, a. a. O. (Fn. 3), S. 342, 343)。

(68)　Jakobs=Schubert, a. a. O. (Fn. 3), S. 404.

（69）　Jakobs=Schubert, a. a. O. (Fn. 3), S. 408.

（70）　Mugdan, a. a. O. (Fn. 14), S. 168. サヴィニーは救命に対する謝礼を贈与としながらも、これは「まったく評価できないくらいのサービス」であって独特のものであるから、忘恩ゆえの撤回等に服さないとする（小橋・前掲（注23）九二、九三頁）。救命の場合以外の「報償的贈与」については、忘恩ゆえの撤回等の排除を認めない（八三、八四、八八、八九、九一頁）。

（71）　Jakobs=Schubert, a. a. O. (Fn. 3), S. 411.

（72）　Jakobs=Schubert, a. a. O. (Fn. 3), S. 410.

（73）　Jakobs=Schubert, a. a. O. (Fn. 3), S. 411; Protokolle, S. 37. 忘恩行為の撤回自体に関する規定については、第二委員会決議暫定集成四四九条の要件は現行ＢＧＢ五三〇条とほぼ変わらず、多少の修正を経た、修正第二草案五二二条―五二六条、第三草案五二三条―五二七条はＢＧＢ五三〇条―五三三条と同様である。

（74）　Jakobs=Schubert, a. a. O. (Fn. 3), S. 413, 414, 415. 前述のように、現行ＢＧＢ五三四条は、忘恩行為に関する規定のほか困窮による返還請求権をも排除するが、後者は第二草案の段階では存在していない。

（75）　Migsch, Die sogenannte Pflichtschenkung, AcP. 173（1973）, S. 46.

（76）　Fischer, a. a. O. (Fn. 1), S. 81.

（77）　Fischer, a. a. O. (Fn. 1), S. 82.

（78）　Migsch, a. a. O. (Fn. 75), S. 46. 通常は契約に基づいて為されたと認められるが、道徳上儀礼上の贈与にあたる合意は給付約束に加えて特別の法的根拠の合意を含み、それは法律関係に似た生活関係のためにWidmung（贈呈）を与えるというものである。この場合には、方式要件に本質的な軽率保護と言う考えは、それまで存する生活関係に吸収されることを考慮すると意義の少ないものとなるという。

（79）　Larenz, Lehrbuch des Schuldrechts（besonderer Teil), Bd. 2, 1 Halbband, 1986, § 47 I S. 199 N. 12.

（80）　Lenel, Nochmals die Lehre von der Voraussetzung, AcP. 79（1892）, S. 69.

（81）　これにもLiberalität におけると同様の対立が見られる。例えば、他人の利益のために行為をする場合にのみ気前のよさを認め、自己の利益を探求する者、特に商事的基礎に基づく経済的性格の目的を有する場合には気前のよさは存しないという見解も存在した。これによれば、やはり先行役務に対する報償は気前のよいものではないとされる（Wünschmann の見解であるという（Liebisch, a. a. O. (Fn. 17), S. 125, 126 による））。また、ここでも任意性を気前のよい出捐の要件のメルクマールとする見解もあり、この概念も自由な個人によりなされることと関係があるように思われる。しかし、リービッシュは、十分に「任意」な出捐であっても、なお気前が良いのではないものが存するとしてこの見解を批判する（Liebisch, a. a. O. (Fn. 17), S. 120, 122, 123, 126）。

（82）　Protokolle, S. 22. 提案者は「三分の二」の代わりに「半分」とすることを表明したが、否決された。

（83）　Jakobs=Schubert, a. a. O. (Fn. 3), S. 400. 贈与者の財産減少と関係なく贈与は有効であり、財産移転はなされているのであって、当該財産部分は受贈者の財産中に移転し、贈与者の財産との関係は完全に解消されるとされたためである。受贈者が、自己の財産に贈与物がとどまることを計算に入れてよいのでなければ、つまり、贈与者に関係して贈与が解消されるならば、受贈者は非常に不確実で危険な状態におかれることになる。但し、この多数派も、贈与者がその責任なく困窮し、受贈者が贈与によって特別よい財産状態になった場合には返還請求権が与えられるべきことを認めるようでもある。ただ、贈与者が自分自身の軽率により困窮に陥り、受贈者が何年も後贈与物の返還をはじめて要求され、過失なく困窮に転落するというのは不公正であるという（Protokolle, S. 24）。

（84）　Jakobs=Schubert, a. a. O. (Fn. 3), S. 400-402. 編集会議に委ねられ、文言や規定内容が客観的に整えられた現行 BGB 五二八条は「贈与者が贈与の実行後、自己の相当な生計を賄い、血族、配偶者又は前配偶者に対して法律によって自己に課された扶養義務を履行することができない限度において、贈与者は、不当利得返還に関する規定によって受贈者に贈与物の返還を請求することができる。受贈者は扶養に必要な金額を支払うことによって、返還を免れることができる。……」と規定し、五二九条一項は「贈与物返還請求権は、贈与者がその困窮を故意又は重過失によって生じさせたとき、又は困窮発生時に贈与されたものの給付から一〇年が経過しているときは、行使することができない」とし、二項は「受贈者が、その他の義務を考慮すると、贈与物の返還によって、自己の身分相当な生計又は法律によって自己に課された扶養義務の履行を危うくなる限度において、同様である」とする（訳は右近・前掲［注13］一三六頁）。

（85）　Jakobs=Schubert, a. a. O. (Fn. 3), S. 367, 368.

（86）　修正第二草案五一三条、第三草案五一四条では、「贈与者が、その他の義務を顧慮すると、身分相応の生計を危うくすることなしに約束を履行できる状況になくなる限り、贈与者は贈与によって与えられる約束の履行を拒む権利を有する」とされ、帝国議会委員会の決議により修正されたうえ、ＢＧＢ五一九条「贈与者はその他の義務を考慮すると、自己の相当な生計又は法律によって自ら負担する扶養義務の履行が贈与約束の履行によって危うくなる限り、約束の履行を拒絶することができる」となる（Jakobs=Schubert, a. a. O. (Fn. 3), S. 368, 369）。

（87）　Staudinger/Cremer § 528 RdNr. 12.

（88）　この抗弁権と同様、ＢＧＢ五一八条もやはり五三四条により排除されることはないが、Liberalität と関係するだろうか。この点、贈与方式を定める立法例は古くから多く、例えば、「ローマ法によれば、五〇〇ソリドス以上の価値の贈与は、裁判上の登録（Insinuation）で表示されることが、有効要件であった」。しかし、一定の贈与は登録を免除されており、命の危険からの救助の報酬や、報償的贈与一般がそうであったという（Windscheid=Kipp, Lehrbuch des Pandektenrechts, Bd. 2, 8. Auflage (1900), § 368 N. 11. ここでいわゆる報償的贈与というのは、何かに報いるための贈与（Schenkung zur Vergeltung）である。贈与という性質は動機如何に左右されないのであり、人に報いようという動機であっても通常の贈与法に服するが、ヴィントシャイトは、サヴィニー同様、命の恩人に対する贈与だけは特殊性が強いとして、これに服せしめない（S. 525, 526)）。そして、この登録はしばしば変容しながらも多くのドイツ法に引き継がれているという(Mugdan, a. a. O. (Fn. 14), S. 161)。このように、贈与の方式については歴史的に、報償的な贈与の場面で例外が認められたことがあったことは注目に値する。しかし、ＢＧＢはこれを採らず、贈与方式に関するＢＧＢ五一八条が Liberalität を基礎とすることを明らかにするだけの資料が存するとはいえない。方式規定の趣旨は、軽率な贈与契約を予防すべきであること、また、実際に贈与契約が存するか、贈与の表示が認定しうるか問題が多いことから、これを明確にすることにあるとされており、特に故人の贈与契約の認定に関する紛争を予防するために必要であるとされている(Mugdan, a. a. O. (Fn. 14), S. 162, 163)。この規定の由来はローマ法にあり、ユスチニアヌスの規定した方式が、ほとんどそのままドイツに継承され、ドイツ普通法となったという。その趣旨は、贈与者に熟慮の期間を与え、かつ、後に発生する紛争に備えて公の証拠を確保するためである。「贈与はけっしてつねに道徳的、かつ、経済的に正当とはかぎらない。贈与は時として無思慮に瞬間的衝動のもとに行われ、また、贈与者の弱点を利用する道徳的圧力のもとに行われることがまれではない」のである。方式が必要とされれば、贈与者は方式をふむにさきだって熟慮の期間が与えられることになる（山田晟「ドイツにおける贈与の法的保護の歴史」比較法学会編『贈与の研究』一三三、一三四頁［有斐閣、一九五八］）。ここで、道徳的圧力による贈与が否定的に捉えられていることが注目される。

(89) オーゼル＝シェーネンベルガー共編、佐藤壮一郎訳『スイス債務法』（司法省調査部、一九三九）の訳による。

(90) Botschaft des Bundesrates an die Bundesversammlung zu einem Gesetzesentwurf betreffend die Ergänzung des Entwurfes eines schweizerischen Zivilgesetzbuches durch Anfügung des Obligationenrechtes und der Einführungsbestimmungen (Vom 3 März 1905), Bundesblatt der schweizerischen Eidgenossenschaft, Jahrgang 1905, Bd. 2, S. 53.

(91) Bucher, Obligationenrecht Besonderer Teil, 1988, S. 147 ; Maissen, Der Schenkungsvertrag im schweizerischen Recht, 1996, S. 29ff. ; Guhl, Das Schweizerische Obligationenrecht, 2000/Koller §43 RdNr. 9 S.396, §43 RdNr. 1 S. 394. このように、贈与を無償契約と捉えながらも、贈与者の意図が無償の出捐に向けられていることを要するとし、これを「animus donandi の意図」とする見解もある。しかし、これは、債務の法的根拠が、有償契約では反対給付に存するのと異なり、贈与契約では受贈者に対し財産的価値を出捐するという意図に存するというだけの意味であるという。この意図はそれだけで、引受けられた債務の十分な法的根拠を形成するという（Vischer, Obligationenrecht-Besondere Vertragsverhältnisse, Bd. 1 (Schweizerisches Privatrecht, Bd. 7), 1977, S. 183, 185, 186)。よって、ここでも好意や利他性といった実質的内容を有する意図が要求されているわけではないのである。

(92) Maissen, a. a. O. (Fn. 91), S. 16.

(93) Vischer, a. a. O. (Fn. 91), S.185,186 ; Guhl, a. a. O. (Fn. 91)/Koller §43 Rn. 7, S. 396.

(94) Botschaftt, a. a. O. (Fn. 90), S. 52.

(95) Maissen, a. a. O. (Fn.91), S. 32.

(96) この新ＯＲはＺＧＢと同時に一九一二年一月一日に発効し、変更、補充を経て、四半世紀の間維持されてきた（Tuor, Das schweizerische Zivilgesetzbuch, 1968, S. 20)。旧ＯＲは、不当利得に関してＢＧＢ八一四条と同旨の内容を持つ規定をすでに有しており、これについてはスイス法のほうが早く、ＢＧＢ立法時にこれが参照されている。

(97)　一八七九年一一月二七日のスイス債務法及び商法を含む法律案に関する連邦議会の通達（Botschaft des Bundesrates an die hohe Bundesversammlung zu einem Gesetentwurfe, Enthaltend Schweizerisches Obligationen und Handelsrecht）は、「連邦憲法により州の立法に委ねられた相続法的な規定から、よく離されうるものでない」近接した規範であるためであったとする（Schweizerisches Bundesblatt（32. Jahrgang. I. Nr. 4. 24 Januar 1880)）。

(98)　Maissen, a. a. O. (Fn. 91), S. 4.

(99)　贈与の体系的な位置が所により異なるのは、ローマ法時代の贈与の性質に由来するという。古典法の贈与はまだ独立の債務発生原因ではなく、「そもそも好意の特別のタイプではなくて、〔さきに〕あげた出捐過程の一つを正当化する一つの法原因――贈与の原因――にすぎない」ものであったという。そこで、贈与は、それだけで所有権を譲渡させることもなく、贈与約束は、問答契約の形式をとらない限り、それだけで拘束力を持つこともない。そのため、体系のなかでどのような位置に贈与をおくべきかということが問題となりうるところ、ＢＧＢや新ＯＲは債務契約の一つとして「売買のそばへおき、ＡＢＧＢは、一般的な契約法と個々の債務関係の中間におく」が、「これに反して、ロマンス語系の諸国の法は（無償の取得として）相続法の近くへおく」。これは、古典期後のローマ法時代の事情によるものであるという。即ち、「古典期後の時代には、家族利益の動因が前面に出てくる。これは贈与を死因の出捐――したがって、相続人指定および遺贈――に接近させるものである」。この時期に、時に贈与が終意出捐を先取りすることがあることから、「ある法律上の優遇措置が、――しかしとりわけ禁止規定も、――贈与および終意出捐に同様に適用される」とされたのである。さらに、贈与や遺言上の出捐が、魂の平安保持のため、教会や修道院のほか貧者、困窮者のためになされることが、実際上重大な意味を得るようになった（マックス・カイザー著、柴田光蔵訳『ローマ私法概説』三七五、三七六、三七七頁〔創文社、一九七九〕）。

(100)　Ｆ・ヴィーアッカー著、鈴木禄彌訳『近代私法史』五五七、五五八頁（創文社、一九六一）。

(101)　Tuor, Das schweizerische Zivilgesetzbuch, 1968, S. 19, 20. このように、従来の債務法は、「既に其の憲法上の基礎より観ても、一個の完全なる私法の構成部分とは考へられて居なかった」という（オーゼル＝シェーネンベルガー共編、佐藤壮一郎訳・前掲［注89］一頁）。

(102)　修正されたＯＲとＺＧＢの同時の承認が不確実だったので、贈与は念のためにＺＧＢと同時にＺＧＢの最終章で規制された。一九一一年三月三〇日に上下両院により議決され、一九一二年一月一日に、ＺＧＢと同時にその第五編として、新ＯＲは発効した。贈与法は、ＺＧＢの最終章から修正されたＯＲへと、変更なしに移行された(Maissen, a. a. O.(Fn. 91), S. 5)。その後、一九三六年に改正されたが、本稿で問題となっている条文は影響を受けなかった。

(103)　Tuhr, Schweizerische Juristen-Zeitung, Bd. 18, 1922, S. 202. Oser は後者に属し、ＯＲ二三九条の拡張解釈をして、道徳と儀礼の義務をいうとしている。それにもかかわらず、ＯＲ六三条に関しては、道徳上の義務と儀礼義務を厳しく区別しているという。しかし、前述のように、スイス法はこれを当事者の主観により認定するのであり、両者を厳密に考えることの意味はより少ないと思われる。

(104)　Botschaft des Bundesrates an die Bundesversammlung zu einem Gesetzeseutwurf betreffend die Ergänzung des Entwurfes eines schweizerischen Zivilgesetzbuches durch Anfügung des Obligationenrechtes und der Einführungsbestimmungen (Vom 3 März 1905, S. 52), Bundesblatt der schweizerischen Eidgenossenschaft, Jahrgang 1905, Bd. 2, S. 53.

(105)　「道徳上の義務の履行」の贈与性を否認するＯＲ二三九条三項については、ドイツの私法学者であり一九二〇年以降チューリッヒの教授となったトゥールが、ＢＧＢと比較して、「この種の約束はＢＧＢでは贈与方式が要求されるのに、ＯＲでは贈与でないのだから方式自由である。私は、この結果が生活の要求に沿ったものかどうかわからない」としている(Tuhr, a. a. O.(Fn. 103), S. 202)。ツヴァイゲルトが方式自由によって、裁判官による解釈で柔軟な個別的解決が可能となることを肯定的に見る立場を採るのに対し、トゥールは方式という形式的な手法による保護を重視するように見える。

(106)　Maissen, a. a. O.(Fn. 91), S. 5, 29. 客観的要素は、贈与者の財産からの受領者の利得であって、主観的要素は「贈与者の贈与意思（animus donandi）並びに、受贈者の『贈与受領意思』、従って、当事者間の合意が存しなければならない」(Vogt, Kommentar zum schweizerischen Privatrecht, Obligationenrecht I, 1993, S. 1279, 1280)。ここでの animus donandi は合意内容であるから贈与者の一方的意図ではあり得ない。よって、おそらくこれは特に利他的な意思をさすものではなく、贈与契約をする意思ということであろう。

(107) Vischer, a. a. O. (Fn. 91), S. 185, 186.

(108) Maissen, a. a. O. (Fn. 91), S. 47, 48. ＯＲ二三九条三項のために、スイス法においては、無償性、即ち「相当の反対給付のないこと」は、受贈者に出捐を求める道徳上の請求権がある場合にも欠けるとされ得る。「無償性は、給付受領者が道徳上の請求権を有しないことをも前提とするのである」とする（Maissen, a. a. O. (Fn. 91), S. 31, 32）。他にも、Guhl, a. a. O. (Fn. 91) / Koller, §43 RdNr. 3, S. 395がある。

(109) 困窮による抗弁に類似するものは普通法にもあり、前述したように、「beneficium competentiae（生活資保留の利益）」という。但し、普通法においては「家族グループ、利益社会的又共同社会的関係の内部で認められていた」点と、ＢＧＢにおいては「贈与者にだけ与えられている」点が異なるという。そして、このＢＧＢの規定は、無償の贈り物に関して、約束に基づく請求権が贈与者の破滅に至ってまで主張されることは許されないとする社会原則が実定法化されたものであるという（Staudinger/Cremer§519 RdNr.1 S. 845）。

(110) Erman/Seiler §516 RdNr. 1.

(111) Grundmann, Zur Dogmatik der unentgeltlichen Rechtsgeschäfte, AcP. 198（1998), S. 478 N. 54は、五三四条の立法趣旨を二分説に適合するものとしている。Liberalität たり得ないものは有償である可能性が高いのである。

(112) また、ドイツ法で特に問題とされる厳格な方式規定についても、その起源となったInsinuationは一定の贈与については免除されており、人命救助の報酬のほか報酬的贈与一般について不要であるとされていた（Windscheid=Kipp, Lehrbuch des Pandektenrechts, Bd. 2, 8 Auflage, 1900, §368 N. 11)。ＢＧＢは報償的贈与に特別の地位を与えてはいないが、それは五三四条の道徳上の義務や儀礼を斟酌してなされた贈与でない限りでのことであるとされている（S. 526, 527)。

(113) Kohlhammer-Kommentar, Bürgerliches Gesetzbuch, 1997（以下Soergelとする）/Mühl=Teichmann §534 RdNr. 2は「道徳上の義務の概念は狭く解されている」。

(114) Staudinger/Cremer §534 RdNr. 5; Erman/Seiler §534 RdNr. 2. 判例の立場である。

(115) Münchener/Kollhosser §534 RdNr. 6 S. 1068.

(116) Soergel/Mühl=Teichmann §534 RdNr. 2.

(117) Münchener/Kollhosser §534 RdNr. 7；Staudinger/Cremer §534 RdNr. 5；Erman/Seiler §534 RdNr. 2.

(118) ほかに、緊急時の公共的な義捐金を与える場合がある（Staudinger/Cremer §534 RdNr. 6)。

(119) Münchener/Kollhosser §534 RdNr. 6.

(120) 事案の概要は次のとおりである。被告である子とその妻は父の近所に住み、掃除をする等無職の父を長年世話してきた。被告はその対価として毎月一〇〇マルク受け取ってきた上、一九七七年九月には一万九三一五マルク、一九七七年一一月には二万五〇〇〇マルクを渡されている。被告は最初の額で自動車を取得したが、今その価格は五〇〇〇マルクである。また、二万五〇〇〇マルクで貯蓄銀行証券を買い、それは一九八四年一月一二日に満期となり七・二五％の年間利子がついた。一九八〇年に父は八六歳で養老院に入ったが月々の介護費用は二七万一五〇マルクであり、月々一七万六〇六〇マルクの彼の年金では足りなかった。残りの貯えも使い果たされたので、社会福祉事業の代表者である原告は一九八〇年一月一日以降の年金と社会福祉としての介護費用との差額を支払い、その給付額は、一九八二年一一月七日の父の死まで、全部で二九七万九〇五一マルクに達した。一九八二年七月一四日に原告は、被告に対する父の五二八条による三万〇〇〇〇マルクの贈与額返還請求権を自らに移転させていた。移転通知は一九八二年七月二〇日に被告に送達された。最終的には二九七万九〇五一マルクならびに利息の支払請求が、地方裁判所では四九万〇六四二マルクについてのみ、上級地方裁判所では全額について、認容された。そして、被告の上告は棄却された（Lindenmaier-Möhring Nachschlagewerk des Bundesgerichtshofs（以下ＬＭとする）1986, BGB §534 Nr. 3 Bl. 1)。

(121) 被告の上告理由は、父をたった月一〇〇マルクという全く不適当な対価で世話してきたこと、被告が唯一の子孫としていずれにせよ唯一の相続人となるため、父がこの金銭を貯蓄するかは関係ないと双方とも承知して世話していたというにある。ＢＧＨの判決（一九六三年二月一三日のＢＧＨ判決は、道徳上の義務のない場合に、多くの者が共同で分割不能な客体を贈与し、一人の贈与者についてのみ撤回事由があったら、この者だけが撤回でき、その場合全贈与物の返還を請求できるとするものである（LM 1963 §534 Nr. 1））による「贈与者が特別の出捐義務、事例の具体的な状況に基づいて生じ道徳の命令に根を持つ義務を負う場合」であって、「その際、当事者の財産と生活上の地位、並びに、お互いの個人的関係が考慮されるべきである。その行為がまさしく道徳的に命じられている場合にのみ道徳上の義務は肯定されるべきである」という基準が本件の場合にあてはまるかが問題とされた。原審は、被告とその妻が父の世話をしてきたことは子である被告の道徳上の義務に適合するが、これに対して父には被告に金銭を渡す道徳上の義務はないとする。被告は父の出捐を道徳上の義務の「承認」であるとしてきたが、親子間の関係では、子が成長したときの贈与は、原則として道徳上の義務感ではなくむしろ反対に、意識から離れた単なる親族的連帯感によるものであるにすぎないという。このような原審の判断について、本判決は、「この評価は少なくとも結果においては正しい」として、道徳上の義務について、本文のような厳しい基準を立てる（LM 1986 Nr. 3 §534 Bl. 1, 2)。

(122)　LM1986 §534 Nr. 3 Bl. 2.

(123)　Staudinger/Cremer §528 RdNr. 12. そのため、社会福祉事業の代表者があらかじめ贈与者の請求権を通知により移転させていれば、贈与者の死によっても返還請求権は消滅しないとされた。

(124)　Staudinger/Cremer §516 RdNr. 62, 65.

(125)　一九二〇年九月三日に原告と被告に娘が生まれ、被告の最初の妻は一九二七年に亡くなり、原告と被告は一九二八年六月五日に婚姻を締結した。一九三五年五月二四日に双方有責の離婚の判決が下った。ところで、婚姻の直前の一九二八年五月一八日に、被告（夫）は銀行で原告（妻）の名で口座を開き、それに一万一五〇〇ライヒマルクを振り込ませた。原告（妻）は一九三一年八月六日にこれから六〇〇〇ライヒマルクを引き出し、被告（夫）に交付した。残額は一九三三年八月一五日に原告（妻）へ支払われ、これは再び被告（夫）に交付され、被告はこの金をその大型金庫に入れた。一九三四年六月一六日に離婚した原告（妻）は金庫から少なくとも三五〇〇ライヒマルクを取り出した。原告（妻）は、自らが銀行口座の債権者となっており、その金銭は原告に属すると主張している。原告は、九〇〇〇ライヒマルクの支払を求め、地方裁判所はこれを認容したが、原審は請求を棄却した。ライヒ裁判所判決はこれを破棄したものである（höchstrichterliche Rechtsprechung（以下ＨＲＲとする）、13. Jahrgang, 1937, S. 371-373)。

(126)　双方有責で離婚しているのだから、当時、一方有責の離婚の場合の婚約、婚姻中の贈与の撤回を定めていたＢＧＢ一五八四条の撤回は問題にならず、双方有責の離婚の場合はＢＧＢ五三〇条の領域での撤回権が吟味されなければならない。

(127)　HRR. 13. Jahrgang, 1937, S. 371-373.

(128)　これに類似するものとして、相続の規定についてではあるが道徳上の義務が認められた比較的新しいものがある。これは、連邦通常裁判所一九八四年三月七日判決であり、非婚の生活共同体のパートナーが長年支払なしで老齢のパートナーの世話をしてくれたことへの感謝の給付は道徳上の義務の履行であるとする。よって、道徳上の義務の履行は遺留分算定において考慮されないとするＢＧＢ二三三〇条の適用が肯定され、遺留分との関係でその額が問題とされているが、大きな出捐が必要ならば(住居など)、遺産を使い果たす場合でも基本的にかまわないとする。即ち、「贈与の高い価値により二三三〇条の適用が妨げられることは原則的にはない」のである（LM 1985 §2330 Nr. 5 Bl. 2)。但し、個々の事例では、子供の遺留分権を無価値にしないよう注意深く考慮されなければならないとする（LM1985 §2330 Nr. 5 Bl. 3)。この判決は、二三三〇条の道徳上の義務について、「どのようなとき『道徳上の義務』という法概念にあたるかの評価においては、贈与が道徳の領域で正当でいられるか否かという問いの答えでは十分ではない。むしろ決定的なのは、逆に贈与をしないことが被相続人に道徳上の義務違反の責任を負わせるであろういうように、その贈与がなされるものとされた状況で道徳上命じられていたか否かである」とする（LM 1985 §2330 Nr. 5 Bl. 2)。

(129)　BGHZ 87, 145, 146（Staudinger/Cremer §516 RdNr. 27, RdNr. 62 による)。

(130)　なお、これと類似の状況にあるものとして双方的贈与（gegenseitigen Schenkung）があるというが、これはＢＧＢ五三四条で要求される性格を必ずしも有するわけではなく、ＢＧＢ五三四条に常に当てはまるのではないという（Staudinger/Cremer §534 RdNr. 7)。事情によっては、受贈者の先行給付が「反対給付」をする道徳上の義務を負わせるものであったならば、道徳上の義務の履行であるという（Soergel/Mühl=Teichmann §534 RdNr. 2)。

(131)　道徳上の義務の履行は報償的贈与よりも、「一方ではより広いが、他方では、例えば、あまり裕福でない患者が医者に対し、感謝から謝礼を超えて高価な贈り物をなすことを『道徳上の義務』とはいえないだろう」（Oertmann, Recht der Schuldverhältnisse（Kommentar zum Bürgerlichen Gesetzbuch und seinen Nebengesetzen,Zweiter buch), 1929, S. 731)。

（132） Erman/Seiler §517 RdNr. 5. なお、ここにいう目的贈与とは、贈与自体が、必ずしも財産的価値のあるわけではない給付を目的になされる場合であり、そこでは、贈与者に訴求可能な請求権が与えられるわけではない。しかし、その目的は行為の内容にならなければならず、少なくとも行為基礎を形成しなければならない（Erman/Seiler §517 RdNr. 5）。ところで、行為基礎を形成する点で、目的贈与と有償契約（後述の因果的結合による）は共通することから、その区別が問題となる。いずれも、当事者意思によりもたらされる出捐を基礎とし、給付受領者にある行為をさせるためになされるが、有償契約と異なり目的贈与においてはこの行為は反対給付とは解されていない。即ち贈与者の出捐と同等に対峙するものとはされず、単に贈与者の出捐を「制限」するのみであるとされる。このように、「因果的給付関連性といわゆる目的贈与との境界付けが問題になる」のである（Oetker=Maultzsch, Vertragliche Schuldverhältnisse, 2000, S. 249, 250）。この場面においても有償行為と特殊の贈与（目的贈与）が境界を接していることになり、このことが認識されているのである。

（133） Soergel/Mühl=Teichmann §534 RdNr. 3. また、Plank's Kommentar zum Bürgerlichen Gesetzbuch, 1928/Knoke §534 RdNr. 2 は、報償的贈与は五三四条に属するとする。但し、実務においては、慈善施設に対する遺産相続人の莫大な贈与等は、五三四条の意味での道徳上の義務の履行であるとはされていない。

（134） Staudinger/Cremer §534 RdNr. 7 ; Münchener/Kollhosser §534 RdNr. 7.

（135） BGH NJW-RR 1986, 1202（Münchener/Kollhosser §534 RdNr. 7, RdNr. 5 による）。

（136） Münchener/Kollhosser §534 RdNr. 7, RdNr. 5.

（137） Soergel/Mühl=Teichmann §516 RdNr. 19. 但し、前述したライヒ裁判所一九一七年四月二一日判決は、旧判例下のものであるが、借主の過去の家事サービスの「反対給付」として、貸付金を無利息とする契約を贈与でないとする。この契約の背景には借主が役務の補償として「法的請求権」を有すると判示されていることがある（JW, 42 Jahrgang, Nr. 7, 1917, S. 710）。

（138） Soergel/Mühl=Teichmann §516 RdNr. 18.

（139） Münchener/Kollhosser §516 RdNr. 20,§534 RdNr. 7 ; Soergel/Mühl=Teichmann §516 RdNr. 26.

（140） Oetker=Maultzsch, Vertragliche Schuldverhältnisse, 2002, S. 249 ; Esser=Weyers, a. a. O. (Fn. 57), §12I 2b ; Soergel/Mühl=Teichmann §516 RdNr. 26 は、双務契約的結びつきはないが、労働者のこれまでの、場合によっては将来の行為との、条件的か、少なくとも因果的結びつきがあるとする。

(141) Soergel/Mühl=Teichmann §516 RdNr. 18, Oetker=Maultzsch, a. a. O. (Fn. 140), S. 249.

(142) これを概念的に区別すれば、次のように言えるという。出捐者が先行する相手方の給付が（より高い）賃金を要求するという理解のもとに、契約更改によりのちの出捐を反対給付とする場合、Entlohnung（有償）である。また、出捐者がこれまでの契約関係を変更するつもりがなくて、相手への気前のよさのためにのちの出捐をなす場合（贈与）か、財産契約の履行のためになす場合（有償）か、どちらかであるのがBelohnung（報酬的贈与）である。しかし、このような概念的な区別を各事例でおこなうことは困難である（Münchener/Kollhosser §516, RdNr. 19, S. 993）。

(143) Staudinger/Cremer §516 RdNr. 27, Rn. 62.

(144) Staudinger/Cremer §516 RdNr. 65.

(145) Münchener/Kollhosser §516 RdNr. 70.

(146) Oetker=Maultzsch, a. a. O. (Fn. 140) S. 249.

(147) Gernhuber=Coester=Waltjen, Lehrbuch des Familienrechts, 1994, §44III 2, S. 661. その種の給付は無償でもなければ原因（causa）がないわけでもないのである。

(148) 例えば、婚姻した老人の世話をする扶養義務の履行や、家事についての婚姻当事者の給付が、過去の又は将来の対価と評価される傾向は後退しているという。これについて、「特に第三者保護という根拠から、判例はこのような実務形成の始まりを阻止しなければならない」という見解がある（Münchener/Kollhosser §516 RdNr. 59）。また、離婚を行為基礎の脱落として適合や返還請求が認められるのは、離婚の場合他の優先的補償が用意されているため、例外的事例であるといえる。また、婚姻の存続が行為基礎となっていないとすれば、贈与として、ＢＧＢ五二八、五三〇条の返還請求権が一応問題となる。実務上重要なのは大きな価値をもつ客体（家や敷地の所有権、共有権）の返還請求であるが、判例はこれまで、この他の根拠による返還請求や補償請求と同様、その承認に消極的である（Münchener/Kollhosser §516 RdNr. 70）。

(149) Larenz, a. a. O. (Fn. 51), §47I S. 199参照。

(150) Larenz, a. a. O. (Fn. 51), S. 199. 好意による約束や、生命の危険からの救助等金銭的価値で償えない給付に対する感謝によることが明らかな約束の場合は、「その経過が、社会的な儀礼の感覚という『人間性（humanitas）』の領域にある」。これに対して、「ことによると『鷹揚』だったとしても彼に報酬を支払い、彼にその骨折りと、勤勉さに対価を与えるつもりであり、それが『厳格な法』による義務を超えていても、職分や功労に応じて対価を与えるつもりである」場合には、「義務の履行という『衡平（aequitas）』の領域にあ」る。ここでの「義務」の履行とは、『厳格な』法的義務ではないが妥当性により理解される報酬的正義の義務である。そして、この後者の場合には、贈与とは認められないだろうとするのである。さらに、ラーレンツは、これは、トゥール等が自然債務とするもの（Tuhr, a. a. O. (Fn. 15), S. 94；Esser=Weyers, a. a. O. (Fn. 57), §12I 2b, S. 121）と類似するという（Larenz, S. 119）。

(151) Larenz, a. a. O. (Fn. 51), S. 119.

(152) Liebisch, a. a. O. (Fn. 16), S. 2ff., 19.

(153) Fischer, a. a. O. (Fn. 1), S. 188；Larenz=Wolf, Allgemeiner Teil des Bürgerlichen Rechts, 1997, S. 460. 逆に、トゥールは、ＢＧＢにより出捐という文言が「無償の出捐」について用いられるため（ＢＧＢ三三〇条二項、八二二条等）、無償性は出捐の概念の要素でないことがわかる、としている（Tuhr, a. a. O. (Fn. 15), S. 49）。

(154) Flume, Allgemeiner Teil des Bürgerlichen Rechts, Bd. 2, Das Rechtsgeschäft, 1965, S. 135. 出捐を「他人に財産的利益を与える行為」とするのは、Larenz=Wolf, a. a. O. (Fn. 153), S. 460.

(155) Dernburg, Pandekten, Bd. 2, 1896, §95 S. 223；Biermann, Bürgerliches Recht, Erster Bd., Allgemeine Lehren umd Personenrecht, 1908, S. 158, 159；Crome, System des Deutschen Bürgerlichen Rechts, erster Bd., 1900, S. 327.

(156) Enneccerus, Allgemeiner Teil des bürgerlichen Rechts (Lehrbuch des bürgerlichen Rechts Bd. 1), Zweiter Halbband, 1995, S. 620. 法律行為の一種として、「ある者が他の者に財産を利得させる行為を出捐という」とする。しかし、非法律行為的な行為も出捐でありうるという。

(157) 例えば、財産的価値のない権利の譲渡がこれにあたる（Tuhr, a. a. O. (Fn. 15), S. 50）。

(158) 給付とは、不当利得返還請求権でのみ現れるものではなく、また、給付義務の履行において為されるものに限定されず、先行する債務その他の法律関係なくしてなされる贈与も給付であるという(Schöninger, a. a. O. (Fn. 20), S. 9 §5)。

(159) Schöninger, a. a. O. (Fn. 20), S. 217.

(160) Tuhr, a. a. O. (Fn. 15), S. 49.

(161) Schöninger, a. a. O. (Fn. 20), §7 S. 16.

(162) この点で、シェーニンガーの給付とは、トゥールにいう「不当利得における『給付』」と類似する（Tuhr, a. a. O. (Fn. 15), S. 54)。シェーニンガーが無因債務の負担のみを給付とするのは、給付の本質が形式的な法的要件にあるのではなく、財産的出捐の経済的効果にあるからである。無因債務は、実体的抗弁がなく、第三者にも債務関係が明白であり、債務名義の取得も容易であるため、経済的価値を有するのである（Schöninger, a. a. O. (Fn. 20), §73, S. 236)。

(163) Tuhr, a. a. O. (Fn. 15), S. 67. そして、普通法では主な原因、即ち、出捐の最も重要な目的として、弁済原因、債権取得原因、及び、贈与原因が存したが、トゥールは、これを本質的に正しいとする。弁済原因（causa solvendi）とは、出捐者の（又は第三者の）債務を履行するという目的である。トゥールは前述のように通説的見解を採り、自然債務や賭博契約、婚姻仲立料契約の履行の場合も、債務は存在するから、贈与ではなく弁済原因の給付であるとする。これに対して、道徳上の義務と儀礼に基づく給付は、弁済原因で生じるのではなく、任意でなされるならば、BGB五三四条で贈与とされる。取得原因（causa acquirendi）は、出捐者が、自己の財産的犠牲の等価物として、権利その他の利益を取得するという目的である。贈与原因（causa donandi）は、出捐者の負担による、等価物による補償のない、受領者の財産を増加させるという目的である（Tuhr, a. a. O. (Fn. 15), §72)。前二者は有償であることが多いが、無償の場合もあるという（Tuhr, a. a. O. (Fn. 15), S. 138, 145)。

(164) Tuhr, a. a. O. (Fn. 15), S. 97. この目的が達成されない場合には出捐自体が無効となるか、そうでなければ不当利得返還請求権（condictio）が生じるかである。出捐が有因であれば、原因の合意が出捐契約の構成部分であるから、法的根拠を欠いた出捐は有効に生じない。この点、前述の出捐概念には有因の債務負担も含まれるが、この場合には不当利得返還請求は問題とならないことになる（Tuhr, a. a. O. (Fn. 15), S. 62)。有因の債務契約に関して不当利得返還請求権が考えられ得ないことは、債務法のドグマティークによる。その根拠としては、有因の債権は原則的に不当利得法の領域から外れていると主張されたり、また、当該有因債権の不当利得は、債権の出捐のための法的根拠が存するゆえに、具体的事例で排除されるとされている（Mazza, Kausale Schuldvertuage: Rechtsgrund und Kondizierbarkeit, 2002, S. 1, 223)。しかし、Mazzaは、有因の債務契約に基づく債権を不当利得返還請求できる余地はないかについて論じている（例えば、AがBと売買契約を締結したとき、Aが債務契約に基づくAに対する債権を返還請求できるかという問題である）。Mazzaによれば、BGB八一二条の「法律上の原因なしに」とは、類型的な出捐目的の違反であるが、法的根拠という概念が主観的に捉えられているBGB八一二条一項二文後段に基づく請求権としてのdatio ob remを含むものとして、この出捐目的の類型を解釈しなおすべきである（Mazza, S. 228)。これに対し、無因である場合は、原因の約定が出捐行為の構成要素として扱われず、出捐と並んで存在し補充する法律行為として扱われるのであり、原因を欠くにもかかわらず出捐は有効であるので、この根拠のない財産移動を廃するため、給付を元に回復する債権が出捐者に認められるのである（Larenz=Wolf, a. a. O. (Fn. 126), S. 458, 459)。

(165) Larenz=Wolf, a. a. O. (Fn. 126), S. 460.

(166) Flume, a. a. O. (Fn. 154), §12 S. 152. 基本的には（法律行為的）出捐行為において原因が欠け、かつ、それが直ちに出捐の無効につながらない場合に不当利得返還請求権が生じる。それにもかかわらず、あらゆる利得の不当性をあらわすために原因を欠くことを要求するのは、主に普通法における不当利得の一般化という「全く沿革上の理由に基づくもの」であり、原因なくしてと言うことは、給付行為によらない不当利得においては積極的意義を有するものではなく、消極的に受益者の利得の不当性を意味するに過ぎない（松坂佐一『事務管理・不当利得〔新版〕』一二〇、一二一、一二三頁［有斐閣、一九七三］)。

(167) Mazza, a. a. O. (Fn. 164), S. 65, 66.

(168) Marsh, Comparative Contract Law England, France, Germany, 1993, p. 100.

(169) Marsh, op. cit., supra note (141), p. 100. causa の古典的な意味は、「なぜ債務が負担されたのか」と言う問いの答えである。

(170) Zweigert, Rechtvergleichende Bemerkungen zur Scheidung verbindlicher Geschäft von unverbindlichen, JZ, Bd. 19, Nr. 11/12, 1964, S. 353. ツヴァイゲルトは、約束の「本気さの証拠」の模索は世界各国でなされているのであり、コーズ理論、約因理論、解釈による解決という方法で行われているとしている。「本気」で、即ち、効果意思を伴うかという問題は、無償の場合に特に問題となるのである。

(171) トゥールによれば、BGB五一六条は、出捐が causa の約定を必要とすることを明文で示すものであり（Tuhr, a. a. O.(Fn. 15), S. 85）、無償性の合意は出捐の法的根拠となる。

(172) 財産権の譲渡のみならず、それ以外の方法で為される無償の財産的出捐（債務を免除させる等）も贈与に包含せしめられているが、使用貸借等を見れば、すべての無償の出捐を贈与の概念中に総括するに至っていないのであって、贈与の主たる意義はなお譲渡契約の領域に存する。そこで、ドイツ、スイス、日本の各国において、贈与契約は、契約定型として、売買や交換といった有償の「譲渡契約」と並列せしめられているのである（柚木馨編『注釈民法（14）』一〇頁〔柚木馨〕〔有斐閣、一九六六〕）。

(173) Fischer, a. a .O.(Fn. 1), S. 39.

(174) Münchener/Kollhosser §516 RdNr. 2. 但し、音楽演奏や詩人の朗読といった観念的給付の報償を免除することは、贈与目的物たりうる。また、不作為でなされる場合についてはBGB五一七条が定めている。

(175) Fischer, a. a. O.(Fn. 1), S. 39, 40. もし、売買契約なら、売主は買主を売買目的物でもって利得させるが、売買代金を受け取る。このことは、彼が買主を無償ではなく有償で利得させたということを意味する。ここに、有償の譲渡行為と無償の譲渡行為の間のドグマティッシュな区別がある。

(176) Soergel/Mühl=Teichmann §516 RdNr. 11, 18.

(177) Haymann, a. a. O.(Fn. 34), S. 99 ; Münchener/Kollhosser §516 RdNr. 10a. 贈与が契約であることを認めないハイマンの見解は、無償性の内容がこのように「消極的」なものであるという特徴を根拠としている。

(178) Fischer, a. a. O.(Fn. 1), S. 41.

(179) Münchener/Kollhosser §516 RdNr. 10a.

(180) Esser=Weyers, a. a. O.(Fn. 57), §12Ib, S. 121.

(181)　Münchener/Kollhosser §516 RdNr. 14, 15, 16 ; Oetker=Maultzsch, a. a. O.(Fn. 140), S. 247, 248, 249, 250 ; Soergel/Mühl=Teichmann §516 RdNr. 17 ; Staudinger/Cremer §516 RdNr. 27, 28 ; Erman/Seiler §516 RdNr. 8 ; Palandt/Putzo §516 RdNr. 8.

(182)　Münchener/Kollhosser §516 RdNr. 15 ; Oetker=Maultzsch, a. a. O.(Fn. 140), S. 248 ; Soergel/Mühl=Teichmann §516 Rn. 17 ; Staudinge/Cremer §516 RdNr. 27, 28 ; Erman/Seiler §516 RdNr. 8 ; Palandt/Putzo §516 RdNr. 8. この条件的結合は実務的にはまれであり、大部分の場合双務的結合か次の因果的結合が認められるという。

(183)　Münchener/Kollhosser §516 RdNr. 16.

(184)　Oertmann, Entgeltliche Geschäfte, 1912, S. 15ff..

(185)　Staudinger 10/11Aufl. 1937/Kober, §516 Anm. I, 2c.

(186)　Hoeniger, Die gemischten Verträzge in ihren Grundformen, 1910, S. 193.

(187)　Burckhard, Zum Begriff der Schenkung, S. 152(Erlangen 1899 in der Festgabe für Bekker)(Schreiber, Gemischte Verträge im Reichsschuldrecht, Jherings Jahrb. Bd. 60, 1912, S. 177 による)。

(188)　Enneccerus, a. a. O.(Fn. 156), S. 620.

(189)　Haymann, a. a. O.(Fn. 34), S. 93.

(190)　Fischer, a. a. O.(Fn. 1), S. 42.

(191)　この立場によれば、「訴えうべき給付が、債務関係の実現の条件にすぎないものと対立する場合、論理的な等価性の要件を満たすものではない」という。(Simson, Begriff des Entgelts, 1909, S. 48ff.(Fischer, a. a. O.(Fn. 1), S. 42 による))。条件的結合も認めない立場である。

(192)　Schreiber, Gemischte Verträge im Reichsschuldrecht, Jherings Jahrb, Bd. 60, 1912, S. 179.

(193)　Schreiber, a. a. O.(Fn. 192), S. 179, 180.

(194)　Schreiber, a. a. O.(Fn. 192), S. 177. 給付と対価の客観的な等価性も問題にしない(Schreiber, a. a. O.(Fn. 165), S. 179)。

(195)　Oertmann, a. a. O.(Fn. 184), S. 15.「一方当事者のみが訴えうべき義務を引き受け(『その履行を債権者は請求しうる』)、他方当事者が『その給付なしでは債務関係が実現に至らない』という意味でのみ義務を負う場合、『形式的な等価性の要件』を満たさないのは明らかであろう」。

(196) Oertmann, a. a. O. (Fn. 184), S. 15, 16. トゥールは、受領者が出捐された客体に基づく利益を得るのと交換に、これを補償する反対給付をなすか否かが問題であるとして、利息付消費貸借を有償とする (Tuhr, a. a. O. (Fn. 15), S. 138)。

(197) Fischer, a. a. O. (Fn. 1), S. 42, 43.

(198) Oertmann, a. a. O. (Fn. 184), S. 28.

(199) Oertmann, a. a. O. (Fn. 184), S. 16. 因果的結合について、エルトマンは、「ある行為で約された給付が、ＢＧＢ八一二条の意味でその給付の『法的根拠』として現れるというふうに、反対給付と結合しているすべての事例のことであると解する」としている。その際、「causa（原因）、Voraussetzung（前提）、Geschäftzweck（取引目的）の概念の本質について立場を明らかにすることにはしない」ことを注記している (S. 16 N. 42)。エルトマンの行為基礎は前提論を発展させた理論であり、前提はローマ法における causa をもとにしており、これらはいずれも契約の目的に関するもので、密接に関わる概念である。エルトマンの行為基礎とは「行為の締結のさいに現われ、相手方によってその重要性が認識され、しかも異議を述べられなかった一方当事者の前提観念 (Vorstellung)、もしくは数人の当事者に共通の前提観念であって、行為意思がそれにもとづいて築かれる一定の事情の存在または発生に関する前提観念である」（岸上晴志「契約の目的についての覚書」中京法学一六巻一号八四頁以下［一九八一］）とされている。

(200) Fischer, a. a. O. (Fn. 1), S. 43. Fischer は、無償性に関して利他性を問題とする立場から、いずれの結合の仕方も利己的目的を追求することに変わりはないのであり、「結局は、立法者が無償の出捐の場合の多数の特別規制を促進するものとしている決定的な根拠は、理想型として当事者が経済的ないし利己的な利益ではなく、利他的な利益を追求することにある。利己的目的が双務的、条件的、因果的法律行為のいずれの取決めの形で追求されるかでは、追求された目的の法的な性格という点では何も変わらない」とする (S. 44)。

(201) Migsch, Die sogenannte Pflichtschenkung, AcP. 173 (1973) S. 53.

(202) Münchener/Kollhosser §516 RdNr. 16.

(203) この財産的利益もまた様々な性質の行為により引き起こされうる。出捐受領者が、出捐者に有利な財産類似の反射的効果を生じさせるために、受領した客体を使用することによってなされることもあり得る。例えば、公の道路のための土地の譲渡の対価が、残余の土地の価値上昇にある場合である(Tuhr, a. a. O.(Fn. 15), S. 139 N. 15 による)。

(204) 財産主体の要求の充足が実現されるものであればよい（Tuhr, a. a. O.(Fn. 15), S. 139 N. 17)。

(205) Tuhr, a. a. O.(Fn. 15), S. 140.

(206) 債務となりえない反対給付がなされない場合、不当利得法上の目的不到達により処理されてきたが、ドイツにおいては、行為基礎が広く認められることにより、このように処理される範囲は狭くなったという。ケメラー、ラーレンツがこれらの場合は行為基礎の問題であるとしたのである。即ち、「行為基礎の脱落がいかなる効果を生ずるかは、当該契約の解釈の問題である、これはすべて贈与の撤回のその他の問題と同じく債務行為の内容のそれであって、債務行為がその他の契約法および債権法の内容により消滅したと認められるべき場合における給付の返還の技術的規則に過ぎない不当利得法の通常の範囲から逸脱するものである」とするのである。更に、ケメラーは、死因処分をなすべき契約が無効とされるにもかかわらず相続人または受遺者となることを期待して労務を提供した場合や、懲戒手続きを防止するために官吏の債務に対し保証を引受けた場合などのように、「反対給付が有効に約束されることができない場合は、双務契約の通常の構成の例外であって、双務契約に関する規定と比較して債務行為法において取扱わるべきであるとする」（松坂・前掲［注166］一三五頁以下)。本書では、贈与法の適用という観点のみを対象とするところ、この場合には贈与法の適用はないということである。

(207) Staudinger/Cremer §516 RdNr. 28. これにはライヒ裁判所判例があるという（Warneyers Jahrbuch der Entscheidungen, 1915, Nr 102)。

(208) Münchener/Kollhosser §516 RdNr. 16 ; Oetker=Maultzsch, a. a. O.(Fn. 140), S. 248, 249, 250 ; Soergel/Mühl=Teichmann §516 RdNr. 17 ; Staudinger/Cremer §516 RdNr. 27, 28 ; Erman/Seiler §516 RdNr. 8 ; Palandt/Putzo §516 RdNr. 8.

(209)　Soergel/Mühl=Teichmann §516 RdNr.17 ; Münchener/Kollhosser §516 RdNr. 16.

(210)　HRR, 1931, Nr. 1752. これは condictio ob causam datorum を根拠とするものであって契約不履行に基づくものではないとされている。この点、原審は有償契約の存在を認める以上、負担付贈与さえ問題にならず、贈与の撤回も問題とならないことを明言している。即ち、夫の出捐の目的は、夫婦の共同生活と妻の一定の経済的自立にあり、妻は夫の給付によって帰宅と同居を促されている。この約定は「法律行為の構成部分であって、単なる動機ではない」が、債務法における双務契約は問題とならないとしている。

(211)　Münchener/Kollhosser §516RdNr. 16 ; Staudinger/Cremer §516 RdNr. 28. 介護を必要として以降に出捐がなされているので、後述の日本法における同居・扶養の紛争におけるよりも、有償性や双務性を認め易いといえるかもしれないが、介護期間が不明である点は同様であろう。この点、贈与者が取得者に必要な修理や改築処置を行わせるために、居住権を留保して土地を出捐する場合（Münchener/Kollhosser § 516 RdNr. 16 参照）も、事案によっては居住期間が不明確でありうる。

(212)　NJW-Rechtsprechungs-Report, Ziveilrecht, 1993, Heft 23, S. 1412 ff. その上で、予定よりも期間が明らかに短縮されている点について、事後的に対価性が失われて目的贈与となったとは解されないとする。「当事者の当初の等価性の表明は、事実上の基礎が後に変更された場合にもなお効果を失わない」のであり、看護契約、あるいは看護の意図という基礎に基づく特別の出捐についても、行為基礎の障害に関する原則の適用が可能かつ必要であり、「適合」がなされるべきであるとする。そのために、返済を要求する額が八千ドイツマルクの一部にとどまる可能性があるところ、控訴審では五千ドイツマルクを超える部分のみが争われているが（S. 1412）、三年間の在宅介護の客観的価値をもとに信義誠実に基づいて算定されるならば（S. 1413）、この三千ドイツマルクについて返還の必要はないというのである（S. 1413）。

(213)　Münchener/Kollhosser §516 RdNr. 16.

(214)　Zeitschrift für das gesamte Familienrecht（以下 FamRZ とする）, 17 Jahrgang, 1970, S. 376, 377. この取決めでは双方の家族が引き続き同居することが予定されていたが、息子が共有権を登記し、その費用で建物の増築を行なったのち、敷地の使用に関して紛争を生じたため、息子が同居関係解消のために強制競売を申し立てたという事情である。

(215) FamRZ, 17 Jahrgang, 1970, S. 377. これに加え、原審は、古い家を父とその再婚相手に生涯帰属させることが条件となっていることを挙げているが、この点については、本判決はこれを否定する上告理由を容れている。即ち、それは共有権の使用法に関する一時的制限であり、このような制限があるからといって共有権譲渡という出捐の無償性が排除されるとは推定できないというのである。

(216) FamRZ, 17 Jahrgang, 1970, S. 377, 378. 原審は遺留分に関する請求権の履行であるか否かを未決定のままにしているが、本判決は、遺留分に関する請求権は存するが、当事者が道徳上の義務の履行としての出捐と見ているから、この請求権の履行というかたちをとらず、相続上の補償を両者共通の動機とする出捐がなされているとし、先行役務の対価としての出捐を扱う事例を参照している。

(217) Staudinger/Cremer §516 RdNr. 28. 連邦通常裁判所判例があるという（LM §138 Nr. 4）。

(218) Müchener/Kollhosser §516 RdNr. 16.

(219) Oertmann, a. a. O. (Fn. 184), S. 85.

(220) Simson, a. a. O., S. 51ff.（Oertmann, a. a. O. (Fn. 184), S. 87 による）。

(221) 債務の履行のための給付は弁済原因に基づく出捐であって有償であるとされ、この原則から贈与契約の履行も有償とするのが支配的見解であった（Tuhr, a. a. O. (Fn. 15), S. 145）。

(222) Tuhr, a. a. O. (Fn. 15), S. 145 ; Liebisch, a. a. O. (Fn. 16), S. 39, 40.

(223) Tuhr, a. a. O. (Fn. 15), S. 148. 履行行為には、法律行為に基づく義務の履行のほか（[注224] 参照）、常に有償と見るべきことに争いのない法律上の義務（扶養義務等）の履行、それに、自然債務の履行があるという。

(224) 但し、エルトマンやトゥールは、法的義務の履行を常には有償とはしない。エルトマンは、債務を生じさせた主たる行為（Hauptgeschäft）の特徴によって決すべきであるという（Oertmann, a. a. O. (Fn. 184), S. 85ff.）。これは、贈与契約等の履行行為を無償とするために、債務を生じさせた法律行為の無償性を主たる行為の特徴として問題とするものである。トゥールも同様の立場であり、履行行為一般については有償としながら、贈与のような無償行為により生じた義務の履行については例外的に無償とすべきであるとする。例えば、贈与契約の履行、また、受遺者への給付などである。この例外の根拠は、贈与として出捐されたのか、贈与契約がなされた後にその履行として給付されたのかによって、ＢＧＢ八一六条一項、ＢＧＢ八二二条のような無償の出捐に関する規定の適用が左右されるべきでないことにある。そこで、「義務の引受は処分の前段階」であり、有償か否かは債務成立と債務履行という「全過程がひとまとまりとして解されなければならない」のであり、そうでなければ妥当な結論を導き得ないとする。即ち、債務の基礎付けが出捐であるとする立場によれば、債権者のために債務を成立させることがすでに出捐であって履行はこれと同じ財産的価値を与えるものにすぎない。債務の履行としてなされる処分の有償性は、その債務が対価に対して引き受けられているかに依存すると考えるべきである。従って、法律行為によって基礎付けられる債務の履行の場合には、給付の第一の基礎になっている弁済原因が有償性の基準になるのではなく、履行行為の背後にあるさらなる法的根拠、債務負担行為の原因にまでさかのぼらなければならない。よって、贈与契約等の履行は無償であるという（Tuhr, a. a. O. (Fn. 15), S. 145)。

(225) Tuhr, a. a. O. (Fn. 15), S. 139 N. 17.

(226) Liebisch, a. a. O. (Fn. 16), S. 47. 贈与の主観的要件としての無償性の合意の内容は、結局、「無償性の本質」から引き出されるのであるが、これはあらゆる反対給付の欠缺であり、基本的には「法的義務も、道徳上又は儀礼上の義務も欠いていることを指す」とするが（S. 57)、リービッシュは、結論的には二分説を採る。

(227) Lorenz, Entgeltlich und unentgeltliche Geschäfte (Festschrift für Max Rheinstein zum 70. Geburstag am 5. Juli 1969) Bd. 2, 1969, S. 567.

(228) Grundmann, a. a. O. (Fn. 111), S. 478.

(229) Fischer, a. a. O. (Fn. 1), S. 80.

(230) Fischer, a. a. O. (Fn. 1), S. 80, 81.

(231) また、広告のために社名を冠した建物や設備の建設費用を給付したり、又はこれらの命名権をめぐる契約も贈与契約と捉えることも可能のように見えるが、対価関係の明確さから有償とすべきである。正確に何を指すかは不明であるが、「スポンサー契約」について、フィッシャーはスポンサーの利己的目的を理由に贈与から排除している。確かに、個人が名誉のため自己の名を記すか又は建物の名称とする場合に建築費用を給付する贈与契約が負担付にせよ贈与契約と解されうるのに対して、この場合は明らかに有償契約である。
(232) Erman/Seiler §516 RdNr. 8. 各種の贈与とは、目的贈与や負担付贈与、道徳上の義務の履行といった境界領域にある贈与であろう。
(233) Erman/Seiler §516 RdNr. 8.
(234) 目的贈与は、目的が対価たる反対給付と認められない故に無償の域にとどまることにおいて、負担付贈与と共通する。しかし、目的贈与は、期待された行為が負担のような受贈者の義務とならない点で、負担付贈与と区別される（例えば、贈与者が、出捐対象が一定の方法でのみ使用されるという「願い（Wunsch）」を表明する場合）。即ち、目的贈与も負担付贈与も、期待される受贈者の行為が贈与者の出捐と同等に対峙するのではなく、むしろ、単にその出捐を制限するにすぎないという点で、共通する。これらにおいては期待される行為は、反対給付の性格を持たない。「従って、因果的結合が『実際上の反対給付』の性格を有するのに対し、目的贈与は『実際上の負担』に関するものである」(Oetker=Maultzsch, a. a. O. (Fn. 140), S. 249, 250)。
(235) この点、フランス民法は、ドイツ・スイス法がこれを譲渡契約の領域に置くのと異なり、生前処分たる贈与と「死後処分たる遺贈とは共に恩恵行為［Libéralité］であると言う点に着眼し」たため、ともに相続との関連の中でとらえ、生前贈与を遺言と合体して相続に続けて規定しているのであり（柚木・前掲［注172］一〇頁、柚木馨、高木多喜男編『新版注釈民法（14）』一二頁〔柚木馨・松川正毅〕［有斐閣、一九九三］）、来栖教授は、死後に財産を保持することはできないのであるから、利他性の点において死因贈与と生前贈与とは異なるとするイエリングの見解を紹介される。贈与者の財産の減少は生前贈与においてのみ生ずるのである（来栖三郎『契約法』二二六頁［有斐閣、一九七四］）。
(236) Bucher, a. a. O. (Fn. 91), S. 155.
(237) スイス法では、贈与契約の概念だけでなく、無償性・有償性の概念もドイツと同様である。OR二三九条一項は、贈与概念が「反対給付の欠如」を基礎とするものであると位置づけており、無償性のみが要求されることはBGBにおけるより具体的で明確である。学説上も、無償性を排除する反対給付があるといえるためには両給付の間に法的関連性が必要であるとされ、それには双務的結合（zweiseitigen Verknüpfung）のほか、条件的結合性、因果的結合があればよいとされる。そして、後二者においては、刑事告発をしないことなどの、債務内容となることが許されない行為の約束も含まれる。出捐は、出捐受領者の反対給付と直接に関連しており、単なる反対給付への期待によりなされるのではなく、反対給付を自身の出捐によって得ようとしているのでなければならない（Maissen, a. a. O. (Fn. 91), S. 34, 35)。履行行為の場合に「反対給付」があったと言い得るのは、出捐に対する請求権を出捐受領者が有する場合、即ち、出捐が債務の履行となる場合がまず挙げられる。これには、契約上の債務の履行のほか、不完全債務の履行（時効にかかった債務（OR六三条二項）、博戯賭事による債務（五一三条）、婚姻仲立人の報酬（四一六条）など（Maissen, a. a. O. (Fn. 91), S. 31 N. 140)）、法律上の請求権の履行の場合がある（Maissen, a. a. O. (Fn. 91), S. 33-35)。基本的にはドイツ法と異ならないと思われる。

(238)　約因のない贈与を契約と認めないアメリカ契約法でも約因のない約束においても法的拘束力を生じる場合関するモラルオブリゲーションといわれるものが研究されている。「あらゆる法秩序において、二人の契約当事者間の単なる契約的合意が契約締結の効力に十分とされているか、あるいは、法的に保護される行為と、裁判所の保護に値しないものとを区別する、特別のメルクマールがなお要求されるのか、という問題」があり、ドイツ法圏での解決としては解釈によるのであるが、世界中で「法的債務を負わせる約束は通常、対価に対して、反対給付に対して与えられる」ものと認識され、これらに対して、贈与と無償の約束は法律的にいくらか標準的ではないものがあり、そのために「それらはあらゆるところで――さまざまなやり方でではあるが――特例として扱われるのである」(Zweigert, a. a. O. (Fn. 170), S. 349, 350, 353)。ドイツ法・スイス法において贈与契約の拘束力が弱いことは、このことに関連する。但し、そのあらわれは各国により異なるのである。

第三章　日本法の検討

これまで見てきたドイツ法及びスイス法と異なり、日本の贈与法には道徳上の義務の履行に関する規定はない(1)。このことから、日本の贈与観はドイツ法・スイス法と異なるものであると一応推測しうる。しかし、日本法における贈与概念は無償契約とされる点でドイツ法と同様であり、現在では解釈によりドイツ法におけると同様の効果が認められ、日本贈与法の独自色は薄まってきていると言われている。即ち、民法上の規定によれば、書面によりなされた贈与契約は贈与者が撤回したり、抗弁を主張したりすることはできない。しかし、当事者間の関係が悪化しても、当事者が生活苦に陥ろうとも、契約の効力が左右されないことは、有償契約では当然であっても、贈与契約においては、このような忘恩・困窮という事態に至ったときに法的拘束力を認めては合理性を欠く、という意識は存する。このため、贈与においては履行前も履行後も、負担不履行や信義則違反等を理由に解消を認める判例があり、これを忘恩や困窮という事態の処理であると位置づけ、様々な構成でこれらを積極的に認める学説が多い(2)。

そこで、以下では、日本贈与法での「道徳上の義務の履行」の捉え方、及び立法過程における議論から、そのような贈与法の基礎となっている贈与観を探り（第一節）、贈与契約とされているのがどのような範囲のものかを見て、日本贈与法の発展とその限界について考察した後（第二節）、最後に、贈与観の転換の必要性を論じ、これに伴う贈与契約の類型化を試みたい（第三節）。

第一節　日本法における贈与観

ドイツ法におけるＢＧＢ五三四条、及び、スイス法におけるＯＲ二三九条三項は、いずれも道徳上の義務の履行の場合には贈与法を適用しないとする方向の規定である。これらが、この種の契約の性格ゆえにこのような扱いをすると考えられることはすでに見た。これらが、例外を規定することによって、贈与が原則的に Liberalität であることを示し、この限定的贈与観を浮かび上がらせるものとするならば、このような規定を持たないことは、日本法の基本的贈与観の独自性の反映なのであろうか。

そこで、道徳上の義務の履行約束がどのように見られているか、即ち、これが例外的なものとされ、又は贈与から除外されるべきものであるかについて、裁判例や学説を概観し、また、立法過程での議論を参照して、独自性をもつ贈与規定の基礎となる贈与観を考察していきたい。

一　判例

「社交上の義務」「徳義上の義務」を履行する贈与であることに言及した判例は少なく、単なる贈与と見られている。但し、道徳上の義務とされていなくても、ドイツ法の概念によればこれに該当しうると思われる事例もある。道徳上の義務の履行の代表例の一つである報償的な贈与(3)、即ち、過去に為された労務に対する報酬の趣旨で任意に為された給付約束は、若干の裁判例で問題となっているのである。

贈与契約の成否、取消が日本の贈与法の下で問題となる場合、民法五五〇条により、①贈与「契約」の存在②書面性③履行が終了しているかといった点をめぐって争われることになる。(4) また、④負担付贈与等の構成で実質的に忘恩行為による撤回が導入されていると学説上評価されており、このような撤回と見うるものも争点となるであろう。以下では、その内容からしてドイツ法で道徳上の義務が問題となりうるような判決例を、事案の内容ごとに挙げる。即ち、徳義上の義務の履行としてなされたもの（1）、報酬的な趣旨でなされた贈与契約（2）、親族間の贈与契約（3）についての裁判所の態度を見た上で、若干の考察を試みたい（4）。

1　徳義上の義務の履行

徳義上の責任に基づいて為された贈与であることを明言する判決がある。

［1］　大判昭和一三年九月二八日（民集一七巻一八九五頁）

事案は次のとおりである。訴外A銀行が預金払戻不能の状態に陥ったため、監督官庁たる大蔵省当局が、当時の取締役であった被告Yらを招き、善後策として私財の提供を勧告した結果、Yらはこれを承諾し、重役一同の名前で無担保債務の払戻資金として一五万円の私財を提供する旨記載した整理案を作成し、預金者一同に配布してその了解を求めた。YらはA銀行には大蔵省に提出した私財提供書の写しを差し出し、預金者代表との会合の席上でも、重ねて私財提供の趣旨を声明したため、原審はこれを銀行と取締役の書面による贈与契約であるとして、預金者の請求を認容した。この整理案は実行されず、Aは解散し清算会社となった。

大審院は、「損害填補義務ナキ者カ其ノ填補ノ為メ相手方ニ対シ無償ニテ財産ヲ与フルコトヲ契約スルヲ即チ贈与契約ニ外ナラス」とし、銀行に対する「徳義上ノ責任ヲ感ジ」て損害を填補するためであっても、単なる贈与であるとする。そして本件の場合、書面による贈与が黙示的に成立する。

本判決について、加藤永一教授は、書面による贈与契約の黙示的成立とは無理な構成であり、これは、当事者の関係や動機等を総合的に考察した上で、当該贈与契約の拘束力を強めるべきであるという結論の妥当性から引き出されたものであるとする。(5)「贈与の書面が、贈与者の『意思ノ明確ナルコトヲ期』するものであるとすれば、黙示でも明確だとするのは強弁に近い。あまり明確でないときにこそ『黙示の』合意が構成されるはずだから(6)」、意思を明確にするはずの書面が黙示に作成されるはずがない。(7)これは、「私財提供書」が贈与者（＝重役）と受贈者（＝銀行）との間に取り交わされたわけではなく、厳密には銀行との間で書面による贈与の合意はなされていないため、黙示の贈与の合意を認定せざるを得なかったのであろう。私財提供書の写しの差入れも「そのための一資料」としているが、「一資料にすぎないものがどうして贈与の書面といえるのか」も説得力に欠け、「取消を否定するための、いわば強引な構成であるといえる(8)」。このように無理な構成を採っているのは、法的義務はなくとも、損害を被る債権者に対して、経営者が道徳上責任を感じて弁済資金を給付する約束をした場合には、撤回を許さないという趣旨であると見ることができる。よって、個人預金者を含む債権者に対する道徳上の義務というものを重く見て、銀行への贈与がその履行であることから、裁判所が特に緩やかに書面性を認めたものと評価することもできる。整理案が通らなかったのに贈与の履行請求を認めた点を見れば、清算の回避を対価とした契約ではないとされていると見ることができる。しかし、私財提供を道徳上の義務の履行と考え、その拘束力を強化したものと分析することは可能であろう。

2　報償的な贈与

報償としての贈与とは、受贈者又は第三者への配慮に対する感謝の念を動機とするものであって、先行役務が

「計数的にはっきり量れるものではない」ために対価となりえず、贈与とされるといわれている。(9)

(1)　雇用関係のない当事者間での贈与

［2］　大審院昭和一三年一二月八日判決（大審院民事判例集一七巻二二九九頁）

事案は以下のとおりである。村の財産保全に功労のあった村民に対する給付約束につき村会決議がなされた。この村会決議に基づき村長が口頭で慰労金支払契約をした後、村長が更迭され、村会が贈与取消の決議をし、村が支払を拒んだので、受贈者である村民が支払を請求した。

本判決は、村会の予算案や議事録といった書面に基づき、贈与の意思があった事実は認定したが、これらは「書面」ではないとして、書面によらない贈与とし、請求棄却したものである。これらは受贈者への意思表示のために作成されたものではなく、その記載中に贈与の意思表示を含まないからである。

本判決に対しては批判もある。まず、書面性を否定する点について、来栖教授は本件では書面性を肯定してもその趣旨に反しないと批判される。(10)さらに、三宅教授は、これを贈与とすること自体に疑問の余地があるとされる。(11)これは、本件贈与が報償の趣旨でなされたことを考慮し、報償的贈与が贈与とされるべきでない場合を認める三宅説に立った批判であると思われる。

本件を実質的に見れば、受贈者となったのは退職したもと村長であり、いわば功労あった会社役員への退職慰労金に類似する実質を有するといえよう。村長更迭を機に生じた紛争でもあり、後述の中小企業内部の仲たがいによる事例と類似の経緯であるといえ、先行役務の対価や報酬であるかが不明確であり、功労の有無ないしその額の評価が困難な事例であろう。本判決が贈与契約として書面性の否定で処理したこと、法的拘束力について否定的であることは、これらの事情によるのかもしれない。

［3］　最高裁昭和四一年一〇月七日判決（民集二〇巻八号一五九七頁）

事案は以下のとおりである。Ａの妻の連れ子Ｙは一六、七歳頃から父の耕作補助者として土地を耕作してきたが、家を出て渡満し終戦後引き上げてきたＡの実子Ｘが父所有の耕作地を耕作するようになった。ＡはＹが長く耕作してきた土地の耕作をやめさせられたことを不満に思っていると察し、本件土地をＢから購入しＹに耕作させていたが、Ｙが結婚する際本件土地をＹに贈与し簡易の引渡をし、ＢからＹに中間省略登記がなされている。ところが、この農地の贈与について、農地法によって必要とされる知事の許可を得ていなかった。Ａの死後Ｘは贈与を取消し、遺産確認と、ＢＹ間の移転登記抹消を請求した。

最高裁は次のように判示し、Ｘの請求を認容した。贈与契約が停止条件附のものであって、まだ右停止条件が成就していない場合には、たとえ事前にその引渡があっても、なお贈与契約は取消すことができると解すべきである。よって、農地法による都道府県知事の許可を停止条件とする書面によらない農地の贈与契約は、右停止条件の成就前であれば、引渡後でも贈与契約を取消すことができると解するのを相当とする。被相続人もその相続人Ｘも許可申請手続さえしていないのであるから、本件農地の贈与契約の停止条件は成就していないとして、Ｘのした贈与契約の取消を認めた。

これは条件不成就を理由に贈与の効力を否定した判例であり、停止条件が付されているため契約時に所有権が移転していないという特殊性が指摘される。そのために、通常の贈与よりもよりいっそう効果が弱く不安定で浮動的であるから、法的拘束力を認めるには引渡だけでは足らず、知事の許可申請をする等の事情を要するとしたものとする見解もある。(12)これに対し、多くの見解が本判決を批判する。例えば、本件贈与の実質的意義からすると、贈与者が贈与対象たる本件土地を買い受けてから贈与までは占有補助者として、それ以後贈与者が死亡するまでは自主占有者として、受贈者が土地の占有を続け耕作しており、贈与者の動機には受贈者の過去の労働の代償という意味が含まれていた。このことからすれば、信義則違反等を理由に取消を認めてはならない事案である(13)。また、この紛争は、実質的には事実上の養子と相続人との遺産争いともいえ(14)、その点についての配慮も必要である。さらに、本件譲渡は、受贈者の過去の労働に対する報償であるとともに、その後の贈与者夫婦の扶養の対価であるとして、「これらが対価的関係にある一種の無名契約」の可能性を考える見解もある(15)。これは受贈者の先行役務と受贈者による将来の扶養とを反対給付と捉えるものであり、注目に値する。いずれにせよ、先行役務に対応する出捐契約という観点から、強い法的拘束力を認めるべきであったと思われる。本判決では、引渡はあるが許可申請手続をしていないという状況につき「履行」概念が争点とされているが、法定の停止条件にすぎないのであって、効果意思に関連して法的拘束力を弱め不可撤回効の要件を加重する要素はないように思われる。但し、本件では単に条件が成就されていないというだけでなく、「知事の許可による適格性ある農地の移動の確保」という農地法の立法趣旨に関係する特殊性を有するとの指摘がある(16)。

[4]　東京高裁昭和四六年二月二六日判決（判時六二三号七九頁）

事案は次のとおりである。被相続人Aが、A死亡時まで同居を続けた内縁の妻Xに、二回の贈与をしている。死亡前妻との間の四人の子女の面倒を見てくれるという条件で内縁関係に入るにあたり、第一の土地を贈与し、死亡直前にXのためを思って第二の土地を贈与したのである。ところが、これらの土地について、Aの死亡後その相続人Yが相続登記してしまった。Xは所有権確認、移転登記を請求し、Yは贈与の取消を主張した。

本判決は、両土地の引渡は遅くともAの死亡時には終わっているとして、贈与の取消の意思表示は効果を生じないと判示した。その理由は、これらの土地は借地人に賃貸され、その余の空地はAが野菜などを栽培していたが、その地代の取立受領はAとXが共同でその衝にあたり生活費等の支払に当てていたこと、野菜栽培にはXが主力となって従事していたこと、そして、Xは二六年余りもAと同居して子女四人の面倒を見ながら家事を取り仕切り、妻ならびに母親として一同から頼りにされていたこと、その間特段のあやまちの事実はなく、Aが贈与を撤回したと見られる事情もないことである。権利証の移転がなくても相互の信頼が持続する限り内縁夫婦の間で登記関係書類等の交付がないことはありうるのである。その上、判決は「別の理由」からも取消の効果はないと解すべき旨を、特に付け加えている。即ち、Xは二六年余りAの内縁の妻として同居し、家事育児につくし、十分にAの信頼を得ており、第二の土地の贈与はそのことも考慮されての上であることは推察に難くなく、第一の土地の贈与は短期間に不縁となる場合には撤回する意向があったかもしれないが、その心配も二六年の功績で霧消したはずであるから、Aは死亡時まで本件贈与を取消す意図はなかったことは明らかである。相続人Yが取消の意思表示をすることは被相続人Aの意に反しており、「Aの死後の特別の事情、たとえばXに著しい忘恩の所業があったとか、Yの生活が困窮するに至ったとかが認められない本件においては、Yからの取消は信義に反し、その効果を生じないといわなければならない」としている。

本判決は、Xの内縁の妻としての「二六年の功績」を重ねて強調している。それを前提として、共同で管理してきた土地の不明確な引渡を「履行」と認め、また、取消の効果を信義により否定したものである。第一の土地の贈与は子女の養育を含めた献身を条件や目的とするものといえ、有償的であったと考えられるが、その目的は十分達成されている。また、死亡直前の第二の土地の贈与は、婚姻届をしていない内縁の妻に対する、長年の共同生活における役務を考慮してなされた報償的な趣旨の贈与であると考えられる。本判決は長年の献身に報いる贈与について、「履行」を認定することで撤回され得ないものとし、Xの忘恩やYの困窮が認められない以上、贈与解消の事由はないとしている。判旨は、報償的な贈与の実質に対する配慮が特に強調されたものとなっており(17)、この点、妥当な考えが示されていると思われる。

［5］　東京高裁平成六年七月一九日判決（判タ八七〇号一八九頁）

事案は次のようなものである。Ｘから長男Ａに対し一括した農地の贈与がなされ、その三年後にＡが死亡した。Ｘは本件贈与は受贈者Ａらが贈与者Ｘ夫婦と同居し扶養し困窮に至らせないとの負担付であったとし、家を出て農地を処分するなどした、Ａの相続人である妻Y_1及び娘Y_2の負担の不履行を理由として、贈与を解除した。

本判決によれば、負担不履行の原因がすべてＹらにあるとはいえないが、家を出て他で暮らすこととなったＹらが、Ｘ夫婦の生活や立場を配慮することなく農地の一部を処分するなどしてＸ夫婦を困窮に至らせたことは、過剰な行動であり、負担不履行の責任の一半はＹらにあるから、Ｘの解除は効力を生じたものとする。しかし、本件の贈与がなされるに至るまでには受贈者（長男）Ａ及びその妻Y_1による約三五年にわたる家業への貢献があったのであり、本件の贈与は、このような貢献に対する「報償の趣旨」が含まれていることは否定できない。また、長男への贈与とはいえ、それは妻子を含めて、その家族の生活を維持することをも目的としており、Ａの急死によってそのような家族の生活維持の必要は減少しないどころかむしろ増大しているといわねばならない。このように本件贈与に含まれている趣旨・目的を考慮にいれると、前記のような贈与の負担が履行されない場合でも、その原因がＹらのみの責任に帰すべきであるとはいえない本件のような場合には、贈与契約を全面的に解除することを認めるのは相当ではなく、解除の効力が生じるのは贈与物が負担の履行に利用されるべき範囲を限度として、双方の今後の生活を考慮にいれて決定されるべきであるとされ、解除の効力が贈与対象農地の一部に限定して認められた。

本判決は、家から出たＹらが、Ｘ夫婦の生活や立場に配慮することなく、農地を第三者に賃貸、処分し、生活を困窮に至らせていることから、忘恩や困窮を理由とする撤回を、負担付贈与の構成で認めた裁判例であると位置づけられている(18)。負担の不履行が生じた原因としては、Ａの弟等第三者に屈して父親Ｘが贈与を否定し始めＹらが孤立するという事態が存在したが、扶養料支払等もなしにＸらを困窮させるような農地の処分等をなした、

Ｙらの行為はなお「過剰な行動」とされており、忘恩行為とされうるものであろう。本判決は、負担不履行による解除の効力を認めるものの、それは贈与の趣旨から贈与対象の一部のみについてに過ぎないものとする。これは責任の所在も考慮して、負担の履行に必要な範囲に解除の効果を制限するもので、負担付贈与に関する民法五五三条の解釈としてありうるものかもしれない。しかし、負担付贈与は形式的な構成に過ぎないと考え、忘恩行為の事例と見た場合、この点に忘恩行為による撤回を認めるにあたっての重要な問題提起が示されている。即ち、Ｙ側に、Ｘ夫婦を扶養することを放棄しただけにとどまらず、農地の賃貸や処分により贈与者を困窮に陥れる積極的な「忘恩行為」があるため贈与は解消されうるが、受贈者側の三五年の貢献への報償と今後の生活維持という趣旨に鑑み、解除の効力を部分的に制限しているのである。このうち特に家業への過去の貢献が考慮された点については、報償的な趣旨の贈与契約においては、その限りでは解消を認めてはならないとの判断が存するものとして、注目すべきである。また、贈与者夫婦の将来の扶養のために為された分については、有償的な取引があったと考えるのが実情に合致するであろう。そして、本件の場合、出捐の目的は達成され得ない。

⑵　雇用関係の領域での贈与

過去の役務に対する任意の給付契約のうち、先行役務が有償の場合には企業関係の事例が多く、退職時の給付は広く有償性が認められることが多い。企業における退任役員への給付の場合、報酬はすでに支払済みであるにもかかわらず、有償とされることがある。また、商法上取締役の退職慰労金は商法二六九条の取締役報酬に含まれると解されており、このことは同条の趣旨から導かれるが、職務執行の対価たる報酬の性質である点が根拠となっている。[19]実務的には、同条をめぐり、取締役が代表取締役兼大株主である者と仲たがいする形で退職した場合に、退職慰労金を支給する定款規定や株主総会決議がないことを理由に会社が約束した支給を拒む事件が、特に中小企業をめぐる紛争にはしばしば現れる。商法二六九条により定款又は総会決議によって金額を定められていなければ会社に支払義務は発生しないとする判例（最判昭和五六年五月一一日判時一〇〇九号一二四頁）もあるが、同族会社という会社の実態から見て、そのような支給約束を無効とする主張は許されないという裁判例（大阪地判昭和四六年三月二九日判時六四五号一〇二頁）、また、すでに辞職した取締役に対して代表取締役が退職慰労金三〇〇〇万円の支払を内容証明郵便で通知した事例で、同社の株主総会が開催されたことが一度もないワンマン会社であることもあって、株主総会決議を行わなかったという手続違背のみを理由に支払いを拒絶することは衡平の理念からして許されないとする裁判例（京都地裁平成四年二月二七日判時一四二九号一三三頁）もある。(20) このような状況にあって、裁判例にはこれを贈与の問題とするものもある。

[6]　東京高裁昭和五九年八月二七日判決（判タ五四五号一三八頁）

もと代表取締役に対する相談役料給付を贈与とする裁判例である。事案は以下のとおりである。創業者で代表取締役社長の地位にあった者が、健康状態がすぐれなくなり、社業にもほとんど関与することができなくなったので、取締役を辞したが、会社から手を引いた後の生活の面倒を見てほしいと要請した。そこで、「相談役」「相談役会長」としてこれに対する報酬の名目（但し、途中からは税務対策上そのうちの半額を寄付金の名目）で支払われていたが、後に拒絶された。

本判決は、相談役として期待される職務はなく、もと代表取締役は実際に業務の遂行に当たったこともないこと、取締役在職中には報酬を、辞職の際には退職慰労金の支給を受けていることから、取締役在職中の職務に対する報酬と見ることもできないことから、この契約を終身定期金契約の要素を含む一種の贈与契約と見るのが相当であるとした。そこで、書面の作成がないとして取消しうるとした。

この受贈者たるもと代表取締役は、創業者でもあり功労は大きかったと思われ、これを先行役務とした報償的贈与といえるかもしれない。しかし、特別の功労の金銭的評価は困難であり、報酬と退職慰労金のほかに、当該給付額を終身受けるべきほどのものであったとは判断されなかったとも分析することもできる。

3　親族間の贈与

親族間の贈与においては、他人に対する贈与よりも、贈与契約の存在が比較的認められやすい。この場合には先行役務に対する報償という事情とは別の要素が現在でもなお存在しているようである。まず、親族間の分家財産の贈与の場合、通常の贈与よりも義務的色彩が強いように思われる。また、扶養にかかわる贈与も存する。これらについて見ていきたい。

(1)　分家財産の贈与

［7］　最高裁昭和三七年四月二六日判決（民集一六巻四号一〇〇二頁）

事案は次のとおりである。被相続人が農地を宅地に転用し息子Xに贈与するため県知事の許可を得たが、登記手続を経ないまま死亡した。Xはすでにそこに居住していたが相続を放棄し、Xの実兄Yが本件土地を相続した。YはXを分家させるべく本件土地を宅地用地としてXに贈与することとし、XY連署の農地転用許可申請書等を県知事宛に提出したが、その後、両者の感情的行き違いからYが贈与の解消を求めたものである。

最高裁は、県知事に対する農地所有権移転許可申請書に書面性を認めた。上告理由においては、村の功労金支出が記載された予算書及び議事録の書面性が否定された［2］判決が援用され、贈与の効果意思が表れていない点では本件と同様であり、書面のない贈与であると主張された。しかし、最高裁は、申請書には、譲渡人、譲受人と表示して各記名捺印がなされ、「権利を移転しようとする事由の詳細」の項に本件農地を贈与する旨、「権利を移転しようとする契約の内容」の項に無償贈与とする旨の各記載があることを理由に書面性を認めた。

ところで、その原審である仙台高裁昭和三六年八月二三日判決（下民一二巻八号一九五三頁）においても書面性は認められているが、(21) ここでは忘恩行為も争点とされている。YはXがかねてよりYに対して不都合な行為をなすことが多く、Y方に押入ってYの妻に暴力を振い、同女の左背部に全治二週間を要する打撲症を負わせたことがあるため、Yは背恩的行為を理由に贈与契約を取消した旨主張したのである。原審は、Xがかねて商売上のことからYとの間に感情の対立を生じており、Y主張の日Y方において些細なことでYの妻に暴力を振い、主張のような打撲症を負わせたことを認定しながらも、ドイツ民法五三〇条のような受贈者の背恩的行為に基づく贈与者の取消権に関する規定がないから、これをもって直ちに贈与の取消理由とはなし得ないと判示した。

まず、本件贈与の書面性に関しては、判例の書面性認定の緩和の方向にそったものと評価されている[22]。また、原審で争われた「忘恩行為」に関しては、Yの家族に傷害を負わせた事実がありながら解除が認められなかったのは、被相続人の口頭の贈与があり、Xの相続放棄がこれを前提としていると見るべきであり、分家財産の贈与は、先行する相続放棄の対価か、Yの道徳上の義務であったといえることが影響しているのではないかと考えることもできる。家族への暴力にまで及んだというのに忘恩による撤回の構成が試みられていないのは、このような事情への考慮が存すると思われるのである。広中教授は、離婚の際の財産分与と類似するものとして、共同相続人間で一方が相手方に対して一定のものを与える代わりに相手方は相続を放棄するという内容の契約を、「贈与のように見えて実は贈与とみるべきでないような行為」とされる[23]。それならば、有償性が認められるかといえば、分家財産の贈与については、本家、分家といった前近代的要素が入り込み、必ずしも常に主観的等価性を伴うとすることは難しく、贈与とするのが妥当のように思われる。

(2)　扶養のための贈与

扶養にかかわる判例には、継続的扶養料支払に代えて財産が贈与される場合と、受贈者が贈与者を扶養することを条件として土地等の生活の基盤や全財産が贈与される場合とがある[24]。しかし、本稿で道徳上の義務の履行として扱うのは前者のみである。後者は「一種の取引」であり[25]、忘恩行為の問題とされるケースが多いが、後述す

われる場合に限定する。(26)

るように、有償行為との境界が問題となると考えられる。よって、ここでは、受贈者の扶養のために贈与が行

[8]　仙台高裁昭和三九年二月五日判決（民集二二巻一号三五頁に併載）

次のような事案である。父親Xから非嫡出子Y_2とその母親Y_1に対する杉立木の贈与契約がなされた。これは、Y_1がXに他の女ができたと伝え聞き相当の財産を得ておこうと、Y_2の相続権を放棄し将来一切の請求をしないと誓約したため、Xは以前にもY_2に山林を贈与していたが、しぶしぶ本件山林に生立する立木のうち間伐すべき三〇〇〇本を贈与することとしたというものである。後にY_1らが約束とちがって勝手に伐採したため、Xが贈与の効力を争い、立木贈与契約無効確認、杉丸太所有権確認、損害賠償請求をした。

贈与契約の有効性については、本判決のほか第一審でも争われ有効とされている。第一審である福島地裁昭和三四年五月六日判決（民集二二巻一号一八頁に併載）では、相続権放棄の効果が家庭裁判所の許可を待たず即時に生ずるものと誤信していたことについて、錯誤無効の主張がされた。しかし、本判決は、立木無償譲渡証書と誓約が同時に交換されているため、相続放棄を「贈与契約の動機」の表示としつつも、Xは贈与契約締結当時、Y_1、Y_2、特にY_1の将来のために相当の財産的出捐をしてやらなければならないと考え、適当な時期に適当な方法でするつもりでいたのであり、裁判所の許可もまったくの不可能事ではないから「要素の錯誤」に当たらないと判示した。(27)控訴審である本判決も、贈与の目的物たる立木三〇〇〇本が本件契約では特定せず将来の協議を要するものであったことを勘案すれば、相続放棄の意思表示もこの再協議と対応して将来適切な時期に適当な方法手続（遺留分放棄の手続等）をとるべきことを約する程度の意味に解するべきであるとして、Y_1の相続放棄の即時発効が贈与の交換条件であるとはいえず、これが贈与契約の要素であるともいえないとして、錯誤無効の主張を斥ける。なお、上告がなされ、最高裁昭和四三年一月二五日判決（民集二二巻一号一頁）はこれを棄却した。(28)

本件贈与は、父親が非嫡出子の将来のために相当の財産を出捐したものであり、扶養義務の履行とされない限り、道徳上の義務の履行たる贈与とも見うる事案であると思われる。相続権放棄という子の側の犠牲があるが、出捐も犠牲もいずれにせよ実現には協議の必要な将来的なものであるし、相続権放棄がなされないなら当該出捐をしないとまでするものかは疑問であることから、要素の錯誤を否定したのである。ところで、有効な贈与契約の存在を認める方向性を採るのは、このように取引的なものでもありうること、また、父から非嫡出子への出捐であり、道徳上の義務を履行するものであるといえることを考慮したものであるかもしれない。

4　分析の試み

以上、道徳上の義務の履行と見られるものを挙げてきたが、日本法においても、その法的拘束力は強いものとされているであろうか。贈与契約の法的拘束力に関する訴訟での争点としては、そもそも有効な贈与契約の存在の認定自体も争われうるが、民法五五〇条ゆえに「書面」「履行」の有無が争点となっている。さらに、若干の判例で、負担不履行による解除等の構成で、忘恩行為を扱うものとされる、背恩的行為による贈与の解消が問題となっている。これらについては、判例において「書面」「履行」の意義は緩やかに解されており、それはこれら形式的要素よりも贈与の前後の経緯や目的を視野に入れようとする裁判所の態度の反映であると考えることができる。そのため、書面や履行の意義は事案依存的となり、一義的な定義は困難であるとの指摘さえある(29)。とすれば、書面や履行をめぐる問題と、その他の取消をめぐる問題のいずれでも、贈与の実態に関する要素が考慮されることとなるため、その意味で「連続体」であるとする見解がある(30)。では、書面性に関する贈与契約の「成立における法的拘束力」と、その後の贈与の解消に関する「存続における法的拘束力」とを連続的なものとして(31)、贈与契約における法的拘束力の弱さを考えるとき、道徳上の義務の履行たる贈与契約の場合に特にこの弱さが認められないという傾向は見られるであろうか。

ここに挙げた判例の中で言えば、有効な贈与の認定については仙台高裁昭和三九年二月五日判決（前掲[8]非嫡出子への扶養に代わる贈与の事案）、書面性については大審院昭和一三年九月二八日判決（前掲[1]取締役が私財提供の約束をした事案）と最高裁昭和三七年四月二六日判決（前掲[7]弟を分家させるための贈与の事案）、履行については東京高裁昭和四六年二月二六日判決（前掲[4]内縁の妻への贈与の事案）、忘恩行為による撤回については東京高裁平成六年七月一九日判決（前掲[5]報酬の趣旨でなされた贈与を負担不履行で解除してもその効力は一部に限定されるという事案）と最高裁昭和三七年四月二六日判決の原審である仙台高裁昭和三六年八月二三日判決（前掲[7]の原審。贈与者の妻に対して受贈者が傷害を加えたにもかかわらず分家財産の贈与の取消は認められないという事案）にその傾向が見られると、大雑把ではあるが、いうことができる。

その内容を見ると、贈与が報償的趣旨である事例では、日本法も効力の強化の必要性を明確に認めているように見える。例えば、東京高裁昭和四六年二月二六日判決（前掲[4]）は、「履行」の認定にあたって、同居し家事や四人の子女の養育をするなど、受贈者の贈与者への二六年あまりの献身を重ねて強調している。さらに、忘恩行為による撤回を認めた例と評価されるが、その効果を制限した判決として、東京高裁平成六年七月一九日判決（前掲[5]）がある。これは、受贈者側に諸般の事情からしても「過剰な」行為があったケースであり、これにより贈与者を困窮に陥らせたままにしており、負担不履行による解除権行使が認められている。それにもかかわらず、この贈与には三五年にわたる家業への貢献に対する報償の趣旨が含まれることを考慮し、諸事情から負担の履行に必要な部分についてのみ解除の効力を認め、それ以外は今後の双方の生活を考慮して決定すべきであるというのである。負担付贈与において負担不履行による解除が認められる場合、その効力は贈与物の全部に及ぶのが一般的であること[32]、忘恩行為によっても贈与の全部が撤回されることからすると、ここで一部解除の効果しか認められないのは、義務的贈与の場合に忘恩規定の適用を排除するＢＧＢ五三四条の趣旨と同様の考えが存するからではないかと思われる。即ち、解除を認めるものの、贈与にはそれまでの家業への貢献の報償の意味も含まれるのであり、よって、この部分はLiberalität ではないため、忘恩による撤回を認めない。但し、この事案では、家業、生活の基盤を贈与しており、報償の趣旨のみならず家業の継続による贈与者夫婦の将来の扶養も目的としていると考えられるから、報償的贈与と扶養を目的とする有償行為の組み合わせであると考えられる。後者の部分については、後述のように、債務不履行解除や目的不到達による清算がなされるべきであったと考える。贈与者と受贈者側が別居に至った以上、それぞれの今後の生活を考えてあえて分割したという結論は実際上妥当であるが、このことを導くにあたって少なくとも報償的贈与の部分については、贈与の解消を認めてはならないことを示す点で、本判決は重要な意義をもつものである。特に、忘恩規定の例外として発展したBGB五三四条を参照するにあたっては、忘恩行為による撤回を制限した事例としてこれは非常に示唆に富むものといえる。

報償的なもの以外では、親族間の贈与として、分家財産の贈与や扶養のための贈与があるが[33]、ここで見たものはいずれも贈与契約の拘束力を肯定する方向での判決である。まず、裁判所は分家の慣行を公認し、それが贈与の動機として十分なものと考えているという[34]。そして、このような贈与は、当事者にとっても、一種の必然的な行為、ないし義務的なものと意識され、心理的強制に裏付けられている場合が多い。この点、分家財産の贈与は、贈与者に分家慣行を守るという「義務感」があるのであって「無償の行為としての自発性」が予定できるかさえも疑わしいという見解もある[35]。これは、分家に関する義務的な色彩の贈与がLiberalität と異なり、効果意思を認め易いというものである。

以上によれば、社会において、主観的な道徳上の義務感に基づくと見られ、効果が認めやすいとされる事例群は、日本法においても存在するといえる。報償的贈与か道徳上の義務の履行かは実際上区別が困難であり、判例はこれらを一律に贈与とするものであるとの指摘があるが[36]、これらの場合は、当事者が強い法的拘束力を予定していると考えうる。これに対し、そのような背景のない贈与契約は、たとえ訴訟にいたっても契約自体認定されないことも多い。「ただで物をやる」約束をしたとの認定は難しいのである。(37)「動機と関連づけて考えると、このように、さまざまな程度の社会的拘束力をもつものがみられる」にもかかわらず、これらの贈与が「一括して法的に処理されている」のが日本法の実態であるとされている。(38)贈与のような一方的出捐約束は、その実質によって様々なレベルの法的拘束力を有すべきものであり、日本法でもドイツ法でも本質的には意思解釈の問題である。しかし、ドイツでは贈与法を中心に一応適切な基準が用意されているところ、日本贈与法はこれを一括して扱っているのである。

二　学　説

道徳上の義務の履行としての贈与契約を特に取り上げて論じる学説は少ない。むしろ「報償的贈与」について論じる見解の方がこれより若干多い。(39)そこで、以下では、道徳上の義務の履行や、これと関連する報償的贈与に関する見解を挙げ、分析を試みたい。

1　報償的贈与の有償性を問題とする見解

(ア)　倉田説は、「平常受贈者に家事の世話を受けている」ときなどに、報酬の意味を附して財産的利益の授与が行われるものを「報酬的贈与」とし、「相手方ある単独行為であるとともに有償的行為としてこれを解する」のが妥当であるとする。そこでは、「自己の精神的負担（精神的借財）を幾分でも返済ないしは軽減する趣旨で」なすことに、「有償性を観取することができる」からである。(40)

この見解は、法的義務なしになされる報償的贈与を有償としており、精神的負担の軽減を対価とする点で、有償性を広く認める見解である。この論理は、道徳上の義務の履行の領域において有償性を拡大しようとするドイツ法の少数説に共通するものが存するように見える。しかし、相手方ある単独行為として契約性を認めない点については独自性をもつ見解であるといえる。

(イ)　三宅説は、財産を与えることが道徳上の義務、社交上の義務であっても贈与であるとする。「報償的贈与」については、これを「相手方の過去の労務ないし功績に対し、契約所定の報酬に追加して、または報酬支払の契約がないのに、金銭その他の財産を与えること」と把握した上、法律上の義務のない任意の行為であるが、金銭に見積もることのできる労務や功績である限り、その対価としての給付ないし給付約束であって贈与でないとする。これに対し、金銭に見積もることのできない相手方の行為に対し、謝礼としてなす給付は贈与であるとする。

これは、先行役務の性質によって贈与性を決する見解である。有償性が対価的意義を有する出捐の対立であるとして、反対「給付」にも「出捐」の経済的性格として金銭に見積りうる財産的利得を要求するものと見ることもできる。この場合の有償性は双務性を備えることも多いであろう（民法三九九条参照）。

(ウ)　柚木説も、道徳上の義務の履行を贈与とする。その根拠として、ＢＧＢ五三四条が道徳上の義務の履行を贈与としつつ、忘恩や困窮の場合の撤回や返還請求を排除するのであるが、そもそも日本贈与法はこれら撤回権や返還請求権を認めていないのだから、特則を設ける実益はないことを指摘する。よって、道徳上の義務の履行も、単に贈与とすれば足りるのである(41)。これに対し、役務に対する「報酬として自由意思をもってなされた給付」は、現実に給付された場合には有償行為である。儀礼贈与が社交上、エチケットとして単に謝意を表するものに過ぎないのと異なり、既存の法律上の義務はなくてもなお報償の正義としてすでに受けた労務に対して対価を与えようとするものであり、当事者は有償の合意をしているものと解するべきであるからである。但し、給付の約束が為されたにすぎない段階では「別個に解すべき場合があろう」とされ、カフェー丸玉事件を念頭において、「自然債務だけの法律的拘束力」を認めればよい場合があるとされる(42)。

この見解は、日本贈与法の内容が、ＢＧＢ五三四条が規定する内容と類似することを指摘しており、贈与法全体を視野に入れるものである点で重要な意義を持つ。しかし、忘恩を理由とする解消等が認められてきた現在でも、このことが妥当するかは疑問である。報償的贈与の場合にはむしろ有償の合意とするが、約束の拘束力について、法的強制を認めるべきでない場合があるとするのは、このような約束が完全な効果意思によるものでない可能性を認めるものであろう。

(エ)　来栖説は、日本法の贈与観として義務的な贈与を論じるためか、道徳上の義務の履行を特に類型化することはないが、報償的贈与を「特殊の贈与」の一つとして挙げ、このような特殊の贈与の性質については、「有償と無償の構成部分から成るので、それを有償だ無償だと、いずれかに決め難いし、また決める実益もない。むしろ個々の行為に付き、どの点で無償の規定をあてはめ、どの点で有償契約としての取扱をすべきかを、具体的に決すべきであろう」とする。[43]具体的には、一般に贈与の規定に従うべきであるが(例えば書面性)、忘恩による撤回を認める法のもとではこれを排除することが考えられるし、現行法においても過失ある場合の贈与者の担保責任を認めるべきであるとする。[44]

このように有償無償といった性質を定めないものの、特に忘恩行為を想定して特殊な扱い、例外的扱いを許容することについては、日本法においてもＢＧＢと同様の限定的な無償性を採る余地があるということを導きうる見解といえる。また、この場合には贈与性の有無という性質から画一的に処理するのではなく、各規定の目的に即して処理をすべきことを主張しており、有償無償の境界領域に対する姿勢として、スイス法ではなくドイツ法と類似するものがあるといえる。

2　道徳上の義務の履行を贈与類型として特に論じる見解

(ア)　潮　見　説

潮見説は、贈与の「現実類型」としての義務的な贈与を、論じるものである。義理・恩より生じる「見返り」

「お返し」、即ち、過去の行為に対する謝礼、報酬、対価を「義務的贈与」とし、「拡張された意味での有償性によって特徴付けることもできる」が、それは有償契約における有償性とは異質であり、共同体内における恒常的関係において財貨流通の機能を果たすものである。しかし、一方で、時代とともにその無償性が強調されるようになり、その際に「義務的贈与」の前近代性を指摘し、その実現を当事者の道義心・共同体的意識に委ねてよいとする方向で、義務的贈与を支える社会的関係が捨象されれば、贈与の法的拘束力について懐疑的となり、撤回や自然債務のみの効果を認めることとなりうる。他方で、「等量の返しをすべき義務」として「義理」概念を捉え、義務的贈与における相互性を法規範において積極的に評価し組み込んでいく方向が考えられる。これは、贈答慣行の規範を組み込んだ贈与法理論に至り、「意思の拘束力」の理論から説明することができる。即ち、贈与が行われた社会的コンテクストの中で「契約に拘束される意思」を積極的に肯定する解釈が可能なのである[45]。

この見解は、無償契約たる贈与においては捨象されることになる、共同体内部の関係における義務的贈答の趣旨、社会学的「互酬の関係」をその背後にもつ贈与を[46]、現実類型たる「義務的贈与」としているようである。贈与を純粋に無償のものと観念すべきとして、これを前近代的なものとして否定的に解すれば、強力な法的拘束力には懐疑的にならざるを得ない[47]。しかし、この「義務的贈与」を「等量の返しをすべき義務」として正当なものと捉えれば、効果意思が肯定され易いものとなる。本稿では後者の方向で報償的贈与、さらには道徳上の義務の履行を考えているのである。

3　各説の考察

贈与は無償契約であり、出捐に反対給付がないという無償性の合意が契約内容であり、これがあれば贈与であるとするのが民法の立場である[48]。「前に受けた利益に報いるため……その他種々の対価的ないしは利己的な動機によることもあろうが」、これらの動機は切り離される。この立場からすれば、「道徳上の義務の履行」は、例外規定もない以上、通常の贈与概念に含まれると考えるのが自然であると思われる。即ち、法と道徳の峻別を前提とし、無償契約である贈与概念からすれば、論理的に自然な帰結である。

「道徳上の義務の履行」を通常の贈与とは異なるものとして特に取り上げる見解には、これを贈与とし、報償的贈与の全部又は一部を有償とするものが多い。これは、日本法においても報償的趣旨の場合には有償性との境界領域とされうることを示している。これに対し、潮見説は義務的贈与を、贈与の枠内で強い法的拘束力を有する類型として導き出しうる見解である。潮見説では贈与の「現実類型」を論じるのみで、法的な類型化が主張されているわけでもないが、法的拘束力に関する深い分析からすると、贈与法全体の変遷の中においてこれに特殊の効果を与えることも、延長線上に考えうるのではないかと思われる。義務の前近代性から当事者の道義心に委ね、法的拘束力を否定する方向のみならず、「等価の返し」としての「義理」による贈与の場合に効果を認め易いとする点が注目に値する。スイス法で問題となるように道徳に関してなされた約束が法的拘束力に常になじむわけではなく、また、主観的「等価」性を越えない限りは気前のいい約束ではないのであり、そこで「契約に拘束される意思」を積極的に肯定する解釈をすべきことは、「道徳上の義務の履行」の概念について量的メルクマールを重視するドイツ法と合致すると思われる。

ところで、「道徳上の義務の履行」をあえて取り上げない見解は、贈与概念からしてこれに含まれると考えていると思われる。この点、柚木説は、道徳上の義務の履行の贈与性を、その効果の点から肯定する。即ち、贈与法全体を視野に入れれば、排除の対象である返還請求権や撤回権が存在しない日本法で、BGB五三四条の規定する効果を認める余地はないのである。これは、日本贈与法全体の考察にとって重要な指摘である。即ち、この不要説とも言うべき見解は、日本民法の贈与規定が大体においてドイツ法の例外類型であるBGB五三四条と似た内容であることを気づかせるものであり、このような内容の贈与法を定める基礎となった贈与観がドイツ法におけるそれとは大分異なったものであると推測させるものである。そこで、まず、日本民法制定時において、贈与法がどのような贈与観のもとに制定されたかを次に考察したい。

三　日本法の基礎にある贈与観

日本法は道徳上の義務について、弁済されたものの保持についても、その履行契約の効果についても、何ら規定を置いていない。日本法は非債弁済の不当利得を排除する規定（民法七〇五条）中にも道徳上の義務の履行については言及しておらず、不当利得法上もその性質についての条文上の手がかりはないといえる。道徳上の義務の履行における不当利得返還請求権の排除の規定は、日本民法制定当時（一九八八年）、ドイツ民法の第一草案、第二草案、[49] 及び旧スイス債務法[50]においてBGB八一四条と同内容の規定が存在していたが、これについては検討されていない。非債弁済について、弁済者が贈与をしたのか、いわゆる「自然義務」の履行をしたのかは、「宜しく学者の研究に委すべく法律上之を決定する必要なしとす」としていることから、道徳上の義務を自然債務と捉えるか否か、自然債務の法的効果の範囲、履行約束の法的性質の問題として、立法的決断がなされなかったのかもしれない。[51]

そこで、自然債務理論によって有償性を導き出す手がかりとなる規定、あるいは、道徳的義務に法的な意味を持たせる規定がまったく置かれていないから、道徳上の義務の履行契約の贈与性は、ドイツ・スイス法と異なり、条文上障害となりうるものをもたないことになる。さらに、贈与法においても、道徳上の義務の履行についての特則が置かれることはなかった。後述のように、贈与法制定過程において忘恩行為による撤回権自体が明確に否定されているため、第二草案で忘恩規定に付属する例外規定であった「道徳上の義務の履行」について検討されなかったのは当然のことかもしれない。[52] 日本民法起草者達へのドイツ民法草案の多大な影響にもかかわらず、日本の贈与法は、忘恩行為等による悔返権を置かない等、独自性の強いものなのである。

そこで、日本法が贈与を無償契約としており、この点ではドイツ法と贈与概念を共有しているにもかかわらず、独自の贈与法を有することの根底には贈与観の差異が存するのであろうか。これに関する手がかりとして、立法時の議論を見ると、「道徳上の義務の履行」は例外視されておらず、むしろ贈与の典型例の一つであるとされているのである。

1　日本贈与法の特色と制定過程における議論

日本民法制定当時、スイス債務法は改正前であり、改正によって初めて登場する贈与法はまだ制定されておらず、当然道徳上の義務の履行に関するOR二三九条三項も存在していない。また、ドイツ民法も第二草案の段階にあり、道徳上の義務の履行に関するBGB五三四条はいまだ忘恩規定の例外を定めるものでしかなかった(53)。このために、忘恩規定を受容しようとしなかった日本の立法者が、例外規定も含めた忘恩行為に関する規定のすべてを継受しなかったと見るのが自然かもしれない。但し、後述するように、贈与の主要な例とされる「道徳上の義務の履行」を適用外とするような忘恩規定は、日本法に取り入れられる余地はなかったであろう。いずれにせよ、当時のドイツ贈与法が、忘恩規定の適用される Liberalität たる本則的贈与と、これが適用されない Liberalität でないかこれが希薄な例外的贈与との二元的規制をしていると考えれば、日本法はこの点では一元的規制をとっており、これらいずれかが取り入れられたとすれば、明らかに後者の方であると考えられる。よって、日本における独自の贈与法の基礎にある贈与観は、少なくともドイツ法での原則的な贈与観とは異なったものであると推察できる。そのために、忘恩規定のように、Liberalität をなした者に対する道徳的な義務を法的なものとして規定する努力はなされていない(54)。安易にこれを否定しているのは、贈与法制定においてこれらの国の贈与法の根底にある贈与観への考察が十分ではなく、贈与概念を取り入れるにあたって、その無償性というものを単純に考え過ぎているのではないか。現代に至って、例えば忘恩行為の問題に見られるように、贈与の法的拘束力に関して問題が生じているのは、それに由来するのではないのか、慎重に考察する必要がある。そこで、日本贈与法の制定に際して、贈与固有の性格がどのようなものと捉えられていたか、ドイツ法との対比においての基本的な贈与観を探っていくことにする。

日本贈与法は条文の数が少なく、有償契約との区別は概念上為されているものの、「諸外国の法に比較すれば契約の有償無償による取り扱いの区別をすることが少ない。換言すれば贈与契約の保護が一番厚い」(55)のであり、そのことは「贈与約束の要件をゆるやかにし、他方効力を強くしようとしている点に表れている」。贈与が債務契約としてなされる場合、それは諾成契約であり、書面という方式規定は存するものの、その意義は不可撤回効に留まる。そして、不動産についても例外はなく、悔返権は全く認められていない。このような立法的選択の背後にある考え方は、立法過程の議論からある程度明らかになる。起草者の一人である穂積陳重博士は、「贈与と申しまするものは諸国の法律に於きましては甚た之を軽いものと見て居るやうに見へます……併し乍ら或は親切上友誼上其他正当なる情愛から出まするものもありまするし又は社会上の義務、公に対する義務、徳義上、交際上の義務からして贈与を為しまする場合があります又は大変他人に恩になる夫れに酬ひまする為めに贈与を致すとか随分此贈与と云ふものが一つの権利義務を動かしまするものとなつて現はれるに付ては矢張り代価があれば非常に保護し其他には保護が薄いとか云ふやうな風の主義は吾々は採りませぬ或る場合に於ては贈与でも中々売買より重もい場合もあり得ると吾々は考へて居ります」(56)と述べて、贈与が「親切」のような「正当なる情愛」による場合も認めつつ、社会に実在する徳義や報恩的なものを前提とするものもあるのであって、これらが贈与の重要性を基礎づけ、保護に値するものとしていると見ている。そこでは、道徳的、報恩的、報償的要素を内包する贈与が例外的なものであるとは考えられておらず、むしろ贈与の原則的類型の一つとされているのである。そして、無償行為の典型例である贈与と有償行為の典型例である売買について、同じ債務契約として、その重要性や法的取り扱いに、一概に重大な差異を設けるべきではないとの認識が示されている。贈与と比較して、売買を経済活動における最も重要な契約とする西洋の考え方については、「穂積には、贈与より売買を重視する、このような認識はないようである」という指摘がなされている(57)。そのため、贈与が「重もい場合」に標準を合わせられているが、その重い贈与の理由は包括的に捉えられ、それらの性格の差異には注意が払われていない。このことから、穂積博士は、贈与者の責任について重大な過失を必要とするという規定は取り入れ難いとする。また、贈与者の瑕疵担保責任を原則として問わないことについても、有償契約の場合なら「徳義上又通常の考へより必ず代価を払ふと云ふ時に於ては其代価に相当したものを貰うと云ふ希望は正当の希望でありますけれども唯だ貰う場合に於ては夫れ丈けのものを貰うと思ふべきのが当り前でありまするから」であって、だからといって「他国の規定の如く贈与と云ふものを軽く見ると云ふ所から来たのではない」とし、「決して贈与と云ふものを外の法律行為より軽いものと見たが故に此規定を採つたのではない」ことを重ねて強調する(58)。無償契約においては均衡を図るべき対価がないか、「あるとしても価格として評価し得ないものであるから」、瑕疵担保責任が問われないことは無償契約の一特色として受け入れないわけにはいかないのであるが、これは贈与の意義の重要性を否定するものではないと強調するのである(59)。ここでは、道徳的、報恩的、対価的な理由でなされるものが当然に贈与とされていることがわかる。

さらに、ドイツ法について前述したところからすると、好意（Liberalität）に基づく忘恩規定がどのように扱われているかということも、贈与観を示すものであるが、忘恩行為による贈与の「廢罷」も次のように否定されている(60)。「他人に物をやると云ふのは或は其人に好意を表するとか情愛上からやるとか或は其人に対する恩を謝するとか――を表彰するとか一々相当の理由があってやるのであって決して其人から恩を買うと云ふ旨意ではない、で恩に背いたらば之を取返して宜いと云ふ規定は裏から申しますれば則ち他人に恩を売る為のものであると看做すと殆んど同じことであらうと思ひまして是は甚だ道理上面白くない規定と思ひます斯う云ふものは採用する必要は見ませなんだ(61)」というのである。ここでも、報恩のような道徳的義務に関係するものだけでなく、好意や情愛といったものも、贈与の「相当な理由」としてあげられ、かつ、この場合にも忘恩による撤回は認められない。つまり、贈与の動機は様々であり、道徳上の義務の履行のようなものと、好意を表するようなものでありうるとの認識はある。しかし、ドイツ法のように、これらが区別されることはなく、包括的に扱われ、Liberalität を前提とする忘恩規定を一律に否定するものとなっている。即ち、贈与とはなすべきだからなされるのであり、贈与には「相当の理由」があることを強調して、受贈者がこれについて感謝すべき義務を負う場合を考えないのである。さらに、「一旦人に或る理由を以て約束をしたのを後となつて恩に背いたらば取消すことが出来る一方に於ては利得の為めに縛つて居るやうに見へる又一方に於ては贈与と云ふものは社会上徳義上の原因からして来て居るものを如何にも人の恩を買うが為めにしたやうに見へて甚だ高尚でないやうに考へるから背恩に依て取消すと云ふ原因を法律の表に認むると云ふことをしないのであります」とあり、贈与が社会的道義的原因によりなされるという意味で「高尚」なものであり、法的な悔返権を認めるのは妥当でないとしている(62)。日本法では贈与の高い価値から、その効力を強いものとすることが導かれている。この点、「好意を表する」ための贈与を特に取り上げて受贈者の道徳的義務を論じることなく、ただそもそも相当なものである贈与者の行為が「恩を買う」ためのものとなり高尚でなくなることを問題としているのである。なお、道徳上の義務の履行に関わるように見えるものとして、旧民法典が「慣習の贈物」については贈与の方式を不要としているが、これも「其範囲が明かでありませぬから」例外とはしない、と述べている。このような方式規定の排除は、贈与契約の効力を強める方向にあるという点では是認されそうであるにもかかわらず、結局、贈与は、債務法的レベルに達しない実質的性格によっては類型化されなかったのである(63)。

　このように、日本贈与法の制定過程においては、贈与契約において、好意の施し(Liberalität)、気前のよさ(Freigebigkeit) は基本的要素として位置づけられてはいない。社会的・道徳的な「理由」とともに、親切、友誼等の「正当なる情愛」も贈与の重要性を支えるものとして言及されているが、これらの要素に軸足を置いた贈与観を採っていないのは明らかである。むしろ、好意に基づく贈与を否定はしないものの、道徳上の義務、儀礼上の義務、社会的義務、報恩的意識による贈与に対する注目度がより高く[64]、これらはいずれも贈与者側の「相当な理由」として把握され、贈与契約の社会的意義が重視される。即ち、有償契約における対価の取得に劣らないほど重要な理由によりなされるものであるのだから、贈与契約の効力は弱められるべきではないのである。そこには、贈与契約に対する不信や警戒的な態度、少なくとも一定の場合には裁判所により強制されるべきでないという配慮をする姿勢は、方式規定にその可能性があるのを除き、見受けられない。このような基本的態度のために、贈与契約に関して、有償契約と大きく異なった特別規定を設けることに消極的なのではないかと思われるのである。

2　贈与法の根底にあるもの

このように贈与契約の効果が強められる方向で日本贈与法が独自性を持つに至ったことの根底には、日本独自の伝統、及び個人意思の尊重を強調する近代民法の自由契約論が存することが指摘されている。そこで、これに関する若干の見解を見ていくこととする。

まず、日本独自の伝統に着目する見解を取り上げる。柚木説は、このような贈与法は、現行民法が「西欧の法制に学ぶ半面」、多分に日本の「固有法の思想を伝えている」ことの現れであると見るものである。日本法において、書面と撤回禁止とを結合することによる要式性は早くから認められていたが、無償性の否認（特にゲルマン古代法において、原則として贈与の価格に相応する対価が給付されることを必要とされたことを指す）ということはついに法制に現れなかった。これは「恐らくは、然諾を重んずる儒教思想の影響によるもの」であり、これにより、西欧と異なって、要式行為という構成は採られず、多様な撤回原因も採用されなかったとするのである[65]。また、星野説によれば、起草者たちは「口頭の贈与をこれ以上優遇する立法を見出すのは難しいことを知っていた」のであり、贈与保護の目的から、この独自の贈与法を規定したという。その理由は、贈与が愛情や、社会的、市民的又は道徳上の義務や、あるいは義理、つまり「贈与者にその恩恵を返すという社会的義務」に源を有することにある。しかし、一方でこのことは、手附により売買の効力が弱められていることとの関係では説明の困難なものであって、一般に、このような、日本法に見られる「奇妙な諸制度」の理由は、「日本の契約観と契約に関する習俗とにあるのだろう」とする。[66] 即ち、日本人の精神や魂に強く根付いている伝統的な国民の習俗と西欧法とには対立があり、今日まで日本の契約観と契約についての習俗は西欧のそれと異なっている。この伝統的な契約観、及びそれに関する習俗とは、日本において「契約といったときに人々が心に浮べるもの」、及び「一種の社会的強制の圧力のもとにおける人々の契約に関する行動様式」である。[67] そして、それは日本人の性格とメンタリティにその深い根を有するのであり、その源のひとつである「封建性」とか「前近代的」メンタリティだけに還元することはできないのである。[68] さらに、岡本説も、ヨーロッパにおいて「贈与は好意給付を基礎にしている（好意契約である）」こととの対比として、[69]「わが立法者の贈与観はむしろ義務的な贈与を念頭においている」とし、これらの国で厳格な方式による要式行為とされているのとは異なる「やや不透明な構成」がとられているのも、この日本法の「特異な贈与観の反映」であると指摘する。[70]

　他方において、「自由契約論」を交えて説明する見解も存する。来栖説によれば、日本民法典は贈与に大きな意義を認めて、これを厚く保護しようとしているが、[71] その根本にあるものは、日本社会の反映である義務的贈与観と近代的自由契約論との合致である。「欧大陸諸国の基礎を成している贈与観は贈与を好意とみている」が、これに対し、「日本の贈与法の基礎を成している贈与観は贈与を義務義理乃至恩より生ずる義務とみたが故に、贈与はしようとしまいと」自由であるとはいえない。そのために、「贈与は無償だとて軽視すべきでないのである。その贈与観の下では、未だ有償契約と無償契約の社会的作用の差異に十分考慮が払われ」ておらず、このような「日本的な贈与観が、自由契約尊重の思想——一般的抽象的に、自由意思の合致たる契約がある以上、有償無償を問わず一律に効力をみとむべしとする思想——と微妙に一致して、『家』の制度の制約の下においてではあったが、贈与法にのみ目を注いでいる限り、贈与を最も保護している外見をもつに至ったのだといえないだろうか」。[72] 即ち、贈与法は「明治以後の日本社会に温存された共同体関係と共同体思想の制約」を受けたものであり、「明治以後の絶対主義国家、農村共同体、家より成る日本社会の性格」という、[73] 当時の社会事情により、贈与を厚く保護するものである。しかし、それのみならず、日本民法では「ある意味で諸外国以上に自由契約の尊重が強調され」ているのであり、自由契約の一律な抽象的形式的な尊重も、独自性の理由なのである。また、同様に於保説も、来栖説を踏まえて、「民法起草委員の『武士気質』（『武士に二言はない』という封建的規範意識と『約束は守らねばならない』という近代的法意識との結合）といったものが大いに影響したのではなかったか、という憶測もなされうる」としている。[74]

確かに、制定当時の社会的文化的背景から、義務的贈与が重視されていたとしても、穂積博士の発言を素直に見る限り、好意や気まえのよさ、利他的動機による贈与が否定されているわけではない。むしろ、いずれも等しく贈与契約の拘束力を基礎付けるものとして認められているように見える。要するに、穂積博士の発言から窺われるのは、①義務や恩による贈与を相対的には重視し、少なくとも好意による贈与を基本に捉えていないこと、さらに、それに伴って生じると考えられる、②好意契約をなした者への配慮の薄さである。即ち、贈与者自身の目的や義務感によらない贈与を認めながらも、これを基礎的なものとして突出させることなく、むしろ義務的なものに重点を置くため、Liberalität たる約束を強制することの非合理性が特に顧慮されることはないのである。忘恩規定を否定するのは、恩を買うこととなるのはよくないとの一種の道義によるが、好意に値する者であれということから来る感謝の義務等、受約者側に課される特別の道義についてはなんらの議論もされていないことが注目に値する。立法時の社会的、法理論的状況からして、そのような問題意識がそもそも存しなかったために、好意による贈与も義務的贈与も、一体的に扱えば足りるとされたのではなかろうか。

四　日本法における贈与観

これまでに見たところでは、日本贈与法の基底にある贈与観とは、ドイツ法の限定的贈与観とは異なり、両者の間にはずれがあるといえる。まず、ドイツ法においても贈与概念は動機を問題とはしていないが、好意契約に限定された贈与観を基礎としているため、道徳上の義務の履行はこの贈与観から外れ、贈与法に特徴的ないくつかの規定は適用されない。よって、これを定めるＢＧＢ五三四条は、例外を定めて原則を裏側から浮き彫りにするというかたちで、本則的贈与が基本的に好意による気前のよいものであることを示す存在である。とすれば、道徳上の義務の履行の規定が贈与法に存在しないことは、ドイツ法と比較したときには極めて意義深く、異なる贈与観に基づくことを暗示するものといえる。実際に贈与法全体の相違点を見ると、例外規定で排除されるべき特殊な贈与規定がそもそも存在せず、立法過程を見るかぎり、日本贈与法は自発的な好意によるか義務的なものであるかを問うことなく、有償契約との差異の少ない、強い法的拘束力を認める立場を採っている。好意による約束に焦点をあわせて法的拘束力の緩和を定めることを特にしないという意味では、これは包括的贈与観ともいうべきものである。

社会的存在としての贈与は、対価取得を目的としないだけに様々な内実を有しうる。ＢＧＢにおける道徳上の義務の履行とは、限定的贈与観を基本に据えた場合に本則的贈与と区別され、贈与法の一部が排除される特殊な贈与類型である。日本法では、基礎となる贈与観が明確には軸足を定めない包括的なものであるため、好意契約への特別な配慮が見落とされ、このことの帰結として、贈与法の内容も異なり、本則と例外を設ける必要もなかったと考えられる。よって、ドイツ法における本則的贈与、即ち、「好意の施し（Liberalität）」といえる贈与に適合的な贈与規定はなく、一律に定められる贈与法は結果的に例外類型たる義務的贈与に関するものに類似する内容を有することになる。つまり、Liberalität を基調とする贈与観にあっては、契約成立の時点から履行後に至るまで一貫して贈与の法的拘束力を弱めることで、その特殊性に対処しようとする。これに対し、日本法ではこの限定的贈与観は採られておらず、そのためか、そのような問題意識はなく、十分な検討、論議もなされていない。例えば、忘恩規定が日本法には採りいれられていないのは、結果的に贈与が受贈者の「恩を買う」行為となることが「道理上面白くない」という独特の道義感に由来するのであるが(75)、それが Liberalität への配慮をしなくていいほどの道義かについては、特に場合分けして検討されてはいない。好意による約束の法的拘束力に関する配慮につき周到な考察もないまま、親切、情愛、報恩、道義上の義務すべてを贈与の拘束力の「相当の理由」とするのである(76)。これらは包括的であるが、義務的なものに傾き、そこから好意契約の場合のみを取り出して法的拘束力を弱めるべきかは考えられていない。実際上も、ドイツ法の本則的贈与に適合的な規定はほとんど取り入れられず、むしろ忘恩規定を伴わない例外的贈与に適合するから、義務的贈与に関する例外規定が存在する余地は必然的に存しないことになる。

以上により、ドイツ法と比較すると、贈与概念を共有する日本法は、その贈与観において Liberalität が基本に据えられていないという点では明確なずれがあり、そのために好意契約の法的拘束力如何に対する考察が為されず、贈与法の内容が大きく乖離することになったと考えられる。日本法が Liberalität への配慮を知らないために、結果的に、Liberalität ではないかこの要素がわずかである「道徳上の義務の履行たる贈与」の方向をおし進めて贈与法を形成したならば、同方向の例外規定は存在し得ないのである(77)。

但し、立法当初にも、好意契約の特性についての見解が存在しなかったわけではない。方式規定について、起草委員の一人である梅博士は(78)、次のように論じられている。無償である以上一方的に利益を失うのだから、意思が後で変わることもありうるし、そのようなことはさせぬほうがいい、として方式規定は設けられた(79)。しかし、欧州では、古来方式が要求されるが、すべての贈与を要式とすることが実際行われ得ないことは、「各国の法律皆例外を認むるを以て知る」べしである。そもそも要式の立法は問題であり、「方式の必要は有益なる贈与を妨くること多きに比して果して有害なる贈与を妨け得るか聊か疑」があるものであって、「殊に当事者の利益を保護せんか為めに其自由契約に干渉するか如きは文明国の法律の最も忌むへき所なるか故に新民法に於ては断然旧民法の主義を改め贈与も亦之を諾成契約とせり」とする。[80] このように、自由契約尊重という側面から、書面によらない贈与を取消しうるとすることには反対であり、「贈与を以て要式契約とせる学説の遺物にして余は立法論としては之を取らす」とする。[81] しかし、強いて言えば、「惻隠の心」、即ち、哀れみや同情の心による贈与を考えれば、その趣旨は妥当するであろうという。即ち、民法五五〇条が書面を要求する趣旨は、これが贈与者の意思が確定的であることの保障となり、書面がないと後日争いを生じやすいというところにあるが、「此理由たる敢て贈与に限らすと雖も而も贈与は惻隠の心より之を為すべきことを約し忽ち之を悔ゆる如きこと稀なりとせさるを以て之に付き後日争を生じ易きは人情の免れさる所なれはなり」とするのである。このように、自由契約への干渉を排すべきであるとする梅博士ですら、情緒的な動機からなされうる贈与約束を想定して、贈与者の意思が確定的でなく贈与の存在が争われがちであることから、方式規定の妥当性を容認している。このような贈与が完全な法的強制に服せしめることの不都合性を論じるものといえ、日本法においても贈与の性格が問題となりうることが認められている点で注目されるべきである。

また、民法制定当時の贈与法と現在の贈与法とでは、条文の改正はないものの、法運用の実態において変容が生じている。即ち、忘恩行為に関する撤回等は、実務において実質的には受け入れられているとされ、日本贈与法は必ずしも条文どおりとはなっていない。包括的処理を定めた簡潔な贈与法の下で、個別事例ごとに恣意的な解釈によってこれを修正している状況があり、説得的な理論構成が必要な段階に至っていると考えられる。このような状況の根底には、日本贈与法が異なる性格をもつ贈与を渾然一体として包括的に規制しているということがある。即ち、立法時、贈与に至る「正当な理由」が強調され、好意や、「惻隠の心」といったもののみによってなされた贈与が、果して強い法的効果を認められるべき「理由」を有するか、という実際的で常識的ともいえる問題意識が欠落していたため、義務的な贈与の強い効力について不都合はないにしても、効力を弱める方向では問題が生じてくるのであろう。忘恩規定を取り入れるにあたっては、この事情を踏まえ、参照先の国の贈与観の差異や、これに伴う適用範囲の限定、さらには、これと関連して贈与契約自体の範囲も、慎重に検討すべきものとなる。また、このことは、忘恩規定のみならず、梅博士の見解を参照すれば方式規定の当否にも関わり、贈与の法的拘束力という広い視点で考えるべき問題であるといえる。

第二節　贈与法の現状と展開

以上見てきたように、日本法は贈与に様々な実態がありうることを認めながらも、それらを包括的に捉え、契約としての法的拘束力を比較的強いものとする方向で贈与法を規定し、忘恩規定を否定した。それにもかかわらず、近年忘恩による撤回を認めるための法的構成について多数の見解が存する。しかし、ここにいう忘恩行為がドイツ法における忘恩行為と同一のものか、また、それを取り入れるとしても無限定に認めてよいかは問題である。後者の点については、前掲裁判例の中で、忘恩行為の事例と位置づけられながら、贈与の解消の範囲を制限したものが参考になる。例えば、第一節で挙げた平成六年七月一九日東京高裁判決（前掲[5]）は、解除の効果を認めながら、報償的趣旨の贈与であることによってその範囲を制限していることは、日本法においてもこの問題が存在することを示しているのではないだろうか。

そこで、本節では、忘恩行為による撤回が浸透しつつある中で、現代の日本法においては好意による贈与を基本とする贈与観を採るのが妥当ではないか否かを検討したい。この点、まず、現実の贈与契約の範囲が包括的贈与観を反映して、ドイツ法と異なる広範なものとなっていることを見た上で、立法者の設定した強い法的拘束力に否定的な見解、特に忘恩行為に関する見解を分析、検討し、現代における日本贈与法の実態を考察していくこととする。

一　贈与契約の範囲

1　概　念

民法五四九条は、贈与契約とは当事者が自己の財産を無償で与える意思を表示し、相手方がそれを受諾するものであると定めている。これは財産上の出損とその無償性の合意からなる無償契約であるとされており[82]、ドイツ法と同様である。しかし、異なる贈与観の下にある日本法の贈与契約、又は贈与契約における無償性の範囲もドイツ法と同じであるだろうか。

日本法において、無償性とは「主観的な観念であって、両当事者間の合意によって財産的出捐が対価を伴わぬものとされること」である[83]。これは利他的な動機を伴うとは限らず、対価的、利己的な動機によることもあるが、「法律はこれらの動機と切り離し、契約の内容が無償である場合に、これを贈与と認めたのである」[84]。そして、贈与契約自体は「無償の形をとっているが、実際は相手からかつて受けた利益に答えたり、将来受けることを期待している利益の呼び水としてなされることが多い」とされ[85]、好意によるほか、扶養や相続など、家族間の財産移転や遺産分割の一環、あるいは「共同体内部の義理、恩などから生ずる義務の履行と観念されることが多」いとされる[86]。法律行為の分類として、有償行為とは財産の出捐を目的とする行為のうち対価のあるものであり、無償行為とは対価のないものとされ[87]、有償契約と無償契約の別は、当事者が互いに対価的な意義を有する出損をすると認めているか否か、即ち、経済的な対価、反対給付の有無による。[88] 対価的意義を有する場合とは、「そのような給付を受け取るからこちらも給付する、それをもらえなければこちらも給付しない、といった関係」にある場合をいう。[89]

ところで、この出捐の対価性の判定基準については、もっぱら当事者の主観により定められるとする説[90]と、当事者の意図と取引通念に照らして一方の出捐が他方と「互いに等価として見合っているか」によるとする説がある。[91] 当事者の主観により定まるとしても、両給付の客観的価値があまりに大きくかけ離れている場合には無償とするのが、意思解釈としても妥当であろう。[92] 有償・無償契約の区別は双務・片務契約の別とは異なり、「契約の効果として生ずる債権関係のみを観察してなされるのではなくて、広く契約の成立からその効果として生ずる債権関係の内容の実現に至るまでの過程を観察して、その間における当事者間の財産上の変動」を標準とするのであり、「契約の成立要件として為されると契約の効果たる債権関係に基づいてなされるとを問わず――すなわち契約に関連しているかぎりその前後を問はず――当事者間になさるべき給付によって当事者の一方について生ずる財産上の利得がこれに相応ずる利得によって償われるか否か」によるのである。[93] 双務契約においては当事者が対価的意義を有する債務を負担し、その債務負担が対価的な出捐であるために、双務契約はすべて有償契約であるが、例えば、利息付消費貸借は片務かつ有償の契約である。よって、出捐者が反対給付に対する債権を取得しなくても有償でありうるのであって、この意味では形式的基準によっていないといえ、ドイツ法におけると同様である。

しかし、ここにいう「契約との関連」とはどういったものなのか、出捐と出捐にいかなる関連性があれば対価的意義を有しているといえるのかについて、法的なものから経済的事実的なものまでのいずれなのか、ドイツ法のような議論はないようである。また、これと関連してか、反対給付とされるものの内容が、訴求可能なものでなくていいのか、財産的、経済的なものでなくてもいいのかという問題も詳細に論じられてはいない。[94] 債務の対象とならず任意にしかなされ得ない行為を対価とする契約は、有償契約と捉えられているのだろうか。さらに、ドイツの判例にある、妻が婚姻生活に戻る対価として出捐をなす場合、娘に介護されることを目的として出捐をなす場合、相続に関する補償をなすために出捐する場合等では、反対給付の存在は認められるのだろうか。第一節で道徳上の義務の履行について取り上げた学説の中には、報償的贈与の有償性を認めるものも存するが、日本法における有償性・無償性の境界線がドイツ法と同様であると考えてよいであろうか。まずは判例において、贈与性、無償性がどの程度認められているか、その範囲を見ていきたい。

2　判　例

日本の判例を見ると、ドイツ法において贈与が限定的である、つまり、日本法における贈与性、無償性がドイツ法よりも広いと感じさせられる事案が存する。

日本法では特に親族間で出捐がなされ、後に受贈者が贈与者側の期待を裏切った、恩に背いたとして、紛争が生じることが多い。この場合には贈与とされ、学説上忘恩行為による撤回が日本法においても認められたものと評価されるのである。しかし、裁判所は忘恩による撤回を認めるとは明言せず、判例理論は事案によって「多岐に分かれ、その将来を展望することは容易ではない」とされている(95)。このような事件においては、期待を裏切るに際して、受贈者により非倫理的行為が行われることもあるが、むしろ当該贈与の背後にある当事者の主観的な期待が問題とされているにすぎない裁判例もある。そのため、後述のように、多くの見解が忘恩行為による撤回を認めているからといって安易に西欧化を論じることはできないとの指摘があり、日本法が独自の贈与法を基礎に独自の発達を遂げていると考えられる。

さらに、日本法においては、企業の関係や労働関係に関してなされた契約も贈与とされる場合がある。このうち、労働者への退職時の給付は通常賃金の後払いとして有償性が認められるが、雇用契約終了後労働者に何らかの義務を負わせる場合の給付契約を贈与とする事例も若干ある。この点、ドイツ法においては、労働関係終了後の給付約束に有償性を認める判例がほぼ確定的であるとされ、さらに労働者が秘密保持等の義務を負っている場合にはより有償性を認めやすいという(96)。日本法においては、明確に有償とはされないまま、その有効性が公序良俗の観点から問題とされる場合がある。次に、相手方の行為を期待してなされた贈与を挙げる。

(1)　忘恩行為の問題を扱うとされる裁判例

まず、忘恩行為の存する事例を扱ったとされる裁判例を年代別に挙げる。

［9］　最高裁昭和二三年九月一八日判決（民集二巻一〇号二三一頁）

事案は次のようなものである。Xの実父Aの所有であった本件土地建物を、Aが自己の債務を弁済できなかったため、Aの弟Yが買い取り返済させた。Aがそこに居住を続け、病気であったので、Yは、東京で就職しているXが帰郷してAを看病して孝養を尽くし、祖先の祭祀を行い、A家を承継することを条件として、Xに対し本件土地建物を贈与した。Aは隠居、Xが家督相続したが、XはA死亡まで帰郷しなかった。原審は、Xの贈与契約履行請求について、贈与はXの帰郷を停止条件とするものであるとして、請求を棄却した。そこで、当該停止条件はXの個人的自由を拘束するもので不法であるとしXが上告した。

最高裁は上告を棄却した。不動産譲渡契約が上告人の帰郷を条件としてなされたからといって、これによりXの個人的自由の拘束が余儀なくされるとはいえないから、この条件は不法ではない。この条件について、憲法違反が争点とされているが、これはAの生存中に履行せられることを必至とするのであるから、本件条件はAの死亡と共に不成就に確定したものであり、憲法施行以前に既に不成就に確定しているのであるから、その条件の内容が憲法に違反するかどうかの問題を生ずる余地はないのである。

これは当該贈与契約がなされた事情に基づき、贈与者側の期待を条件という法的構成で取り込むものであり、忘恩行為の一類型とされる。(97) Ｙには、Ａから土地を買い取った時から、Ａ家承継について明確な計画があったと思われ、Ｘとの贈与契約において条件という構成をとることが比較的容易な事例であると考えられる。

［10］　福岡地裁昭和四六年一月二九日判決（判時六四三号七九頁）

事案は以下のとおりである。Ａは、実子がなくＹらを養子としていたが、血統のつながるＸを祖先の祭祀にあたらせねばならないと考え、家系の承継者としての地位にふさわしい財産を授受する必要があるとの動機により、この動機をＸとの贈与契約証書上に表記し、本件土地建物を他地で生活し農業に従事していないＸに贈与した。ＸはＡの死後所有権に基づく家屋明渡請求をし、Ｙらは反訴としてＸに所有権移転登記請求をした。

本判決は、本件贈与契約を無効とした。現実的な祖先の祭祀は本件贈与契約当時からＡが死亡するまでＡとＹが行っており、Ｘは他地におり祖先祭祀に当たることは事実上不可能であり、また、Ｙらが農業を継続するのが困難な状況に追い込まれる。本件贈与契約は、Ｘに祖先祭祀をさせることが正当かつ必要で、そのためにふさわしいだけの財産をＸに授受する必要があるとした動機に錯誤があり無効である。

これも忘恩行為ゆえの撤回を認めた一例とされている。(98)

［11］　新潟地裁昭和四六年一一月一二日判決（判時六六四号七〇頁）

事案は次のとおりである。ＸはＹと養子縁組をし、その際、Ｘは本件土地をＹに贈与したが、ＸＹは一度も同居することなく養親子関係の解消を希望した。そこで、Ｘは、贈与はＹがＸの養子としてＸを扶養するとの負担付贈与であるとして解除を主張し、本件土地の所有権確認、移転登記請求をした。

本判決は、本件贈与は養子として老後の扶養をしてくれることを期待してのことであるが、この期待は養子縁組をする以上当然のことであり、養親がそのために養子に贈与してもその期待が負担となることはない、とした。しかし、「贈与が親族間の情宜関係に基き全く無償の恩愛行為としてなされたにも拘らず、右情宜関係が贈与者の責に帰すべき事由によらずして破綻消滅し、右贈与の効果をそのまま維持存続させることが諸般の事情からみて信義衡平の原則上不当と解されるときは、諸外国の立法例における如く、贈与者の贈与物返還請求を認めるのが相当である」とした。そして、「本件土地の贈与は何ら負担もなくXがYとの縁組を契機に実質的な養親子関係が形成されることを期待してなした無償の恩愛行為であるところ、X・Y間には嘗て一度もそのような実質が形成されたこともないまま破綻に至り現在双方が縁組の解消を希望し、然もその破綻について贈与者であるXの側に主たる有責の事実があるとは認められず、更に本件土地はXが昭和二六年、当時誰も利用していなかった池沼の一部を自己の労力と費用で埋立て造成した宅地であり、爾来今日迄Xの生活の基盤として使用されているものであることなど諸般の事情を考慮すれば、本件土地贈与の効力をそのまま存続せしめることは信義衡平の原則上相当ではない」として請求を認容した。

これもやはり忘恩行為の問題領域に含まれるとされているが、忘恩行為の要件の緩やかさが問題とされている判決である[99]。本判決の特色は、両者間に親子の情愛が形成されなかったのは養子と実親方との関係が強く、精神的に養親と離反してしまったためであるが、贈与者のみが破綻の主たる原因を作った有責者ではないとして贈与の解消を認める点である。生活の基盤たる土地建物を贈与した場合、老後の扶養を目的としているのは明らかであるが、少なくとも積極的な非倫理的行為がないため、この結論を忘恩行為の理論により導き出せるか問題がある。中川教授は、贈与の履行後の撤回は五五〇条からは認められないはずであり、履行後における信頼＝愛情関係の破壊による撤回は「きわめて慎重」でなければならないとされ、「忘恩という表現には抵抗を感ずる」として、本件の事案においては解除条件の黙示の特約の存在を認定できる場合にのみ撤回の余地があるとされる。[100]また、ここでは扶養の期待は負担を構成しないとされ、本件贈与が「恩愛行為」とされているが、これをLiberalitätと同じものと解しうるかは疑問である。

[12]　東京地裁昭和五一年六月二九日判決（判時八五三号七四頁）

事案は、内妻の強い要望により、内妻の縁者に当たる夫婦と養子縁組し、自己及び内妻の老後の生活の世話及び死亡後の墓守、法事等の供養を引き受けるとの約束で、所有建物を養子夫婦の娘Ｙに贈与した養父Ｘが、養子夫婦が内妻の死後その法事に関心を示さずＸの面倒も見ないばかりか田舎で生活するよう申入れたため、養子夫婦の約束違反を理由に贈与の解除を主張し、所有権移転登記の抹消を請求したというものである。

本判決は、贈与の負担不履行による解除を認めた。「贈与は無償で財産権を移転することを約するものではあるがその動機は利他的に出るものばかりとは限らないのであって、贈与意思を形成するにあたってはその背景にある人間関係が重要な影響を与える場合が多く、その人間関係を形成・維持していくことを目的として贈与意思の形成が行われうるのである。そうして贈与をする際の贈与意思形成にあたって重要な要素となった関係が存し、それについて合意がなされた場合にあっては特段の事情がないかぎりこの合意について法律的効果を認むべきものと考えられるのである」とし、Ｘと内妻の生活の世話、死後の墓守を贈与の負担とし法的効力を認めた。

これも忘恩行為による撤回が問題となる一連の事例の一つと位置づけられている。

[13]　最高裁昭和五三年二月一七日判決（判タ三六〇号一四三頁）

次のような事案である。Ａは、Ｂに嫁して以来、病弱で目の不自由な義母に代わりＢの弟妹Ｙらの養育と一家一二名の家事一切にあたってきた。AB間に子はなく、Yを養子にして家を継がせようと考え、大学まで進学させて医師にし、開業まで援助を惜しまなかった。B死亡の後、Y夫婦がAの養子になる縁組届を出し、Aも異存はなかった。AがYの人柄を信頼して老後をこれに託し、その家族の一員としてYや孫に囲まれて暮らす安らかな老後を送りたいという心情を、Y以外のBの相続人も理解して同意したことから、YにBの相続財産全てを贈与した。Yはそれ以後Aに対し数々のひどい仕打ちをするようになり、Aはそれらに耐えかねて昭和四八年一〇月一九日Y夫婦に対し離縁の訴を提起し養親子関係は解消された。Aは贈与についてもその撤回、解除を主張して提訴した（Aは一審途中で死亡、その包括受遺者Xが訴訟承継）。

本判決は、原審である東京高裁昭和五二年七月一三日判決（下民集二八巻八号八二六頁）と同旨の判断に基づき、上告を棄却した。東京高裁昭和五二年七月一三日判決は、Aからの贈与はAの財産のほとんど全部を占めるもので、Aの生活の場所および経済的基盤をなすものであったから、当事者間の情誼関係、身分関係から、Aの生活の困難を生ぜしめないことが条件なのは双方十分承知していたのであり、「老齢に達したAを扶養し、円満な養親子関係を維持し、同人から受けた恩愛に背かないこと」をYの義務とする負担付贈与契約であるとし、Aの解除により贈与契約は失効したと判示した。

ところで、第一審である東京地裁昭和五〇年一二月二五日判決（判タ三三五号二八八頁）は次のように判示している。「贈与が、親族関係ないしはそれに類する継続的な特別の情宜関係に基づいてなされたに拘らず、右情宜関係が受遺者の背徳的な忘恩行為によって破綻消滅し、ために贈与者が、右贈与なかりせば遭遇しなかったであろう生活困窮等の窮状に陥いり、右贈与の効果を維持することが諸般の事情に照らし条理上不当と解されるような場合には、贈与の撤回ができると解するのが相当である」。そして、YがAを警察に告訴したり、法廷において虚偽の事実を供述し、著しくAの名誉を傷つけ、離縁の調停を申立て、その心情を傷つけ、Aが贈与により無一文になっているのに仕送りを中止し、Aを生活保護を受けざるを得なくした等の「認定事実によれば、前記贈与の基礎となっていた情宜関係が、Ｙの非情極まりなき忘恩行為によって完全に破綻消滅し、ために老後をＹに託しその財産を贈与して生活の基盤を失っていたＡ女は、たちまちのうちに生活危難に陥り、嘗ては村一番の資産家の未亡人の身から転じて生活保護を受けざるを得ない立場に陥ったものであって、かかる場合には、Ａ女に、前記贈与の撤回権が発生し、贈与の目的物の取戻ないし撤回権行使の時点における価格の返還請求ができるものというべきである」とした。そして、Ｙはその一〇歳の頃より実の母に優るとも劣らぬ愛情を持っていつくしみ育て成人して医者になるまで面倒を見た上、相続財産すべてを贈与してくれた養母に対し、人道にもとり社会生活上許されない数々の忘恩行為をあえてしているのであるから、ＹのＡへの諸行為は不法行為を構成するものというべきであるとし、筆舌に尽くしがたい精神的苦痛についての慰謝料を認めている。

この事案も忘恩行為の一例とされる(101)。第一審判決と本判決は、条理による撤回権、負担付贈与といった異なる構成を採るが、贈与者の主張を認め、贈与の効力を覆すという結論に変わりはなく、この事案においては異論もないであろう。また、この事案では、贈与者が生活保護を受けており、贈与者が国の社会福祉に頼る事態となり国民の負担となるという贈与者困窮の場合の問題が生じている。

［14］　東京高裁昭和六一年一月二八日判決（判時一一八五号一〇九頁）

婚家に戻る条件として夫から妻に土地の贈与がなされたが、妻は実家へ帰ってしまい離婚となった事案である。本判決は、本件贈与は同居扶助の義務を誠実に履行することを条件とし、これに反することを理由とする解除権を留保する趣旨であると解し、この義務の不履行による解除を認めた。

これも贈与契約における忘恩行為の事例と評価されている(102)。妻の婚姻生活への復帰が条件とされ、ドイツ法では有償とされうるのに対し、日本法では無償の贈与における忘恩行為の問題と捉えられている。

［15］　大阪地裁平成元年四月二〇日判決（判時一三二六号一三九頁）

事案は次のとおりである。Yは、Xの娘と結婚し歯科医師になることを希望して歯科大学に合格した。XはYの大学入学から卒業までの六年間、生活費、学費等の一部を援助するため、Yに対しほぼ毎月金員を交付し、合計額七五八万一〇〇〇円の援助をした。ところが、Yは大学同級生の女性と情交関係を持つようになり、歯科医師国家試験合格直後、Xの援助が不要になるや、不貞の事実を明らかにし、相手の女性が妊娠したのでXの娘と離婚したい旨申し出て一方的に夫婦関係を破壊した。

本判決は、Xの金員出捐について消費貸借の成立を認めず、贈与によるものとした上で、「贈与が親族間の情誼関係に基づきなされたにもかかわらず、右情誼関係が贈与者の責めに帰すべき事由によらずして破綻消滅し、右贈与の効果をそのまま維持存続させることが諸般の事情からみて信義則上不当と認められる場合には、贈与の撤回ができると解するのが相当である」とし、Yが「娘の幸福のためYの合格を待ち望んでいたXとの間の右情誼関係を破壊した」のであって「諸般の事情を考慮すれば、本件贈与の効力をそのまま存続せしめることは信義則上認めることができず、Xに贈与の撤回権を与えるべきである」として、Yは現存利益、生活費ないし学費に費消されたものを不当に利得しており、これを支払う義務を負うとする。

この事案においては、受贈者の背信性が顕著であり、信義則の適用が妥当なケースであると評価されている(103)。贈与合計金額も相当多額で、しかも贈与者の生活が困窮していることが諸般の事情から十分窺われるという。

(2)　忘恩行為とされていない裁判例

相手方の何らかの行為を目的とした出捐について、親族や友人関係だけではなく、ビジネスの領域でも他人間での贈与が認められることがある。このことは日本法における贈与契約が広い範囲をもつことを窺わせる。以下では、裁判例を親族関係に関わる事案から対価的・商事的色彩の強い事案の順に掲げる。

［16］　東京高裁昭和五一年五月一〇日判決（下民集二七巻五＝八号二七五頁）

事案は以下のとおりである。長男Ｙが、妻Ａと離婚しすでに同棲していた他の女性と婚姻するにあたって、営農資産全部を弟Ｘに贈与した。これは、ＹがＡと離婚し、ＸがＡと再婚し、ＸＹの母を扶養し、ＸがＹＡ夫婦の子を養子としたうえ監護養育し跡を継ぐならば、Ｙが家を去る以上、Ｙが相続した財産を贈与するというものであった。親戚の仲介でＹとＡとＸの三者間で合意が存したが、書面によらない贈与であった。そして、Ｘからの移転登記請求に対しＹが取消を主張した。

本判決は、書面によらない贈与ではあるが、本件土地の無償譲渡はＹＡ夫婦の離婚、ＸＡの婚姻、ＹＡの子とＸの養子縁組の合意と密接に関連しており、単純な恩恵的贈与とはいえないから、民法五五〇条の適用はないとした。

身分行為がかかわるために双務契約とはし得ないケースであろう。(104) しかし、少なくとも親族間で何らかの取引があったのであり、慣習の圧力も存したと思われる。有償契約とすべき実態があるかは不明だが単なる好意によるものとは異なり、本判決はそれを正面から認め、結論の妥当性を考慮して恩恵的贈与でないとし、方式規定を適用しないのであろう。

[17]　最高裁昭和三一年一月二七日判決（民集一〇巻一号一頁）

事案は、以下のとおりである。Yは、浅草の興行場地帯で宅地を賃貸しているXと、その宅地上に建物を建てて与える代わりにその後一年間は賃料を支払わないでその建物を使用させてもらうという内容の契約を締結した。建物を落成し経営を始めたYは、Xに無断で増築して自己名義で保存登記をし、建物の一部を無断で転貸し、かつ、一年の期間を過ぎても明け渡さなかった。そこで、Xは無断転貸を理由に使用貸借を解除し、明渡を求めるとともに、右の保存登記の抹消を求めた。

最高裁はこれを建物の贈与とし、履行が終わったものとしてYの上告を棄却した。

本判決は、身分行為とは関わらない事例であり、おそらくは商事的関係にある者の間での契約を明確に贈与としている。この点、広中教授は、一年間の事業収益が建物建築費をカバーするという見込みのもとに締結された契約であるから、建物の贈与として扱うことに反対する。贈与のように見えても実は贈与と見るべきでない行為の一例とされるのである。(105)我妻教授も、これを「（無償の）贈与契約と（無償の）使用貸借とが別々にあるのではなく、両者が対価関係に立つ一つの無名契約的なものではないか」とされる。財産分与の契約が離婚と不可分に結びついているのとは異なるものの、本件の契約の関係も財産分与のケースと類似するものといえる。従って、財産分与と同様、「少なくとも書面を要する趣旨の単純な贈与ではない」とされるのである。すべての贈与にカウザがあり、「そのカウザを切り離して無償の契約を認めるのが贈与の贈与たるゆえんである」が、Yは一年間営業して利益を上げ、Xは一年後に建物を取得することを対価として承諾したという「真相」を考慮すれば、この場合には少なくとも通常の贈与ではない。(106)要するに、契約の「真相」が契約目的に過ぎないとするか、対価と認めるべきかが問題であろう。この点、本判決はこれを贈与とし、「真相」を顧慮しないのである。

［18］　東京高裁平成一一年九月二二日判決（判時一六九八号七七頁）

事案は次のとおりである。土木・建築工事の設計や売買、貸借、管理、その代理等を業とするX社は宅地開発事業を計画し、土地を買い受けた。しかし、開発行為の申請に関し、都市計画法三二条は、開発許可を申請しようとする者は公共施設の管理者等の同意を得、協議しなければならないと定めている。そこで、X社はその同意を得るため市や区に協力金等を支払ったが、その後本件開発事業につき、開発行為に関する工事廃止の届出をし、認められた。X社は、宅地開発協力金等としてすでに為された給付について、不当利得（非債弁済）又は不法行為（説明義務違反）を理由に返還を求めた。本稿に関わる論点としては、法律上の原因の有無に関して、本件協力金の交付が私法上の贈与に当たるか、また、X社は市や区に対して、錯誤無効、解除条件の成就又は目的不到達を理由に、本件協力金の返還を求めることができるか、がある。

この点について、本判決は次のように判示する。協力金等は、宅地開発業者に理解と協力を求め適正な宅地開発を進めようというものであり、宅地開発業者がこれを支払わなかった場合の制裁条項はなく、強制できる性質のものではない。また、開発行為に関する同意に際しては、開発計画が開発規制法令に反しないものであるか否か、宅地開発による工事や生活雑排水等の流入が農業用排水路や土壌の汚染にどのような影響を与えるか等「あらゆる事情を総合的に考慮する」のであり、宅地開発業者に工事や排水の放流につき一定の事項を誓約させることもある。このことから、「右の同意に際して、右各協力金の支払の有無を考慮することがあったとしても、それはあくまで一つの事情として考慮するものでしかない」というべきであるから、直ちに、「右各協力金を同意の対価と認定することはできない」。協力金が「同意」の対価に当たらないならば、無償で支払われるものといえ、私法上の贈与契約に基づくものであるとした。そして、この贈与契約の効力に関して、協力金は強制的な開発負担金であり、これを支払わなければ本件開発事業に対する許可が得られないと誤信していたというX社の錯誤無効の主張は、動機が表示されていないとして容れられなかった。また、本件贈与契約に「所期の開発行為が行われなければ失効する」という解除条件を付する旨を明示的又は黙示的に約したことを認めるに足る証拠はないとされた。さらに、協力金贈与契約には、開発行為（宅地造成）の実行という目的が付されていたにもかかわらず、造成工事をすることなく開発行為に関する工事廃止の届出をしたことから、「目的不到達」を理由に協力金返還を求める主張がなされたが、次のように否定された。協力金の支払が、最終的に開発事業を行うためであったことは明らかであり、受贈者であるY側も、このようなX社の意図を当然に知り得たものである。当事者双方が開発事業の実行という目的の存在を認識した上で、協力金の贈与契約が締結され支払がなされたと見ることができるから、開発事業が行われなかった場合には、YらがX社に対し協力金を返還すべきであると解する余地がある。しかし、本件の場合は、X社の方が、予定していた融資を銀行に断られたことなどから開発事業の実施を断念し、土地の新たな買主も見つかったので、開発事業を行わなかったのであり、協力金贈与の目的（開発事業の実行）が達成されなかったのは、専らX側の事情によるものでありY側には何の責任もなく、開発事業が行われることを予想して諸施設等の整備を行い、協力金から諸費用を支出していること等の諸事情に照らすと、現段階において開発事業を行うという贈与契約の目的不到達を理由に協力金の返還を求めるのは、信義則に反し許されないというべきである。

宅地開発に関する行政の同意を得るために開発業者の開発協力金を給付した事例において[107]、私法上の贈与を認める一連の裁判例があり、その最近のものである。行政上の考慮で為される同意は開発事業と深く関わることから、経済的性質を有すると見ることができるかもしれない。対価性は否定されており、贈与契約とされているが、開発事業の実行という目的の存在を当事者双方が認識してなされたのであるから、開発事業が行うためになされたものであることを目的不到達という構成によって考慮する余地を認めている。

［19］　大阪地裁昭和四〇年一一月三〇日判決（判タ一八五号一五九頁）

次のような事案である。Ｘは名目上の取締役であり実質上は経理事務を担当していたが、Ｙ社代表者の娘婿であるＹ社取締役と感情的な対立が起きたために退職した。その際、退職金を分割払とし、かつ、Ｘが会社の税務上の不正を密告したときは将来の給付を打ち切る旨の特約を付した。Ｙ社には退職金に関する定めがなかったが、Ｙ社代表者はＸに退職金を支給するから勤務に精励するよう述べていたし、退職金支払の前例があった。これと比較してＸへの退職金支給は特に多額のものとも認められず、在職中のＹ社代表者の言動から見てＸとしても十分期待できる額であった。Ｘはこの契約に基づきＹに対し履行を請求した。

本判決は、当該退職金支給契約につき、右特約以外の部分を有効と認めた。まず税法上不正を密告しないことを条件とする退職金支給契約は贈与契約であり、その支給額が特約の対価でないと見られる場合には、特約のみが無効であって退職金支払の契約自体は有効である。税務上の不正の密告をしないことに対価を与える性質ものであれば法律行為そのものが無効となる（民法一三二条）が、本件の事案では、Ｘに対する退職金は従前の勤務に対する報償であり、密告しないことの対価ではなかったとすべきであり、贈与契約そのものは有効であるとした。

企業を退職する際何らかの義務を負うとされた場合の退職金支給約束を、贈与とする若干の裁判例がある。本件の場合この結論に異論はないと評価されているが(108)、退職金請求権を保護する判旨に合理性があるからであろう。本主観的等価性があればよいとすれば、不正の密告をしないことを対価とする意思が当事者にあれば、これとの有償性を認めざるを得ない。本判決は、本件贈与が退職金として妥当な額であったことを一資料として、密告しない義務との対価性を認めない。そして、退職金支給約束は報償的趣旨の贈与契約とされるが、賃金後払いとして先行役務との関連でこれに有償性を認めうる場合である。

[20]　東京地裁昭和四二年一二月二五日判決（判時五二〇号六一頁）

事案は次のとおりである。Ｙは、退職するにあたって、自己が出資した分を株式処分代金として返還してもらうほか、会社発足時に事務所の移転費、自動車、電話を提供したことを理由に、Ｘ社に退職金を要求した。Ｘ社には退職金の規定はないし、ＹはＸ社の苦境時代に去り、復職後の勤務期間は七―八ヶ月であった。しかし、ＹがＸ社と同業には従事しない旨申し出たため、これに違反した場合の返還を約し、約束手形を振り出したものである。

本判決は、競業避止義務が課されていることから退職金契約を負担付贈与とする。本件の場合、いわゆる賃金の後払いを意味する退職金と解すべきではなく、贈与であるが、競業避止の特約と密接不可分の関係にあるとして返還義務が認められた。そして、職業の自由の制限については、合理的な理由なしに特定の職業に就くことを禁ずる契約は一般に公序良俗に反するが、本件の場合のように、代償を保有し続けるなら職業の自由を制限されてもやむを得ず、その代償を随時返還して制限を免れることができると解されうる限り、有効であるとする。しかし、いったん代償を受けた以上これを返還しても制限を免れることができないと解される場合は、理由なく職業の自由を制限するものであり、許されない。

この事案のもとでは、判示されたとおり、賃金の後払いである退職金支払約束として有償であるということはできないであろう。しかし、同業に従事しないことを対価とする有償契約にＹの解約権が留保されたものと解するのが、妥当であり、かつ実態に即していると思われる。

[21]　浦和地裁平成九年一月二七日判決（判時一六一八号一一五頁）

事案は次のとおりである。債権者はイベントの設営等を業とする業界屈指の会社であるが、債権者の従業員であった債務者らは、退職に際して、「退職後三年間は同業他社に就職すること、および個人あるいは会社として同業を営むこと」を一切しないとする競業禁止特約を記載した退職確認書に署名押印した。また、債権者の就業規則にはこれと同内容の競業禁止規定が置かれていた。本件は、競業関係に立つ業務の差止めを命じた仮処分決定（平成七年九月一九日）の保全異議事件であり、競業禁止特約の効力の有無が争われた。

本判決は、退職する労働者に対し競業避止義務を負わせる本件退職金支給契約を、公序良俗に反し無効とした。基本的には、たとい合意によるとしても、競業禁止は無制約には許されない。それが許容されるのは、それを必要とする合理的理由があり、そのために必要な範囲でのみ競業を禁止する合意であって、それが正当な手続きを経ているほか、「禁止に見合う正当な対価の存在」が認められる場合に、限られるべきである。その上で、この事案の下では、①本件特約は、その期間、地域、職種等の範囲のいずれから見ても債務者らにとって重大な制約となること、②債務者らの受領した退職金の額は退職金規程によって算出されるものに比べむしろ少なくなっていることから、この特約の内容は一方的に債務者らに義務を負担させるだけであること、③債権者の側に本件特約以外の方法で守ることの困難な正当な利益が存在したとは認められないこと、④本件特約は、就業規則中の競業禁止規定の存在を前提に、しかも債務者らが退職金規定の存在とその内容を伝えられることなく成立したものであることなどからすると、特に時間的範囲を見た場合、公序良俗に反する。そこで、これと異なる原決定を取消し、仮処分命令申立てを却下した。

本判決によれば、合理的範囲内である限り、競業避止義務を対価とする出捐の約束は有効でありうるものの、退職金の規程額を下回るようでは、過去の労働に対する対価、補償にも欠けるのであり、競業禁止特約の効力を公序良俗違反として否定したのである。ここでは、競業避止義務を何らかの出捐に対する反対給付とすることが職業の自由を害しないか、という労働者の自由に関する公序良俗違反の問題が争われた。このことをもって有償契約とされたといえるわけではないが[109]、その判断の際に、「正当な対価」の存在が重要なものとして必要とされているのであるから、すでに贈与とは見られていないといえる。競業避止義務については、この不作為債務の適法性、法律行為自体の効力の有無をめぐって多くの裁判例が存する。そこでは、給付内容のみならず、対価や補償の有無、契約の背景ないし動機が考慮されている[110]。

3　日本法における無償性

前掲[20]までの判決例を見る限り、無償の贈与が認められる範囲が日本では相当に広く、受贈者の一定の行為を得るためになした出捐約束であっても、特に吟味することなしに贈与契約とする裁判例が多いように見える。しかし、学説の基準を見ると、むしろ有償性が広く認められそうに見える。即ち、対価的な意義を有する経済的出捐があるかが問題とされており、反対給付との法的関連性も特に必要とされておらず、当事者が主観的に等価とした経済的出捐だけが要求されるように見える。これが、ドイツの古い学説のように当事者が互いに経済的に相当な給付を任意になすことだけを問題とする趣旨ならば、ドイツ法における通説的基準よりも緩やかな基準で有償性を認めうることになる。ドイツ法においては、有償といえるためには出捐と反対給付との間に「法的関連性」が必要とされ、そのためには双務契約のほか、反対給付が条件とされ、あるいは行為基礎となっていることを要し、単なる動機では足りない。とすれば、そのドイツ法においても、通説が契約の条件や目的となりうる財産権的性格のない反対給付を認め、妻の同居、親の老後の介護、相続に関する補償といったものも反対給付とされ得ることからすれば[111]、日本法においても当然に広く反対給付が認められそうである。しかし、日本においては、妻の同居（前掲[14]）や老後の引取扶養（前掲[11][12][13]）のため、あるいは、身分行為や相続にかかわる出捐契約も贈[112]

与とされている。これらの事情は反対給付ではなく、動機に過ぎないとされるのである。そして、贈与には名誉、威信、礼譲、好意のためになされるほか、将来に利益を受けることへの期待が事実上伴うことがあるとされ[113]、贈与契約とされるものの範囲は広い。このような贈与には、現実社会において贈与がおこなわれる契機、原因、その機能からして、いくつもの「現実類型」があるとされるにとどまり[114]、各類型の特徴に即した解釈学的修正を加えるについては、その余地が存するにすぎないのが現状である。

同居・介護との関連で老親が出捐契約をなす場合の紛争は日本でも多く発生しているが、ドイツ法では贈与でないのに対し、贈与契約とされ、同居や介護等がなされない場合には何らかの法的構成によりその効力を否定されるが、これらは忘恩行為の事例とされている。しかし、「忘恩行為」と明言する判例はなく、忘恩による撤回とすると、「忘恩行為」概念が広く前掲[11]判決のような場合にも認められるかが大きな疑問となる。また、忘恩行為とされない場合として挙げたものには実質的に何らかの対価のようなものが存し、贈与者の目的を追求する出捐が贈与とされていることがわかる。贈与性、無償性を決するに出捐者の目的を考慮する程度が実際上ドイツ法よりも少なく、安易に贈与とする傾向があるといえる。よって、ドイツ法との比較でいえば日本の贈与は Liberalität の方向で限定されてはいないのである。

ところで、このように贈与契約とされる範囲が広いことには、どのような意味があるだろうか。まず、贈与契約とされても、平成一一年九月二二日の東京高裁判決（前掲[18]）が述べるように、両者に共通の「目的」[115]が達成されない場合には給付の「法律上の原因」を欠き、出捐者に不当利得返還請求権が与えられる余地はある。このことは、有償契約とされ、反対給付が実現されないという場合でも同様である。即ち、双務契約であれば解除という法的手段が用意されており、日本法においては金銭に見積もることのできないものも債権の目的としうる（民法三九九条）ため、双務契約も認められ易いであろう。しかし双務性が認められず、債務不履行責任が生じない場合には、少なくとも目的不到達による不当利得返還請求権は認められることとなろう。意思表示を為すに至った契約目的というものは、日本法でも不当利得法においては考慮されうるのである。本稿にとって反対給付の有無を論じることの意義は、どのような場合に贈与法の適用される贈与が認められるのか、贈与法がどのようなものであるかである。この有償無償の境界線が持つ意義は贈与法がどの程度の法的拘束力を定めているかによって異なるであろう。即ち、贈与法が忘恩、困窮による悔返権といった、有償契約にはない贈与特有の規定を有するとき、贈与契約となるか有償契約となるかは、当該契約の法的効果を大きく異ならせるのであり、現実問題としてより重要になる。この点、日本法の贈与規定は強い拘束力を認めており、このために、この境界線がさほど強く意識されないまま、贈与契約が容易に認められる傾向があるのかもしれない。贈与を無償契約とする両国において、ドイツではその限定的贈与観を反映した贈与法ゆえに贈与の範囲が実際上も限定的に解されているが、日本法においては立法者の贈与観そのままに広く贈与が認められているといってよいのではないか。とすれば、学説上忘恩的状況で法的効果を否定すべきことが広く認知されていることは、どのように捉えられるべきであろうか。この点を見る限り、贈与契約に常に規定どおりの強い拘束力が認められることとはなっていないのである。そこで、忘恩行為に関する学説の発展をどのように把握し整理すべきか問題である。また、忘恩的状況とは関係なく、より一般的に贈与の強い法的拘束力を疑問視する見解が多い。要するに、広範な贈与に強い拘束力が一律に定められる日本法においても、拘束力を弱めるべき必要性が特に高い場面も存するということである。このため、むしろ贈与の拘束力を弱める「多数説」に対し、贈与の効力を高める方向について、その理論的根拠は十分に示されておらず、「孤立的根無し草」の様相を呈しているという状況があるという(116)。日本法においては、そもそも拘束力を弱める贈与規定が存しない上に、これを排除すべき場合を示しておらず、種々雑多な性格を有する贈与を包括的に扱うことから、その対応は混乱したものとなっているように思われる。

二　贈与の法的拘束力に関する学説

1　贈与契約の効果

贈与を厚く保護する日本贈与法と呼応するかのように、贈与契約の方式である書面性も、贈与者の軽率を防ぎその意思の明確を期するという趣旨からして十分であることが強調され、緩やかな解釈が与えられている[117]。そして、この判例の流れは、「行き着くところまでいって」いるとの評価もなされている[118]。この緩やかな「書面」性を備えることで、民法の原則によれば、贈与契約は完全な法的拘束力をもつことになる。しかし、このことに疑問を表明する学説が多い。そもそも、無償契約である贈与は、対価取得を目的とする有償契約に比してその性格は多様性に富んだものであり、それによってその法的保護の必要性もまた様々である。そのため、一般的な約定の法律行為性の有無を特に問題として贈与約束の拘束力を否定する立場、また、贈与契約であるとしながら効果を弱める特別の配慮をする立場がある。「どのような拘束力が与えられ、あるいは、法的に保護されうるかということ」は、贈与の基本的問題なのである[119]。ここでは当事者に法的効果まで負う意思があったかが問題とされているが、形式的な基準である「書面」性による保護が緩くなりすぎたことで、このような実質的な意思解釈がより重要になっているのである[120]。この問題に関する若干の見解を見ていきたい。

まず、末弘説によれば、無償行為がなされる場合には、法律的に拘束力ある債務を負担するというよりも軽い意味に考えられていることがあり、紳士協約的に、一応約束をするが後々都合が悪くなれば自由に取消しうるものと考えているような場合や、また裁判所にまで訴えうるほど重い約束をする意思をもたないような場合がありうる。よって、「かくのごとき実際上の区別を無視していやしくも約束をした以上、常に必ず法律的拘束力を認むべしというような議論は、無償的約束の実情に適しない机上の空論である」とする[121]。内田説も、無償であっても約束は守るべきであるが、それは倫理なり道徳の問題であり、「国家権力が暴力的に契約内容に介入するには、それを期待ないし容認するような条件（国民意識）が必要である」ところ、無償契約には、そのような意識が欠けている場合が少なくない。そこで、無償約束に法的拘束力を与えるのには慎重であるべきなのである。[122]

また、広中説は無償契約の詳細な分析として、贈与の基礎には、元来モースのいう「恒常的」関係の流出物であった、一個の給付としての贈与を誘導する背後の「全要素——好意・感謝等々」があるが、「かの全要素を遺漏なく視野に取り込むための前提であるそれらの要素の法的操作が本来的に不可能」であるから、法はこれらを視野の外におき、「単純に無償の行為としての贈与が法の平面に立ち現れる」のであるとする。[123]しかし、贈与契約の効力に関しては、「契約は守られなければならない'pacta sunt servanda'」という法格言は本来妥当しないのであって、[124]忘恩や困窮による履行拒絶権や返還請求権等を認めない点で外国の立法例と異なるが、このことは、「日本においては『書面』があるか『履行』が終わっているかぎり贈与取消の余地は全然ないというような絶対的差異を意味しないであろう」とする。従って、「たとえ『書面』が作成されていても」法的拘束力を否定し、少なくとも贈与約束を法外的規範領域の問題とすることが妥当な場合もありうる。[125]また、「徳義上の契約」について論じ、合意があってもその実質的内容から効果意思、法律行為性を否定すべき場合を認める。[126]鈴木説も「贈与契約が存在するかには見えるが、当事者がそもそもそれによって拘束される意思があったか、が疑問な場合」が存することを認める。[127]我妻説も、贈与契約をなす意思の有無は、その無償性ゆえに慎重に認定すべきとし、「法律的拘束力（履行を強制する力）」が生じないと解すべき場合があるとする。そして、その評価が方式規定とは関係のない基準によりなされることを明らかにする。[128]

このように、一方的出捐を約束する何らかの合意があっても、常識から言って、贈与契約として完全な法的効果を認めるには慎重であるべきであり、さらに、その判断は方式を備えているかという形式的な基準だけでは図れないのである。このことが問題となる具体的な事例として、特定の事情の下で女給に独立資金を与える約束をした事案に関する判例、カフェー丸玉事件（大審院昭和一〇年四月二五日判決（新聞三八三五号五頁））がよく挙げられる[129]。我妻説は、特殊な事情の下に行われた贈与契約に、自然債務だけの効果を認めたものとする[130]。これは、法的強制を否定したことについて、約束が為された状況から見て、実質的に当該約束にふさわしいだけの法的効果を認めたものと考えるのであろう。このような見地からカフェー丸玉事件の事案を参照している見解は他にもあり[131]、判例の結論は「妥当性の点からは議論が分れる[132]」としても、このような処理の可能性は許容されているようである。例えば柚木＝松川説は、単なる一時の社交辞令と解するよりも「この程度の効力」を認めるのが妥当であったとして、大審院判例の立場に賛成する[133]。これに対し、広中説は、この事例における約束の法律行為性を否定し、「徳義上の契約」にすぎないとする。これによれば、約束どおりの給付があった場合でさえも、「債務の弁済」について語ることはできず、法的には履行時に現実贈与を認める余地が存するに過ぎないこととなる。要するに、この合意に基づく義務を法上の義務と見るか否かという点で、広中説と大審院の立場とは異なるのである[134]。しかし、これらはいずれも、当該約束の実質的性格、背後事情から、贈与契約の効果を特に弱めるか、その契約性を否認することによって法的拘束力を一切否定するものである。その根底には、特に深い縁故でもなければ贈与契約の認定自体難しく、無償契約である贈与における「効果意思」の確定には背後からそれを支える目的や動機を考慮する必要性が高いということがある[135]。カフェー丸玉事件は、契約の背後にある状況が法的拘束力を弱める要素となりうることを示しているといえる。

このように、贈与約束の法的拘束力について、多くの学説が、原則的には法的操作が困難だとしても、個別の贈与の背後にある当事者の事情、目的を問題にせざるを得ないことを認めている。即ち、実際問題としては、方式が備わっているだけで一律に強い法的拘束力を認めるという条文上の建前ほど単純にはいかないことが認められているといえよう。このことは、当事者の効果意思に関する「常識」ゆえに、対価取得という合理的な債務負担の理由をもたない無償行為であるために問題となるものである。また、有償行為との境界も考えるべき問題であり、これについて、加藤永一教授は、実質的には有償行為または義務の履行に類する背景を持つ場合、即ち、有償の実質を持ちながら技術的に反対債権と切り離され贈与契約の形式をとる場合には、効果意思を認めやすいと指摘される[136]。この指摘からは、日本法では有償の実質を有するものについてまで贈与契約が広汎に認められることが窺われ、この場合にはそもそも有償とされるべき場合もあろう[137]。有償とはいえなくとも、不合理な贈与については法律上の主張はされにくく[138]、何らかの便宜を図ってもらったなどの旧恩に報いる場合が多いのであり、友情、愛情を満足させるために贈与がされる場合は比較的まれである[139]。この点、ドイツ法においても、一方で契約性をもたない「好意（Gefälligkeit）」が解釈上問題となり、他方で、Liberalität の要素がないか特に少ないものを特殊類型として法的拘束力を強め、さらに贈与者の目的を考慮して贈与から除外し、本則的な贈与法を排除している。日本法において、学説上贈与の法的拘束力が論じられることが多いのは、法的拘束力を左右する様々な要素のうち Liberalität のような中核的要素による基準をもたず、広範な贈与契約に一律に強い効果を認めるためであり、このような日本法が問題をはらむことを示すものと思われる。

ところで、贈与契約の法的拘束力の緩和は、これを廃棄可能とするかたちでも論じられる。贈与は一般的生活関係において「礼儀的・社交的・感情的行為」として行われるものの、現実贈与が一般的で、贈与の約束が行われても「当事者にはむしろ法的契約の意識を伴わない場合が多い」ことから、書面による場合でも「その効力をかならずしも確定的・不動的なものとしないで、後に廃棄しうる余地を認める」べき場合も多い[140]。当該契約の効果としては後に廃棄されるという程のものが適当であると考えうる場合である。この点、一定の場合、特に忘恩的状況がある場合に、贈与規定にない撤回や返還請求を認める学説は多い。その中には、日本法には存在しない欧州の制度を積極的に取り入れようという立場もある[141]。このことは、現代日本における贈与観の変遷を示すものといえようが[142]、その際には、取り入れる忘恩規定が前提としている贈与の実質的性格に留意し、そのような性格をもつ贈与に適用範囲を限定することが望ましい。ドイツ法の忘恩規定についていえば、制定過程から Liberalität を想定しているといえるので、これを取り入れるとすれば、日本の贈与法がこれに配慮しないものであることを、どのように考えるべきかが問題となる。

2　忘恩行為

贈与契約の成立が認定され、書面を備えていれば、贈与者は撤回し得ないのが民法の立場であるが（民法五五〇条）、このほかに契約を撤回しうる場合を認めるべきであろうか。また、履行の終わった部分については撤回、返還請求はできないとされているが（同条）、これを許容すべき場合はないであろうか。多くの学説が、特に忘恩的状況のある場合にこれらを認める。このことは、贈与の法的拘束力の弱さを論じるものであるという意味で、前述したところと接着し連続しているとされる[143]。

この点について、留意すべきなのは、忘恩行為の問題とされる事例が、ドイツ法におけるものと異なると指摘されている点である。ドイツ法における忘恩行為は著しい非行であるとされ、生命侵害の企図、重大なる虐待・犯罪・侮辱、法定の扶養料の拒絶といった「当該贈与とは本来的に無関係な定型的・客観的な行為」であって[144]、後述⑴の学説と同様、個別の贈与とは関係ない贈与後の受贈者の非倫理的行為を指す[145]。これに対し、日本において忘恩行為とされる代表例は、当事者が親族等の関係にあり、当該贈与者が人間の情愛を含めた経済的な価値では図り難い老後の扶養、世話、又は祖先の祭祀の承継といった、主観的な目的・動機のもとに重要な財産（家産）を贈与したが、受贈者がその期待を裏切ったという紛争である[146]。一定の態様の扶養を期待して生活基盤たる財産が出捐された場合、前掲した裁判例で見たように、贈与が存するとされ、その上で何らかの法的構成に基づいて効力が否定されるのである。学説上は忘恩行為の問題と捉えられ、この問題を「はじめに贈与のなされた趣旨からして、贈与者の期待が裏切られた場合に、その履行の拒否または贈与物の返還請求を認める、というのがその実質」と考える見解が多い[147]。このために贈与契約の背後の状況を考慮に入れねばならず、その法的解決の困難が生じる。この期待が、契約内容であるということは、「贈与当時の円満な関係から、通常ない」からである。[148] そこで、後述学説(2)に見るように、本来顧慮されることのない動機の性質を有する、契約の目的、原因、といったものが問題とされるのである。この意味で、「贈与の撤回、特に、忘恩行為による撤回をめぐる議論には、日本法における贈与の拘束力の強さを疑問視する学説の態度が具体的かつ集中的に表現されている」のである。[149] 即ち、個別具体的な贈与における背後事情、当事者の動機や目的を考慮する必要性が根底にあることは共通であるから、日本法における忘恩行為の問題は、１で述べた個別の贈与約束の効力の問題と、本質的には当然に連続性を有するのである。

そこで、忘恩行為による撤回に関する学説が日本法でどのように発展しているかを見ていきたい。日本法には忘恩規定はなく、昭和の一時期には学説はこの問題を全く扱わなくなる。[150] もっとも、戦前も勝本博士、石田文次郎教授がこの問題に言及しており、戦後はこれらの見解が受け継がれ、一般に問題とされるようになった。[151] 以下では、ドイツ法と同様、忘恩行為による撤回を Liberalität を基礎とする制度と把握しているかという視点から諸見解の分類を試みたいが、それは必ずしも明らかではないため、忘恩行為概念の捉え方を手がかりとして諸見解をできる限り分類することとする。まず、参照する外国法の制度に忠実に忘恩行為概念を狭く捉える見解と、これから外れるものにまで忘恩行為概念を拡大することにより日本法独自の発展を見せる見解、さらに、外国法の研究により日本法の発展の独自性を意識する見解の順に見ていくこととする。

(1)　忘恩行為を客観的非倫理的行為とする見解

広中説は、受遺欠格の規定（民法九六五、八九一条）を生前贈与に類推適用する。広中教授は、受贈者が贈与者を殺害した場合、受贈者の保護は「人間の意識」が肯定しがたいことから、生前贈与と遺贈が共通に法定相続を侵食することに鑑みて、受遺欠格の規定を期間の制限（一〇四二条）とともに類推適用することを承認するのである。但し、これを忘恩行為による取消とよぶことは意識的に避けられている。「忘恩行為による贈与の取消」という言葉で一般に日本人が観念するであろうところのものをおそれて、ドイツ法というよりスイス債務法を参照し、このような論理操作によるべきとするのである(152)。そこで、「忘恩」と結びつけて「信義の原則」とか「事情変更の原則」とかいう言葉を安易に持ち出すことも否定されている(153)。但し、この見解も、これとは別に、解除条件成就による失効や負担不履行による解除を認めるべきことも一般原則どおりに認める(154)。しかし、これを忘恩行為の問題と考えていないのは、明らかである。

また、鈴木説も、「忘恩行為」という言葉の一般的意味が広範すぎることから、外国法における忘恩行為による撤回という考え方を、「そのままわが国に持込むのは、適当ではない」とする。例えば、受贈者が贈与者と口げんかをした、贈与者を粗略に扱ったというだけの場合にも撤回原因を認めてしまう恐れがあり、広中説と同様、忘恩という言葉が日本においてはあまりに広く解されうることを危惧している。そこで、「受遺欠格に照応する重大な事由」が受贈者にある場合にのみ、贈与の履行の前後を問わず、贈与者は「忘恩行為による撤回」をなしうるとするのである。これには、殴打して重傷を負わせるなどの、受遺欠格原因そのものにあたるとは言い難くともそれに準ずる場合も含まれる(155)。

内田説は、履行前の撤回について、受贈者の忘恩行為、贈与者の財産状態の悪化により、撤回を認めてよいとする。この場合の忘恩行為とは虐待するというようなことである(156)。これに対し、履行後の撤回は、相続や遺贈を受けられなくなる欠格事由に相当する（八九一条、九六五条）場合に認められる(157)。

これらは、忘恩行為の概念として、個別具体的な贈与契約とは本来的に無関係な、客観的非倫理的行為を念頭に置いていると考えられるものである(158)。この点については、ドイツ法、スイス法における忘恩行為概念と同様のものであるといえるであろう。これらの見解に対しては、忘恩行為の範囲が狭すぎるとの批判がある。特に、受遺欠格の類推では受贈者が贈与者を死亡させるか死亡させようとしたため刑に処せられた場合に限られてしまう（民法八九一条一号。二号以下は類推適用の余地がないであろう(159)）。しかし、次に見るように忘恩行為概念を拡張させていく見解は、単なる広狭の問題を超え、ここで忘恩行為とされるものは異質なものを扱うようになっているのではないかと考えられる。

⑵　贈与契約の目的・原因を問題とする見解

加藤一郎説は、明確に、この問題の実質を具体的な贈与者の期待が裏切られた場合の処理であると捉え、これは「贈与の性質に根ざす問題」であるとされる。本質的問題は、「贈与の中にはそういう要素が内包されていることがある」のであり、それをどのように評価し処理するかなのである。そして、これが認められる範囲は、著しい忘恩行為に制限されるべきであり、その法的根拠づけとしては、事情変更の原則による解除（履行前）のほか、「法の欠缺があるとして、忘恩行為による撤回（または解除）を条理として正面から認めるほかはないであろう」とする[160]。この見解は、問題を個別の贈与契約における贈与者の期待を問題とするものである。このような問題の把握によって、忘恩行為概念が主観的かつ個別的なものに拡大されたことは、広中説、鈴木説の懸念が実現したものといえるかもしれない。

石田説も、忘恩や困窮に関する規定の欠如は立法上の欠陥であるとし、忘恩行為により履行請求が信義の原則に反する場合、贈与者は請求を拒否できるとする。これも当該契約について履行請求が認められるべきかを、信義則という一般条項を用いて個別に判断しようとするものであろう[161]。

於保説は、悔返権の留保なり解除条件に関する黙示の特約を認めることで処理する。贈与は「恩愛関係によるものであるから、贈与者や家族の生活が困窮したり恩愛関係が裏切られたときには、その原因がなくなることになる」からである。この恩愛関係の裏切りが困窮状態と同様客観的一般的なものを指すとすれば、具体的な当事者の期待が実現しないという問題ではないことになる。しかし、これが認められるかは「具体的事情」によるとされ、この「具体的事情」が個別の贈与における当事者の目的や期待を含むものであって、そのために返還請求権の留保や解除条件の認定といった当該契約の解釈で処理しようとするのならば、やはり当該契約における具体的な期待が裏切られることを忘恩行為の問題と把握しているといえる[162]。このような見解に対しては、贈与者の期待が解除条件という契約内容となることは、贈与当時の円満な関係からすると、通常は認め難いとの批判が考えられるであろう[163]。

平井＝岸上説は、贈与者の「目的」不到達による不当利得返還請求、及び、これを理由とする撤回を認める。贈与契約時に期待された老後の扶養が為されなかった場合、婚姻不成立や解消の場合の結納や支度金等の返還請求と同様、目的不到達による法的処理を認める見解である。家産贈与の条件となる扶養は、結納における婚姻と同様であり、性質上反対給付に相当するものが法的に強制できず、契約内容の操作では解決できないという問題であって給付不当利得に定着している目的不到達として不当利得法により解決すべきだからである。即ち、「それらは多く、法律関係として処理しきれない当事者間の個人的情宜を基礎とした生活関係より生ずる行為を対象とすることから、財産法を支配する合理的紛争解決の基準としての条件、あるいは解除等の構成を直截に用いるべきではなく、むしろかかる範疇において法的処理を結果として為さざるを得ない場合としてとらえ、すでに、わが民法の解釈としても定着していると思われる目的の不到達による法的処理が、法的構成としても妥当であり、効果面においても適切であると考えるのである[164]」。効果としても、この構成により「目的を不到達ならしめるに有責であった贈与者には撤回を認めるべきではないとすることが可能に」なるのである[165]。

三宅説は、「前提」「行為基礎」消滅の理論を用いる見解である。「思うに窮乏や忘恩行為など契約成立後とりわけ履行完了後の当事者の一身にかかわる事情は、一般の有償契約などでは問題とされない（解除条件とする合意がない限り、一方の当事者が動機として表示しても、客観的重要性ありとされない）が、贈与ではそれが解除条件として合意されなくても、契約の際当事者双方に明らかな、契約成立の重要な動機ないし基礎的事情のそごないし消滅となることもあるから、その場合には前提（行為基礎）消滅の理論……により、贈与の効力の消滅を認め、履行拒絶の抗弁のみならず、履行後の返還請求をも認める余地はあると考える」とする[166]。

この行為基礎による解決は、困窮や忘恩行為の規定を行為基礎に関する特則と考えるドイツの現在の通説的見解に沿うものであるとも考えられるが、前述したように両国の忘恩行為概念には差異が存するのであって、いずれにせよ特則たる忘恩規定自体の趣旨から考えられねばならない。この行為基礎とは、契約の目的、即ち、意思表示をなすに至った基礎的な事情についてのドイツ法の概念であり、ヴィントシャイトの前提論から発展したものであるという。[167] 行為基礎とは、行為の締結の際に現れ、相手方によってその重要性が認識され、しかも異義を述べられなかった一方当事者の前提観念、又は複数当事者の共通観念であって、行為意思がそれに基づいて築かれる一定の事情の存在又は発生に関する前提観念である。行為基礎は、前提と異なり、法律行為の締結の要件ではあるが、法律行為の内容にはならないとし、意思表示の外に置かれた。[168] このように、ドイツ法においては、契約における現実の意思との齟齬の問題について「真意と取引の安全とのバランスをとる一つのメルクマールとして、目的概念を発展させてきた」のであり、「成立した契約の効力を修正する機能を持つものとして、目的をとらえているということ」ができ、フランス法などのように「原因にたちもどって――成立要件として――、それを処理する」ことはない。行為基礎論は「事情変更の原則のドイツ版」[169] であり、一方で不当利得返還請求権に関する前提論と関わり、[170] 実際ドイツでは目的不到達の不当利得返還請求権は行為基礎の問題とされるようになっているという。[171] 平井教授は、行為基礎の理論は「わが民法の解釈上定着を見ているとは言い難い」のに対して、目的の不到達は「すでに不当利得において一般に承認されている」ことを自説の根拠とするのであって、[172] これは三宅説に対する批判となろう。このように、ここまでの学説は、当該当事者間の目的を考慮して贈与の効力を否定しうるようにするために、多かれ少なかれドイツ法の概念を用いているということができる。

これに対し、これらと同様の機能を有するものとして無償契約において原因論が見直される傾向があり、[173] 忘恩行為による撤回の場面でも原因論による解決を主張する見解がある。例えば、岡本説は、贈与の背後にある恒常的関係を「さしあたり」視野の外へ置かざるを得ないことは認めるが、「定型化ないし類型化された無償契約の成立や効力を解釈する場合、かかる恒常的関係をどの程度まで法的に操作が可能であるか」を論ずることは不可能ではないとして、原因論による解決を試みる見解である。即ち、有償行為における対価交換に相当するほどの、「当該贈与を導出した主観的事情」である「具体的原因」が考えられ[174]、この「『原因』事実は贈与の存続に直接影響を与える資格をもっているから」、「贈与に内包された贈与者側の重要な期待が裏切られ、当事者間の『相互的援助関係』が破綻し、それと一体となっている贈与『原因』が解消した場合には、その撤回を肯定してもよいであろう」とされる[175]。ここでは、当該贈与の背後にある恒常的関係のうちから、「原因」を析出して贈与の法的拘束力を否定する余地が認められ、これには具体的な贈与契約における当事者の期待のうち反対給付に匹敵するほど強いものが想定されている。

森山説も、恵与のコーズ概念の検討を基礎として、有償契約の反対給付にひきつけるような形で恵与における「目的」を考えることができる場合、これを法的考慮に入れ、その不到達の場合に恵与の撤回を認めるべきであるとする。これは抽象的には定め得ないもので、具体的状況において債務負担を説明する多様な理由の一つであるが、「他の多数の恒常的関係の諸項の一つではなく、それのみが状況において現れるか、あるいはそれが他の諸項よりも格段に抜きん出て現れること」が必要であり、この場合には目的と見て、その不到達の場合に撤回を許すべきとする[176]。

最後に、岡本説とほぼ同様の観点に立つと評価されているのが[177]、武尾説であり、これは、日本における忘恩行為においては動機が問題となっていることを正面から認めるものである。この見解によれば無償契約の法的拘束力が否定するために用いられる行為基礎の喪失やコオズは、いずれも「契約は守られなければならない」とするときの意思ではないとする。これらは、その意思を生ずるに至った過程、契約に至った意思形成過程における当事者の内心を、その契約の法的拘束力に反映させているのである[178]。無償契約において債務負担に至る個人的主観的事情を法的拘束力の判断と切り離さざるを得ないということは、「恒常的」関係に基づく日常的な贈答には妥当するものの、これを超える贈与についてはその具体的誘因を捉えることができるのであって、この場合、法的拘束力の根拠として、一定の「動機が、法的評価の対象とされることになる」のである。[179] 忘恩行為とされる場合には、この決定的な動機が崩壊するのだが、それは行為基礎や目的不到達の理論における「前提（行為基礎）」や「目的」とほぼ同様であるという。[180]

大村教授は、贈与の拘束力に関する日本法における議論の全体的考察として、「程度の差はあれほぼ一貫して、抽象的な合意が契約の拘束力を基礎づけるわけではないという考え方が採られている点が注目に値する」とされる。これらの議論は、無償契約の法的拘束力に関して、一方的出捐約束たる贈与契約だけが法的存在とされ、これに至る動機の性質をもつ期待等を常に無視することが不都合であることを問題としている。この場合特に抽象的な合意以外のものを考慮する必要があるために契約の目的や原因・動機が論じられているのであろう。即ち、通常対価取得自体が決定的な動機である、より定型的な有償契約に比して無償片務契約の場合にはその必要性が高く、ドイツ法においても、目的贈与など、目的の顧慮は贈与における一つの大きな問題である。さらに、ドイツ法と比較して、日本法における贈与は実際上広範であり、契約の目的を反対給付として有償的処理をすることが少ないことから、[181] この問題がより頻繁に生じかつ深刻なものとなっているのではないかと思われる。即ち、様々な概念を用いて目的を顧慮しようとするのは、Liberalität を基礎としない日本法においては、利己的でありうる目的を追求する贈与が広く認められるため、これが達成されなかった場合、贈与に完全な法的効果を認めては不都合な場合がより多い。それが特に主観的等価性を有するほどに重大な目的であったときは不当性が大きい。そのために対価に相当するほどの「原因」や、反対給付に引きつけるような形で考えうる「目的」というものを問題とする見解が見受けられるのであろう。以上のような問題を扱うものとして「忘恩行為」を考えるならば、「忘恩行為による贈与の取消」は、いわば利己的贈与のための制度となっていることになる。その場合、忘恩行為概念が、当該贈与契約における具体的な当事者の期待を取り込むものであることは、当然であるといえる。

⑶　外国法との比較において日本法の独自性を意識する見解

以上の⑴⑵の諸見解は、単に「忘恩行為」の範囲の広狭だけではなく、その性質が一般的客観的なものか、当該贈与における当事者の主観的事情によるものかによって分類される。さらに言えば、⑴ Liberalität を想定したドイツ法等の忘恩規定と同様に考える見解と、⑵好意契約たる贈与を否定するわけではないが、結局は主として贈与に伴う利己的目的の挫折を扱う見解とに大別することができる。⑴の見解が相続法の欠格事由を類推することは、スイス法のほか、ドイツ法の忘恩規定も、相続法上の Liberalität における理論を参照することを想起させるものである。また、⑵は贈与の目的の挫折がその法的拘束力を否定すべきほどである場合を探求するものであって、何らかの贈与者の目的をもってなされた贈与を主に問題とするものである。多くの見解が、同居、扶養を条件とする全財産の贈与を念頭に置いて論じられており、この場合の目的とは受贈者の一定の行為であって対価的なものであることも多いと考えられる。要するに、⑵は多くの場合、目的贈与や、有償行為との境界領域を扱うものなのである。この点、外国法の研究に基づいて、⑵を主流とする日本の忘恩行為の独自性を自覚する見解も現れている。

まず、これまでの見解は、このことに必ずしも自覚的ではなかった。例えば、養親子間の間で「情誼関係が贈与者の責に帰すべき理由によらずして破綻消滅し、右贈与の効果をそのまま維持存続させることが諸般の事情からみて信義衡平の原則上不当と解されるときは、諸外国の立法例における如く」撤回を認めた新潟地裁昭和四六年一一月一二日判決（前掲⑾）の設定する要件が緩すぎるという問題意識のもとに「撤回」を認めるべき場合を論じる来栖説は、⑴⑵双方の問題を扱っている。⑵のように、同居し扶養することが負担であり、あるいは離縁と共同生活の終了が解除条件であるという論理構成でも撤回を認め、さらに、これらが認められない場合にも、⑴のように、生前相続の意味を持った贈与の履行後の撤回については、故意に贈与者を殺害し、又は殺害しようとして刑に処せられたとき(九六五条、八九一条一号)、又は、受贈者の有責事由によって離婚離縁となり、あるいは贈与者が離婚離縁の訴えを提起していて死亡したが受贈者に有責事由がある場合（ドイツ民法一九三三条参照）に撤回を認める。[182] もしも、これら双方を「忘恩行為による贈与の取消」であると位置づけるならば、⑴と⑵が扱う問題領域を混同するものとなろう。そのような態度は外国の忘恩行為の制度趣旨や、その基礎となる贈与観の違いを考慮しないものであり、また、⑴の学説が指摘するように、振幅の大きい「忘恩行為」という語を用いて、個別事例ごとに受贈者に対する道義的評価を行い、撤回可能性を無定型に広げてしまう危険性を伴うものである。⑵に挙げた学説は、ドイツ法における忘恩行為の問題領域からは外れて、むしろ対価性や、贈与の目的を扱っていることを問題視していない。むしろ、理論を構成するにあたって、いわゆる忘恩に限定する必要はなく、より広く、結納における婚姻不成立の問題といった「贈与の目的の考慮」という問題として考察する方が、「わが国の事情によく合う」とする見解が存するほどである。[183]

しかし、⑵で挙げた見解の中にも、忘恩規定の例外に言及し、その適用範囲が限定されるべきことを指摘するものが存する。忘恩行為により撤回しうる贈与の範囲の限定を主張する見解は、自覚的ではなくとも、忘恩規定が本来一定の性格を有する贈与を前提とすることを示唆しているといえるであろう。即ち、悔返権は贈与に特有のものであるが、贈与契約がもちうるどのような性格に由来するのかは、どのような要素をもつ贈与を対象とし、その反面として、どのような贈与を適用外とするかに反映されるのである。忘恩行為による撤回が認められない例外的場合に言及する見解は、次の通りである。三宅説は、「相手方の過去の労務ないし功績に対する対価として任意になす報酬の支払（贈与ではないと考えるが、一般には贈与に含める……）はもとより」、徳義上社交上の義務としての贈与においても、「別に出捐の原因ないし贈与成立の基礎事情があるのだから、贈与の窮乏や受贈者の忘恩行為による失効はない（ド民五三四条参照）」とする。[184] また、平井説は「撤回を認めるにしても、すべての贈与について一律に言えることではな」いとして、「それまでの無形の給付に対する対価的な意味をもつ贈与（いわゆる謝意のしるしとしての贈与）、全く恩恵的性格をもってなされる贈与（寄付など）、政治的ないし公益的性格を持って為される贈与」には履行後の撤回を認める必要はないとされる[185]。本稿の問題意識からすると、先行する「無形の給付」に対して為された贈与が撤回の適用外とされることが注目される[186]。さらに、岡本説は、ドイツの道徳上の義務の履行やイタリア民法の報償的贈与や婚姻に関する贈与には悔返権が適用されないから、「諸外国の立法例を参考にしつつ、わが国での倫理観をも勘案して、適用可能な場合を類型化する作業が当面の課題となろう」とし、これら『好意契約』でない贈与」を忘恩規定の適用外とすることの当否を検討しなければならないというものである[187]。岡本説は、これらの例外規定から好意契約でこそ忘恩行為が問題となることを示すものであり、本稿にとり参照する意義の大きい見解である。

さらに、近年、外国の制度や判例の詳細な研究から、忘恩行為概念の範囲を明確にし、忘恩行為が限定的贈与観を基礎とすることを自覚的に論じ、日本法の独自性を直接的に指摘する見解が存する。これは、外国法の忘恩規定の核心にあるものについて考察し、外国法の状況と⑵を中心とする日本法の学説との差を意識的に論じる見解であるといえる。後藤説によれば、前述の通り、ドイツの判例・学説は忘恩行為を「著しい非行」とし、それは「犯罪となりうるような（もしくはそれに類するような）行為」「婚姻上の重大な過誤となるような（もしくはそれに準じて考えられるような）行為」「証言拒絶権の教示があったにも拘らずなした不利な証言や、夫による妻の両親への暴行・侮辱を阻止しないでいる妻の態度（不作為）のように、広く一般に倫理・道徳に著しく反すると考えられるような行為」と類型付けられるようなものであるという[188]。そこでの撤回権の根拠は、贈与者と受贈者との間のピエテート（感恩、恭順）な関係にある。社会道徳に従えば、贈与者はある程度受贈者の感謝を期待することができるのであり、受贈者は贈与者のそのような期待を裏切らない感謝の義務があるとされているのである[189]。

加藤佳子説は、フランス法の忘恩規定の研究から、日本法においても「贈与が贈与者と受贈者の情宜関係に基づいて無償の恩愛行為としてなされた場合」に、一定の要件のもとで、「忘恩行為による贈与の撤回」法理を解釈論として導入すべきとするが[190]、その際に贈与観の違いを考慮すべきであるとする。即ち、フランスを含め、ヨーロッパ諸国の贈与法の基礎をなしている贈与観は好意によるものであり、フランスの贈与法はきわめて恩恵的性格が強く、その好意を踏みにじるような行為をした受贈者を許せないのは当然である[191]。そこで、フランス法が忘恩行為を古くから認める根底には、贈与に対する感謝義務というものが当然のものとして想定されてきたという社会的背景があるのであり、こういった基盤のない日本において忘恩行為の制度を適用するには、法意識や社会感情の点において、フランス法とは異なった考慮が必要であるというのである[192]。同じくフランス法について、森山説も、忘恩行為による撤回は一種の私的刑罰であり、その背後に贈与者に対する受贈者の倫理上の感謝義務という観念があるとする。このことから、忘恩行為による撤回の制度をそのままとりいれることについては、その適用範囲を明確にしておく必要があり、人間関係の破綻や恵与者の期待背馳まで広げるならば、忘恩行為による撤回の性質を見失うことになるとの重要な指摘がされている[193]。

これらの見解には、日本法で発達した⑵の諸見解と、外国法の忘恩規定との間に差異が存することの認識があり、日本贈与法が外国法と異なる独自の発展を遂げてきたことを指摘するという意義を有する。諸外国においては忘恩規定の根底に特別の感謝の義務の存在が認められており、それは好意契約である故に道義上生じるものである。⑵の諸見解の中にも、贈与契約は、恩愛行為、好意契約であるとするものがあり、好意を動機とするものを意識的に撤回の適用外にするものではないであろうが、実際には個別具体的な贈与における目的の考慮を主に扱うものとなっている。Liberalität に対する一般的な感謝義務違反に対する制裁を定める諸外国の忘恩規定を、贈与の性格を問うことなく、当該当事者の目的を考慮するために参照することは、贈与観の差異を自覚しないことから生じるものであり、日本法独自の手法であるといえる。そこでは忘恩行為の概念は事案依存的で、不明確なものとなる。贈与を恩愛関係に基づくものとし、その破綻を忘恩行為としても[194]、その恩愛関係が当該契約において特に当事者が期待していた関係であり、その維持のために贈与が為されているところの具体的かつ決定的な動機とされるならば、これを破綻させる忘恩行為は一般的、抽象的な定型行為とはなり難いのである。

3　贈与観の転換の必要性

贈与に強い効力を規定する日本法においては、一般に実質的観点から贈与の効力を弱めるべきとの見解が有力であるが、そのひとつの現れとして、主に贈与者の期待や目的の挫折を、忘恩行為に関する問題として扱っている。ドイツ法の忘恩行為が、好意による贈与に社会道徳的に認められる、一般的な定型的非倫理行為であるのと異なる。このことが忘恩行為概念の範囲にも差異を生じさせ、日本法における忘恩行為概念の広さを示しているものとして、新潟地裁昭和四六年一一月一二日判決（前掲[11]）が挙げられる。これは、養子縁組をするにあたり養親から養子に対して生活の基盤である土地を贈与したが、実質的な養親子関係が形成されず、両者が離縁を希望しているという状態で、贈与の解除が主張された事案である。本判決は、情宜関係の破綻が贈与者の責に帰すべき事由によらないことから、当該贈与の効果をそのまま維持存続させることは信義衡平の原則上不当であるとする。しかし、情宜関係の破綻について受贈者側に積極的な忘恩的行為があったわけではない。それにもかかわらず、学説上これは忘恩行為の問題であるとされ、本判決も、「諸外国の立法例」における如く、贈与者の請求を認めるのが相当、と判示している。この点、本判決の示す要件がドイツ民法、スイス債務法に比べて緩やかであるため、厳密な検討が為されるべきであったと批判されている。[195] 注目すべきは、本件の場合には老後の扶養の期待は負担以上の意味を有すると考えるべきであって、贈与目的物の出捐と引き換えに老後の面倒をみてもらおうとした親子共同体内部の「交換」であり、これは実質的な有償・双務性を有するものであるとの指摘である。[196] 生活の基盤たる財産を贈与する場合、扶養がなされなくともよいものと当事者が考えていたとする余地はないと見るのが常識であり、引取り扶養ができる人物を選んで贈与することもあるであろう。とすれば、当事者にとり扶養の意味は対価とするほどに大きいことが多いと考えられ、それへの関心の高さからすれば、これを贈与とはせずに有償行為と把握する方が実態に即した解釈ではないかと思われる。

忘恩行為概念の範囲が当事者の動機如何によって個別事例ごと無定型に拡大しうるとすれば、立法者が「恩を買う」行為を否定するにもかかわらず、まさに贈与者が期待する恩を買うことを認める方向へ発展していると評価せざるを得ない。この立法者の判断については、諸外国に言う忘恩行為概念が定型的かつ客観的であって国民的な倫理観によるものであることから、日本の「立法者の懸念はやや的外れであったといえる」との指摘もある。[197]しかし、日本法の忘恩行為が、当該契約において当事者が追求する利益、目的が実現されないことをも問題とする限り、客観的、定型的ではあり得ない。そして、「恩を買う」ことの不都合というのが、受贈者が撤回の脅威にいつまでもさらされることになり、その濫用によって内心的自由が不当に拘束されるというものであれば、[198]「忘恩」という文言の意味の振幅の大きさ、道義性からして、そのような危惧は妥当なものであろう。確かに、広範に認められる贈与に広範に認められる忘恩行為を認めるという日本法の手法によっても妥当な結論は得られるのであり、忘恩行為を扱ったとされる裁判例は結果的にはおおよそ妥当な解決に到達しているように思われる。しかし、贈与観の違いやこれに基づく贈与契約の範囲や贈与法の内容の差異についての全体的な検討という前提作業が十分なされないままに、悔返権に限って外国の法制へ接近することは、制度の不整合を招くのではないだろうか。また、広中説が日本独特の忘恩行為に変質することを危惧していたように、後藤説も日本法における「恩」が一般的に特殊な身分的上下関係に由来する恩とか義理とかいった要素を内包しており、これに基づいて倫理的道徳的評価がなされることは避けねばならないとしている。こういった倫理的道徳的評価が受贈者についてなされるときは、訴訟がその人格へ向かうという方向性をもつことが考えられ、対価や債務といったものを確定し、その不実現を決する方が、相対的に理性的処理となり、訴訟における判断になじむのではないかと思われる。[199]日本独自の「忘恩」構成によるのではなく、むしろ実質的に交換取引や対価の存在を見極める努力をし、当該契約の実態に即した解決を選ぶべきであろう。従って、日本法においても、反対給付の性質や出捐との関連性のあり方をより厳密に検討して可能な限り明確な基準を定立し、実質的な対価関係を見過ごして安易に贈与の構成を採ることなく、当事者の利益状況に適した扱いを目指すことが妥当である。即ち、当事者の第一の関心である対価の実現に焦点を合わせ、有償性を認めうる場合には有償契約とし、双務性を認めうるかが検討されるべきである。これに対し、対価が見出し得ない場合は無償の贈与になるが、この場合に当該契約とは無関係な一般的非倫理行為たる忘恩行為ゆえの撤回等が許されるべきかが問題となる。この撤回を認めるには、Liberalität を基礎とする制度趣旨が日本法においても妥当するといえる必要があり、現実には、忘恩規定の適用範囲の限定、さらに、そもそも贈与契約の範囲自体の限定が図られねばならない。そのためには、日本法の贈与観が包括的なものから、贈与の何らかの性格を基礎とするものへと転換されたとする必要がある。忘恩規定の存否等贈与法の内容が贈与観に依り、さらに、贈与契約の範囲決定も実際上これに左右されるところが大きいことは、ドイツ法で見た通りだからである。

この点、取扱う問題領域や対象となる贈与の範囲、そして忘恩行為についても差異が存するとはいえ、何らかの忘恩的状況を捉えて贈与の解消が認められ、立法時に否定された忘恩行為が論じられて久しいという状況は、日本法においても贈与が義務的なものというよりむしろ好意によるものであり、国民の倫理感に反する忘恩行為をしないという一般的な義務が道徳上受贈者に課されているとするだけの土壌が生まれているといえる(200)。忘恩行為に関するものとされる裁判例の中には、最高裁昭和五三年二月一七日判決（前掲[13]）のように、明らかに積極的な忘恩行為が存する事例もある。これも老後の扶養の事例であるが受贈者側に異常なほどの行為が見られ、贈与者を警察に告訴し、法廷において虚偽の事実を供述し、著しくその名誉を傷つけ、養子縁組について離縁の調停を申し立て、その心情を傷つけるなどしたものであって、贈与者の主張を認める裁判所の判断にはこれらの行為への道義的非難も含まれることは明らかである。ドイツ法の「著しい忘恩行為」の判断基準は、人が「受贈者の贈与の利益を保護することに対して少なからず抵抗を感じ、道義的に許されないと意識するであろう行為」であり、日本法においてもある程度妥当しうるもので、具体的に見れば、「ドイツも日本もそれ程違いはない」ともいわれている(201)。また、於保教授は、日本法における忘恩行為に対する態度の変遷の理由として、社会事情の変化を指摘される。即ち、社会的道義感からして悔返しは当然のことのようであるが、「法律上の権利として『訴訟沙汰』にすること」を認めるには「社会的権利意識・個人主義思想の高度化を必要とする」のであり、これを認めない民法制定時には「贈与における共同体的地盤なり道義的性格が強」かったのであろうが、現在ではこのような社会的諸事情は変化しているのである。[202] 現代社会において利他的行為が認知され増加する傾向が存する中で、[203] 少なくとも好意による贈与においては受贈者側の不誠実な積極的行為は道義上容認できない[204]という基本的な考え方は否定されないであろう。日本社会でも、悔やみ返しは「社会的・道義的観念」から見れば自然であり、[205] 少なくとも殺害といった極端なケースを考えるならば人間の意識として受贈者の保護には抵抗を感じるものとされているのである。[206] 現代日本の贈与観が Liberalität という、立法者の考えより好意の色彩のものを基調とすると考えることができるならば、[207] これにより、忘恩に関する制度は理論的基礎を獲得するのである。

但し、贈与観が大転換を遂げており、すべての贈与が Liberalität になったという根拠は薄弱であり、第一節で述べたように、義務的贈与と見られうる事例は今も生じている。但し、これは訴訟にまで持ち込まれたものであって、日本に訴訟が少ないことを考えると、「そもそもこのような無償行為ははじめから異例なものではなかったか」と疑われうるのであり、「普通世間一般でみられる無償行為の姿とは違うのではないか」と考えうるのである。[208] 要するに、日本の立法者が考えたように、社会に存在する贈与には依然として利他的色彩のものから利己的なものまでが存し、様々な実態を有するものであろうが、少なくとも格別の義務や目的がなく、ただ好意によりなされた贈与契約では、これを想定して発達してきた諸外国の規定を参照することは適切であろう。そこで、現代において好意による贈与の比重が増加しているのであれば、これを基本形態として忘恩行為による撤回等を原則的に認め、これから外れる贈与については例外的に適用外とするという、ドイツ贈与法の構造を採り入れて解釈の指針とすることが考えられるであろう。なぜなら、動機が好意にあるかは、契約の背後の事情からある程度明らかであることも多いとしても、最終的には贈与者の内心の問題であってその認定は困難であり、また、積極的に贈与要件とするのは、義務的贈与に重きを置く立法の趣旨から距離がありすぎるからである。そして、ドイツ法やスイス法の例外規定に見るように、社会において客観的に評価しうる故に「道徳上の義務の履行」という例外類型を設けることは日本法でも受け容れられるものと考える。これについては、忘恩行為による撤回を制限したと見られる裁判例が参考になる。東京高裁平成六年七月一九日判決（前掲[5]）は、負担不履行を認めながらも報償的趣旨の贈与であることを理由に贈与の全面的解消を避けたケースであり、家出し贈与客体である農地の譲渡や賃借により贈与者を困窮させることが、一般的非倫理行為たる忘恩行為と評価されるかはおくとして、これを一部にとどめた本判決は、この例外類型を認める理論が日本法においても必要であることを示している。このほか、贈与の目的を考慮しているにすぎない場合については、「忘恩行為」としてではなく、対価性や契約目的の扱いとして論じられるべきである(209)。また、限定的贈与観への転換を認めるならば、無償性・有償性が好意の動機と関連性をもつ概念となりうることから、ドイツ法と同様に実際上無償性の限定を行うべきであろう。このようなドイツ法的な限定や類型化もないままに、多様な性格の贈与を幅広く一律に扱い、Liberalität に関する諸外国の忘恩規定を参照するなどしては、贈与の性格に適合しない制度や概念を混同して用いる結果となり、日本独自の無秩序な発展が続くこととなる。要するに、様々な性格の贈与を包括的に捉え、基準のないまま場当たり的に拘束力の有無や強弱を決するのではなく、限定的贈与観を基礎として一定の説得的な基準を立てることが必要であると考えられる。そこでは、反対給付の認定や目的の考慮で妥当な結論を導き得ない場合にのみ、ドイツ法的な一般的道義違反が問題とすべきことになり、このような制度を取り入れるには、根本的に、その基礎にある贈与観の転換が必要なのである。

三　限定的贈与観のもとでの贈与の限定・類型化

贈与契約の法的拘束力には懐疑的な学説が多く、法律行為たる契約が存しない場合を認める見解や、自然債務のみが生じるとした判例もあり、これは方式や履行の有無とは異なる基準で評価されている。また、忘恩行為による撤回に関する一連の見解においても、当該贈与の動機を考慮して解消することが認められている。これらは、日本法の規定の妥当性を疑問とし、いずれにせよ法的拘束力を弱める方向で論じる。しかし、一方で贈与の効力を強めるべき場合もあり、「書面」「履行」の意義は緩やかに解される傾向がある。これに対する対処としては、何らの基準なく事案ごとにこれを決するのではなく、法的拘束力を左右する要素たるLiberalitätを基準に、日本法における贈与を適切に区分すべきである。好意による贈与の場合、法的拘束力は弱められるべきであり、実際ドイツ法の忘恩規定はLiberalitätを為した者に対する道義的非難を基礎としている。現在、日本法における多数の学説の忘恩行為の捉え方はドイツ法のそれとは異なるが、いずれにせよ、「受贈者側の不誠実な行為こそ、道義上容認できないこともあり、したがって、今日では既履行の贈与についても撤回ないし解除が可能であると解する点において学説は一致して」おり[210]、忘恩的状況における贈与の撤回は「社会的・道義的観念」から認められるに至っている[211]。このことは、日本の忘恩行為の基礎に、契約目的が実現されなかったときの不都合だけでなく、受贈者の道義違反への非難も含まれていることを示している。従って、一般的倫理違反行為を問題とするドイツ法的な忘恩規定が取り入れられることは日本法においても充分可能であり、その理論的承認の基礎として限定的贈与観を取り入れる必要があるのである。また、立法過程で挙げられた様々な性格を持つ贈与のうち好意による贈与を取り上げ、これを基本に据えることで、法的拘束力の強弱を決する基準を現在よりも明確にすることができる。このような法的拘束力についての解釈の方向性に説得的な基準がないために具体的に不都合を生じる場面は生じているのである。例えば、忘恩行為をLiberalitätを前提とせずに論じるため、忘恩行為の範囲が広すぎると批判される事例が存する（新潟地裁昭和四六年一一月一二日判決（前掲[11]））。忘恩行為の範囲を明確にするために、この制度の理論的基礎に基づいて忘恩行為の本質を明らかにする必要がある。また、これが明確でないために、撤回の対象たる贈与の範囲についても十分な議論がなされ得ないことになり、贈与の報償的趣旨ゆえに撤回を制限した事例（東京高裁平成六年七月一九日判決（前掲[5]））における本質的問題を明確に位置づけることができないのである。さらに、非合理的な贈与について法律上の主張はなされにくいとしても[212]、訴訟の増加、権利意識が強化された現代においては、単なる好意という動機でなされた贈与契約が法廷に持ち込まれることも考えられるのであり[213]、贈与の性格を問題としない包括的な贈与観において、完全な法的拘束力になじまないという、格別の目的や道徳的義務のもとになされたのでない単なる好意による約束の特質を配慮しないことの不都合は、立法時よりも増大していると思われる。そのような配慮に基づく制度は、限定的贈与観から外れる契約、即ち、明らかにLiberalitätでないと見られるものには、当然適用されるべきではないのであり、このようなものを排除していく作業によって類型化がなされるのである。

第一に、贈与の要素たる無償性を欠くとして贈与法を一切適用しないことが考えられる。この場合は、無償性の合意たる贈与契約は存しない。両国の贈与概念は利他的なものから利己的なものまで種々雑多な無償契約を包摂しうるものであるが、現実にはその贈与観の差異からか、日本法においてはドイツ法が有償契約とするものも贈与契約とされている。日本の実務において現れる贈与契約はまさにそのように広範なものであり、贈与法における無償性の範囲にドイツ法のような限定はないといえよう。これは日本贈与法の包括的贈与観に適合的であるが、このような贈与観からか、Liberalitätに対する特別の配慮をしないため、この広範な贈与契約に対して、結果的に義務的、利己的贈与の方に適合的な内容となっている。これに不都合があるために、学説上贈与契約の法的拘束力を弱めるべきことが主張され、また、忘恩行為による贈与の取消が広範な贈与に無制限に認められるのであり、そこでは制度の本質を考慮せずに包括的な処理がなされている。この問題のよりよい解決策は、限定的贈与観を採り、この観点から贈与の無償性をできるかぎり限定すべく、当事者の関心の高さからして、贈与者の目的に「対価」を見出せる利己的な取引であれば積極的に有償性を認め、契約の実態に即した処理をすることである。有償行為が論理的に常に利己性を有するといえるわけではないが、出捐者が対価を得る目的で為す有償契約は、基本的には好意を動機とするのではないというべきである。[214]

学説は、無償性、有償性の基準について、出捐間の関連性や反対給付となりうるものの性質を明確にしていないように見えるが、その範囲をドイツ法と同じくすることが特に困難であるとは思われない。また、むしろ、贈与の目的の考慮については「忘恩行為による贈与の取消」を論じる学説の蓄積があり、出捐と関連する反対給付の存在を見出す際にこれら有力説が参考になろう。ところで、有償性ではなく、むしろ双務性と関わるものであるが、債権の目的が金銭に見積もり得ないものでもよいとする民法三九九条は、近代法における債権の範囲の拡大により、財産性の希薄な債権さえも許容されるとするものであり、[215]このことも参照に値する。即ち、無形的利益についても金銭的評価がなされうるようになった現在、その財産性が希薄であっても、そのようなものを目的とする債権も財産権と呼ぶことができるのである。ドイツ及びフランスの民法はこのような明文を設けなかったために現在でも議論があるが、日本法はこの規定により、債権の範囲を明確ならしめようというローマ法以来の伝統的な考えをとらないことを明らかにしているとされる。[216]債務負担が出捐とされることからしても、近代的法意識に立った法的保護の見地からすれば、日本法において経済性や財産性の希薄さをあまり問題とせずに、反対給付の存在、従って、有償性を認めることに障害はないであろう。

第三章第二節で挙げた裁判例を見ると、現在贈与とされているものの、妻の同居、競業避止義務、先行役務、婚姻継続、扶養や介護、一定の態様の娘の婚姻関係維持等が対価になりうることが考えられる。[217]これらにつき忘恩行為の事例とする傾向があるが、日本学説上の「忘恩行為」の問題とされるものは、「贈与にあたっての当事者の期待ないし目的を法外のファクターとして無視することができない」場合であって[218]、目的をも反対給付とし得る基準によれば、諸見解の言うところの「期待」には対価性が見出しうる場合が多いであろう。ここで、諸外国のいう忘恩行為とは、殺害の企図、重大な侮辱、犯罪行為、詐欺的財産侵害、法定の扶養料の支払拒絶等に限定された定型的、客観化されたものであり、撤回権の根拠は国民的な倫理観にあると指摘されるが[219]、これは限定的贈与観に基づく Liberalität を対象とした制度であり、個別事例における契約の目的を考慮するならば、忘恩行為を問題とすべきでない場面もあろう。特に、当事者間での前提として贈与者が当然に期待していたものは、主観的等価性を有する限りで当該出捐の対価となり、有償契約とすべきである。実質的に見ても、当事者の何よりの関心事が反対給付の実現にあるならば、有償契約におけると同様、これを第一に問題とすべきであって、受約者が反対給付をしないにあたり、積極的に不誠実な行為が受贈者側に認められる場合でも、対価の実現に焦点をあてるべきである。そして、情宜関係を破綻させた受贈者の責めに帰すべき行為というものは、違法であれば別途不法行為、場合によっては債務不履行による慰謝料請求に委ねればよいと考える。

「忘恩行為による贈与の取消」と評価されているが、有償性を認めるべき場合と思われるものとして、若干の裁判例を検討すると、例えば、最高裁昭和二三年九月一八日判決（前掲[9]。息子が帰郷して父親を看病して孝養を尽くし、祖先の祭祀を行い、家を承継することを条件として、土地建物が贈与された事案）では条件付贈与とされたが、ドイツ法の有償性概念によれば条件的結合によっても有償性を獲得しうる。そして、親への孝養を尽くすことなくその死後まで帰郷しなかったことが忘恩行為と見られているが、家の承継ために兄の土地を買い取った経緯からも、この条件の実現が出損者にとり最も関心のあることなのであって、父の看病や家の承継のための帰郷と土地譲渡は主観的に等価であると見て対価性を認めるべきである。よって、これが実現されなかったことについて、目的不到達あるいは債務不履行の解決をとるべきである。また、新潟地裁昭和四六年一一月一二日判決（前掲[11]。養子縁組をするにあたって生活の基盤として使用されている土地が贈与されたが、実質的な養親子関係が形成されず、両者が離縁を求めた事案）においても、縁組時に唯一の生活の基盤たる土地建物を贈与しており、老後の扶養の期待は負担以上の意味を有すると考えるべきである。このように全財産や生活の基盤が子や養子に贈与された場合、老親の扶養を引受けさせることを目的とすることは明らかであり、しかも、その内容は扶養料の支払にとどまらない家族としての愛情を含めた関係の維持であって、扶養の態様や期間が不明確性であっても、主観的等価性を認めてよいと思われる。よって、特に莫大な財産を残し客観的等価性が大きく欠けるため、対価を超えて Liberalität である部分が大きいと認められる場合でない限り、主観的等価性ある反対給付を見出しうると考えられる。従って、有償性が認められ、少なくとも贈与ではなく、忘恩行為は問題とならない[220]。即ち、全財産が移転されている以上、明確な合意が認定できなくとも、契約の目的は明らかであり、老後の扶養・介護が当事者の関心の一番高い点であろう。対価的意義とは、「そのような給付を受け取るからこちらも給付する、それをもらえなければこちらも給付しない、といった関係があるか否か」であるならば[221]、居住形態や期間等についてその後の扶養の態様は不透明であっても、少なくとも老後の保証なしに全財産を贈与し、生活保護を受けるといった状況はまず念頭にないと解すべきであるから、対価となりうる場合が多いと思われる。この場合には、契約解釈により双務性を認めるか、それが不可能であっても、少なくとも有償であるとして、対価たる扶養が事実上望めないと評価される時点で、債務不履行ないし目的不到達とされるべきである[222]。老後の扶養が債務たりうる場合、双務契約のほか負担付贈与の可能性が存し、いずれであるかはやはり対価的意義、主観的等価性の存否によるが[223]、いずれにせよ契約は解除されることができる。有償性のみを認めた場合には、反対給付がなされないのであるから、不当利得法で解決することになろう[224]。その際に、契約目的実現の破綻の責任原因を考慮することは、不当利得法においても可能である。このことは、目的不到達の不当利得返還請求に関して、給付者が目的到達を妨げたときにこれを有しないというBGB八一五条を参照して、このような規定のない日本民法についても七〇五条や一三〇条の類推適用を説く見解によっても説明できるであろう[225]。贈与契約であるとも考えうるのは、例えば、最高裁昭和五三年二月一七日判決の事案（前掲[13]。村一番の資産家の未亡人が、養子に亡き夫の相続財産全てを贈与した後、告訴等数々のひどい仕打ちを受けるようになり、離縁となった事案）である。明らかに積極的で「背徳的な忘恩行為」が存し、かつ履行後の困窮も認められるが、引取り扶養が期待されているから、それ以前に贈与ではなく有償契約であると考えることもできるであろう。しかし、村一番の資産家の家でのことであるから、贈与された資産額の大きさによっては客観的等価性があまりにも欠け、当事者が有償というより恩恵であり、人間関係から生じるLiberalität とみていた場合には、扶養は贈与の負担や目的にすぎないことも考えられる。(226) ところで、大阪地裁平成元年四月二〇日判決（前掲[15]。娘婿への贈与をしたが、歯科医となった時点で娘と離婚した事案）の場合は、受贈者たる娘婿が夫婦の婚姻関係を破綻させたのは明白であるにしても、扶養の事例とは若干異なる問題がある。一括した「家産」譲渡ではなく六年に及ぶ継続的な金銭の給付であり、月々の額を見ればそれほど多くはなく、学費はともかく生活費についてはその時々の婚姻生活の維持を目的とした援助ともいいうると思われる。この点、「娘の幸せ」がどこまでを意味するか、当面の婚姻の維持のみでよいのか、婚姻生活の期間等、反対給付は不明確である。(227) しかし、日本における一般的な婚姻生活の態様からして、生活費も婿の就学ゆえにかかる費用とすれば、歯科医となり経済的に自立し婚姻関係の中で娘を扶養させることを目的とした出捐と考えてよく、贈与者が婚姻破綻について有責であれば目的不到達による返還請求を認めるべきであろう。よって、当事者が当該給付と将来の婚姻生活、扶養を対価としていたとして、無償の贈与は認められず、有償契約において反対給付がなされなかった事例であるとすべきである。

第二に、贈与契約が認められる場合でも、Liberalität でないことが客観的に明らかなものとして、ドイツ法を参考に道徳上の義務の履行契約を特殊の贈与類型とすることが考えられる。ドイツ法のほか、スイス法も道徳上の義務の履行について贈与法に例外規定を持つが、前述のごとくその趣旨は大差ないものである。(228) 贈与法にも不当利得法にも道徳上の義務の履行に関する規定も持たず、むしろ義理、義務に基づく贈与契約の方に重心を置いてきた日本法においては、その贈与性を否認するスイス法とは距離がありすぎ、特殊の贈与契約とするドイツ法を主に参照することが妥当であると思われる。[229] これは、好意や気前のよさによって自由になされた贈与でなく、義務感による約束であり、なされるべきことであったとして受贈者側に感謝の義務が存在しない贈与である。具体的には、法定外の親族を扶養する契約のほか、かつて利得を受けた者がそれを考慮して出捐を契約するという報償的な要素が存する契約がある。このほか、損害の補償の趣旨でなされた場合も含まれうるが、この類型にあたるか否かは、ドイツ法において量的メルクマールが必要とされていることが参考になる。この場合には Liberalität に適合的な制度、例えば、忘恩行為による撤回は妥当しない。困窮による必要額の返還ではなく忘恩の事例と捉えるならば、東京高裁平成六年七月一九日判決（前掲[5]。先行する三五年もの労働を考慮して贈与の部分的解消しか認めなかった事例）は、将来の受贈者の扶養も絡み有償的な要素があるため一部に留まるものの、忘恩による撤回を否定するのはこのような考えを基礎としていると見られる。仙台高裁昭和三六年八月二三日判決（前掲[7]）も、分家の習慣のもとになされた相続放棄が先行することから、後の贈与を義務的なものと見て忘恩行為による取消の主張を認めなかったとも考えられる。このほかの効果については、ＢＧＢ五三四条が方式規定や困窮の抗弁等を排除せず、スイス法でも有償契約と同視されずに強い拘束力を必ずしも認めていないように、自己決定になじむ道徳に関連してなされることから、完全な法的拘束力を認めることには疑問があり、中間的扱いをすべきである。

第三に、これら以外の贈与契約は Liberalität と一応推定され、その特質に適合的な規定を取り入れることを積極的に認めるべきである。現実類型としてではあるが、慈善、好意、感謝でされる贈与については、贈与契約の拘束力を有償契約と同等に扱うのは相当でないという考え方が比較的容易に導かれると指摘する見解も存する。[230] この場合には、書面性を緩やかに解し、ドイツ法スイス法における忘恩・困窮による抗弁や撤回権、返還請求権を認めることが考えられる。また、贈与契約の認定するに際して慎重を期し、容易に法的拘束力を認めないこと、あるいは、カフェー丸玉事件の大審院判決のように自然債務程度の法的効果のみを認めること等、様々なものが考えられる。これらは贈与者に着目してこれを保護するものであるが、受贈者の利益も考えられねばならない。受贈者に着目するものであるから Liberalität の場合にのみ妥当するとする根拠はないが、この場合に法的拘束力を特に弱化させるとすれば、これにより生じがちな受贈者側の不利益を考慮してアメリカ法における約束禁反言を用いることはより意義をもつであろう。この法理は、ドイツ法でも解釈による摂取が可能であり、かつ望ましいとされるものである。[231] 日本法においても、広中説は贈与約束の法的保護の弱さは「例外を許さぬ鉄則」ではなく、これを機械的に理解してはならず、約束禁反言に関するＡＬＩのリステイトメント九〇条を参考に「たとえ『書面』が作成されていなくても、ある贈与約束に対する信頼の上になされた受約者側の一定の行為との関連で、その贈与約束の取消を許すべきでない場合も、存在しうる」とする。贈与契約の拘束力を弱いものとする場合には、個別の事案ごとにこの法理を用いることは、特に考えられるべきであるといえよう。[232]

第三節　小　括

ドイツ法においても日本法においても、民法上の概念としての贈与は無償契約であり、出捐の無償性が合意されればよく、動機の利己性は贈与の妨げとはならない。この出捐者の内心に関わる贈与の性格に比べ、対価のないことを意味する無償性は明確なものに見えるが、実際に対価が存するとされる範囲は、限定的贈与観を採るドイツ法とは相当異なる。日本法においては、贈与の要素たる無償性の範囲は広く、出捐者が受贈者の何らかの行為を目的としてなされたものや、道徳上の義務の履行も含めた様々な実質を持つものが贈与契約とされ、拘束力の強い贈与法に一律に服している。但し、実際は、贈与に至る事情が法的拘束力の有無や程度に影響することが認められ、また、多くの学説が贈与の効力を否定した裁判例を「忘恩行為による贈与の取消」を認めるものとしながら[233]、当該贈与の「目的の考慮」を中心に論じている。これは、好意による贈与に軸足をおかずに、多様な出捐約束を包括的に贈与契約と認め、これに応じて、Liberalität を基礎とせずにむしろ多くは利己的である契約目的の問題も含め、幅広い「忘恩行為」を認めることで、不都合を回避しようとするものである。現状を見れば、好意のみによりなされた贈与の特殊性に配慮しない、単純な構造をもつ日本の贈与法は、結論の妥当性を確保するため場当たり的に修正されながら適用されているといえる。

このような贈与法が制定されたのは、贈与を義務的なものとする日本の習俗[234]、自由契約尊重の思想に由来すると指摘されている。しかし、前者については、社会事情の変化が言われ、世の中で利他的行為が認知されるようになっている現在、少なくとも贈与契約という語を聞いて義務的な贈与がまず連想されるかは疑問である。また、権利意識の高まりの中で義務的なものだけではなく、自発的な、好意による贈与について法的主張がなされる可能性が以前よりも考えられ、その法的取扱いを検討しておく必要性が高い。この点、そもそも意思表示や契約が存在するだけで完全に法的強制が可能であるとするのは、常識から遊離し無償契約の実態に適合しないのである。そして、自由契約尊重の観点から日本法の方式規定をも批判する梅博士ですら、無償行為にありがちな一時的な「惻隠の心」による軽挙を想定してこれを許容しているのであって、好意による約束については特に完全な法的強制を認めるべきでないことを認識すべきである。無償行為の法的効力如何は一つの問題であり、そこでは法関係と道義関係とが「重複したり、両者にまたがる関係」にあるとされ[235]、好意契約をなした者に対する道義に基づいて法的な悔返権を認めることも考えうることである。この自由契約尊重の実質的な根拠を、約束は守られるべきであるという道義に求めるとしても、これとは別に、このような約束を完全な法的強制のもとに置くべきではないという道義も考えうるのである[236]。そこで、好意によるものか、あるいは義務的・利己的なものかという贈与の性格が法的拘束力の程度と深く関わる要素であることから、これを基準として可能な限り明確な類型化を試みるべきである。

そこで、日本法においても、立法時に無視された Liberalität への配慮を取り入れ、これに伴い好意契約という視点から類型化を行い、明確な基準を設定すべきであり、ドイツ法の枠組みを取り入れることも考えられる。ドイツ法が、有償性を広範に認めて贈与法における無償性を限定的に解し、Liberalität を一応想定して法的拘束力を緩和し、客観的に把握されうる義務的贈与を例外とする点は、日本贈与法のあり方について示唆するところがある。好意という動機を要件とするかたちで贈与契約を限定するよりも、利己的ないし義務的な、好意によらない約束を控除可能な限りで贈与の本則規定の対象から外すことは、法的拘束力の調整の方法としてより巧妙であるからである。その際、Liberalität をどのように扱うべきかについて論理的に明確な答えがあるわけではないが、忘恩による撤回を認めるならば、日本法においては忘恩行為に関する学説が独自の変質を遂げていることに留意すべきである。単に忘恩行為の広狭の問題ではなく、ドイツ法のそれが Liberalität への配慮であるのに対し、日本法では贈与者の受贈者に対する期待、即ち利己的でありうる目的が実現されなかった場合の解消の問題が扱われている。この点、近年の学説が外国法との比較において、贈与観や忘恩行為概念の違いを論じ、又は、例外規定の存在を指摘しているのは参照に値し、また、限定的贈与観への転換の素地が存することを示すものといえよう。このように、贈与観の転換を認めるならば、限定的贈与観を基礎に贈与契約における無償性が好意を中核としたものに限定されるべきであり、そのために有償・無償の基準について周到な理論の整備がなされるべきであるほか、限定的贈与観への転換により忘恩規定や困窮規定のような一方的な悔返権を原則的に認めることが理論上承認されるのである。さらに、贈与の成立に関して、民法制定時に日本法が取り入れた方式規定も、その趣旨(「當事者ガ充分ニ考ヘテ其與ヘル利益、享ケル利益ヲ明カニスルト云フコト」)については、梅博士の見解から窺えるように、好意の性格が強いほどにその必要性は高い。(237) 要するに、好意契約の性格が強いほどに法的拘束力の弱さをより認めるべきである。

ところで、特殊の贈与である道徳上の義務の履行というものがどのようなものであるかについては、法と道徳の交錯する場面の一つとして、両者の過度な一体化を避け、個人の自由な道徳観を尊重するという見地から、現代社会において共有されうるものに限定すべきである。日本法では自然債務に関する議論がこれを決する一助となるかもしれないが[238]、それは返還義務の排除に主眼があるものであり、その履行約束の法的強制には慎重な検討が必要であることに留意すべきである。具体的には、法定の扶養義務のない親族を扶養する契約は、少なくとも同居するほどの親しい間柄で、老齢や病気等で困窮した場合には、最低限の扶養をする道徳上の義務は認められると思われる。単に親族であるという一事だけでは、個人によって価値観の相対化した今、それが好意や気前のよさに基づくことや、給付を受ける者の感謝の義務や道義を否定するほどのものであるかは、熟慮の余地があろう。一定の親族に法定の扶養義務が課されていることからすれば（民法八七七条により原則として直系血族、兄弟姉妹）、その困窮をただ見過ごすことは、民法の価値観から言っても問題であり、このような扶養契約に社会的な合理性がある場合も存すると思われ、贈与者の資産、同居の有無等それまでの交流の経緯が考慮されるべきである。但し、核家族化が進み、人々の移動が激しい現代社会では伝統的な同居を伴う扶養は困難となりがちであり、金銭的には福祉国家理念によって本来公的扶助を受けうべきとされれば、社会における道徳も以前より弱まり、本則的贈与の処理が適合する場面が拡大することも考えられる。将来的にはその方向に向かうとしても、現在の状況では道徳上の義務の評価にあたり親族という要素をまったく無視するべきではないと思われる[239]。また、報償的な趣旨の贈与は、ドイツ法で道徳上の義務の履行とされる典型的な例である[240]。特に、命の恩人に対する出捐の場合、生命というものの重大な価値からして、救命という行為が社会構成員に対し衝撃を与えるものであるが、論理的にはそれを基礎に「利得」が構成されるものとし、救助者が被った損害を填補する報償であることが強い拘束力の基礎とされるべきであろう。これは、現代でも特別な社会的価値を持つものであるから、例えば、救助の場で熟考されずに為された約束であったとしても、それは受益に対する報償という基礎をもち、軽率さが疑われるものではなく、少なくとも忘恩行為ゆえの撤回は否定されるべきである。この場合社会的に見て人命救助による損害について救助者またはその遺族が損害の補填を受けられないということは妥当でないために、公的な給付措置がなされていることも考慮されるべきである。(241) さらに、人命救助でなくとも、過去に受贈者の役務が存し、出捐者がこの先行役務により利得をしているために、その補償をする契約は、社会的に見てなすべきことをなしたと評価できるのであり、(242) 利得との関係で出捐額が相当である限りは Liberalität ではないといえよう。よって、先行役務の存在を動機としてなされた後の出捐約束は、いわゆる「お返し」(243)、利得の返還として合理性を持ち、強い効力を認めるべきである。ここでの問題は、先行役務に市場価値がなく不明確な場合に、額の相当性の判断が困難であることである。この場合、基本的には、事情をよく知る当事者が合意した約定額が妥当であると見るべきであろうが、それがあまりに不相当であれば報償という根拠を失う。(244) 即ち、後の約束によって受益者が利益の受領を認めてその価値を定めたのであり、これに関する証明やさしでがましい利益供与でなかったことの証明は必要なくなるという考え方によれば、(245) 約束額でよいといえる。そしてこのことは先行役務が主観的、精神的な価値を有する性質の役務であるほど尊重すべきであろう。しかし、証明可能なほど過剰な額であれば、少なくとも過剰分については気前がよいといえ、やはり本則的な贈与契約であると考える。さらに、役務給付が有償でなされた場合でも過去の役務に対するものであれば、その価値の報償の未払い分が「後払い」されたものとして、同様に報償という観点から道徳上の義務を肯定する余地はあるように思われるが、当事者が明確に対価としたなら更改契約であり、既払い分と約束額を含めて有償契約であろうし、特に労働関係の場合は事例によるとはいえ有償とされることが多い。雇用時における役務者の特別な功労や、一定額の退職慰労金の慣行が存するかによるであろうが、家事使用人のような企業とかかわりのない場合、長年の忠実な役務者に対する温情による贈与が無形の受益に報いるものか、気前のいいものかは判別が難しいであろう。(246)

（1）　日本民法七〇五条は非債弁済について規定するのみで道徳上の義務について規定していないが、日本法下でもドイツ民法八一四条の扱いを認めるべきであるとする見解もある（我妻栄『債権各論下巻』一一二六頁〔岩波書店、一九七二〕、藤原正則『不当利得法』六六頁〔信山社、二〇〇二〕。藤原教授は、その根拠として、弁済受領者の利得保有の信頼を保護すべきことを指摘される。谷口教授は、それだけでなく、ドイツ法、スイス法、中国法等の規定を参照して、自然債務の根拠とすることを主張される（谷口知平『不当利得の研究』一〇八頁〔有斐閣、一九四九〕）。

（2）　星野英一『民法概論Ⅳ（契約）』一〇六頁（良書普及会、一九八六）、平井一雄『民法Ⅳ（債権各論）』七四頁（青林書院、二〇〇二）、内田貴『民法Ⅱ債権各論』一六〇、一六一頁（東京大学出版会、一九九七）、石外克喜『契約法〔改訂版〕』一四一頁、（法律文化社、一九九四）、来栖三郎『契約法』二四一、二四二、二四三頁（有斐閣、一九七四）、柚木馨＝高木多喜男編『注釈民法（14）』三五、三六、三七頁〔柚木馨、松川正毅〕（有斐閣、一九九三）、三宅正男『契約法（各論）上巻』三五、三六頁（青林書院新社、一九八三）、鈴木禄彌『債権法講義　四訂版』三三二、三三三頁（創文社、二〇〇一）、大村敦志『債権各論』一六四頁（有斐閣、二〇〇三）、北川善太郎『債権各論（民法講要Ⅰ）』三九頁（有斐閣、一九九三）、本城武雄＝大坪稔『債権法各論』四二、四三頁（嵯峨野書院、一九九三）。

（3）　これは日本法でも社交上の儀礼やエチケットである「儀礼上の義務」による贈与に近いとされる（柚木馨編『注釈民法（14）』一八頁〔柚木馨〕〔有斐閣、一九六六〕、柚木＝松川・前掲〔注2〕二五頁）。

（4）　加藤永一「贈与および遺言の研究（1）――日本における無償行為法の現実的機能について――」法学三四巻一号三四頁（一九七〇）。

（5）　預金者に対しては書面をもって贈与が表明されており、実質的には取締役の提供額の範囲でこの預金者に対する個人保証ないし損害填補が約束されたというのが実態に近いが、あくまで銀行への資金供与であるから、その意味で「ワンクッション」置いた形となっているとされる。本判決はこの実態を考慮して、銀行に対する「黙示の書面による贈与」と構成したと推測できる（加藤永一『贈与』〈叢書民法総合判例研究第九巻〉二二、六一頁〔一粒社、一九八二〕)。とすれば、銀行に対してというより、会社債権者（しかも預金者）に対して私財提供をする道徳上の義務の履行を考えることができるであろう。

(6)　加藤(永)・前掲（注5）六一頁。

(7)　加藤(永)・前掲（注4）三四頁。

(8)　加藤(永)・前掲（注5）六一頁。このような事例に関する加藤教授の見解は次のようなものである。本来の名宛人が銀行でない「写し」であっても、それを重役の意思に基づき銀行に差し入れたのなら、了解があったと見てよいし、私財提供という記載内容から、贈与の意思を表示したものと認定することは充分可能である。そこで、黙示の書面による贈与という「無理な構成」を採っていること批判する（二二頁)。書面性の要件を緩めることで解決可能な事案であるとされていると考えられる。

(9)　加藤(永)・前掲（注4）四八頁。この種の贈与について、「それほど濃密な関係のない間柄だからこそ、報償・代償として意識されるような贈与がなされたのかもしれない」とされる。当事者間の関係が濃密すぎると、先行役務の無償性が明確になりすぎ、報償の性質を導きにくくなるということであろう。ところで、加藤教授は、過去の労苦に報いるものと、将来何らかの面倒をかけることになることに報いるものの双方を「報償としての贈与」として分類されるが(四七頁)、本稿は、道徳上の義務の履行としては、前者を主たる問題としており、ここでは前者のみを挙げたいと思う。後者は、贈与性に問題があり、私見では有償性が認められる場合が多いと考える。

(10)　来栖・前掲（注2）二三二頁。予算案や議事録は内部書類ではあるが、個人の贈与者が内部関係においてしたためておいた書類、例えば日記の類と同様に扱うべきか疑わしいとされる。本件の場合は、書面性を肯定しても贈与意思の明確化、贈与者の軽率予防という趣旨は損なわれないからである。我妻教授も、書面性について疑問の余地があるとする（我妻栄『債権各論中巻一』二二八、二二九頁〔岩波書店、一九五七〕)。

(11)　三宅・前掲（注2）一二頁。

(12)　豊水道祐・判解七六事件四三〇頁、山下末人・法律時報三九巻四号一一六頁（一九六七)、中川淳・民商五六巻四号一四五、一四六頁（一九六七)。通常の贈与契約では引渡で「履行」が認められても、条件付の場合には条件成就前の引渡では十分でないという（山下・一一六頁)。

(13)　加藤永一・判例評論一〇〇号八三頁（一九六七）。
(14)　この点、他人の子の嫡出子としての出生届をした場合に養子縁組の効果を認めない判例理論に問題があることを指摘されるのは、古軸隆介・法協八四巻九号一二三頁（一九六七）。
(15)　古軸・前掲（注14）一二三頁。
(16)　加藤(永)・前掲（注13）八三頁、古軸・前掲（注15）一二一頁。加藤教授は、農地法の趣旨を「むしろ真正面から……もちだして理由づければよいのであって……書面によらない停止条件つき贈与一般の問題として論旨を展開したのは、当を得ていない」とされる。
(17)　ここでは「履行」が肯定されているが、いずれとも解しうる微妙な状況であるためか、「履行」概念と無縁の事情が考慮されている。このような贈与者意思の尊重、内縁保護、給付への依存度のほか、資産形成や家事育児に関する妻の貢献が取消権排除の際に参酌されており、このような贈与の原因に対する社会的評価から来る格付けが、本件では取消を排斥する方向に働いているという指摘がある（池田清治「民法五五〇条（贈与の取消）」広中俊雄、星野英一編『民法典の百年Ⅱ』二九三、二九五頁［有斐閣、一九九八］）。特に贈与の実質や背景を考慮すべき事案であり、これを道徳上の義務の履行と考えれば、このような特殊の贈与契約であったために裁判所が妥当な解決をしたものと考えることができる。
(18)　判タ八七〇号一八九頁（一九九五）の本判決のコメント。
(19)　判例・通説は退任取締役の退職慰労金も報酬に当たると考え、この場合も手盛りの弊害を避ける趣旨の商法二六九条によることを要するが、株主総会の決議において明示的、黙示的に支給に関する基準を示し、具体的な金額、支払期日、支払方法等は右基準によって定めるべきものとして、その決定を取締役会に任せることは許されると解している。しかし、鈴木説は、すでに取締役の地位を去ったものに与える場合にまで手盛りになるとして、報酬と同様の規制を要求するのは行き過ぎであるとする。（鈴木竹雄『新版会社法全訂第五版』一九五、一九七頁［弘文堂、一九九一］）。
(20)　学説上、このような出捐を有償と解すべきことを前提として、報酬議案を総会に提出すべき義務が取締役会にあると解し、その懈怠があるときは、退任取締役も裁判所に対し、自己の職務執行が一定の対価に値することを立証することにより会社にその金額の支払を請求しうるとする見解もある（上柳克郎、鴻常夫、竹内昭夫編『新版注釈会社法（６）』三八八頁〔浜田道代〕［有斐閣、一九八七］）。

(21)　原審も、知事に対する農地所有権移転許可申請書に右農地を贈与する旨の記載があることから、書面による贈与であると認める。民法五五〇条の立法趣旨は贈与者が軽率に贈与契約をなすことを戒めるとともに、証拠が不明確となり後日紛争が生ずることを避けようとするにあるから、その名宛人が知事であるとはいえ、ＸＹが連署して、無償贈与する旨記載した許可申請書を作成し、本件土地を与える意思を文書に表示した以上、書面によらないものということはできないのである。

(22)　安倍正三・判解五〇事件一五六頁。また、村の予算案および村会の議事録は、贈与者自身の内部関係、自己目的のためであるのに対し、本件の農地所有権移転許可申請書は贈与者が第三者にあてたものという差はあるものの、受贈者との関係においてなされてはいないことについては共通することが指摘されている（中川淳・民商四七巻六号九八八、九八九頁［一九六三］）。しかし、本件では書面上で贈与者が受贈者に贈与の意思表示をしたことが知りうるのに対し、村会の議事録等には村が受贈者に対し贈与の意思表示をしたことは表れていないことから、両者を区別することを正当とするものもある（来栖三郎・法協八一巻四号四三八、四三九頁［一九六五］）。

(23)　広中俊雄『債権各論講義』三六頁（有斐閣、一九九四）。

(24)　加藤(永)・前掲（注４）四五頁。

(25)　加藤(永)・前掲（注４）四七頁。

(26)　前者についても、[8]判決と同様、被扶養者の何らかの犠牲が約束される場合があるが、それを対価とすることができるかは事例によるであろう。例えば、最高裁昭和三七年四月一〇日判決（民集一六巻四号六九三頁）は、非嫡出子に対する養育料として五〇〇〇円相当の株券が贈与され、これにより認知請求権は放棄されたとの主張に対して、子の父に対する認知請求権は、その身分法上の権利たる性質およびこれを認めた民法の法意に照らし、放棄することができないものであると解したである。この事案は、認知されていない子に対する贈与であり、法的扶養請求権が認められないならば、客観的には道徳上の義務の履行たる贈与に含まれうると考えられるが、当事者が事実上認知請求をしないことを約している場合には公序良俗違反が問題になるであろう。この事例は贈与後に提起された認知の訴えであり、贈与の効力については判示されていない。
(27)　また、本件贈与契約の目的はY_1生活の保障、Y_2の生活の安定を目的としたもので、ＸY_2間の関係は自由であり、妾関係継続を目的としたものではなく、公序良俗には反するとは判断されていない。
(28)　贈与の目的である杉立木三〇〇〇本は具体的に特定されておらず、その後も特定された事実がないため、伐採禁止および伐採木搬出禁止の仮処分がなされており、最高裁では、仮処分の目的物件が換価されその売得金が供託された場合と本案訴訟の帰すうのみが争われた。
(29)　池田・前掲（注17）三〇三頁。
(30)　池田・前掲（注17）二九六頁。これらが問題となる事案について、二六一頁以下で詳細な分析をされている。
(31)　岡本教授は、諸外国の法制に関して、贈与契約の「成立における法的拘束力」については厳格な要式主義に服せしめられ、「存続における拘束力」も忘恩規定等で安定しないものとされていることを指摘される（岡本詔治「信義則による贈与の撤回と贈与『原因』」法律時報六二巻一一号一〇一頁［一九九〇］）。
(32)　負担が履行されない場合、負担付贈与は解除されうる。この場合、負担が無効であったときに贈与全体も無効となるかという議論において、負担の重要性によるべきとの見解があり（我妻・前掲［注10］二三五頁）、これとの関連において、贈与と比較したときの負担の価値が著しく小さくて、贈与者においてもそれほど重要な意味を有していない場合、その負担の不履行を原因として負担付贈与を解除することはできないとする見解もある（柚木＝松川・前掲［注2］六五、六七、六八頁）。生活基盤たる財産の贈与において扶養という負担は当事者にとり通常重要な意味を有するものであろうが、出捐の財産的価値と平均余命により算出される扶養料の客観的価値については事案によるであろう。解除の効果としては、贈与のみならず負担も消滅し、受贈者も贈与者も原状回復義務を負い、損害賠償請求も為しうる。本判決はこのような結論が本件贈与の場合は妥当でないとするのであり、その価値判断の基盤は贈与の実質に存すると思われる。
(33)　加藤（永）・前掲（注４）三三頁。
(34)　加藤（永）・前掲（注４）四一頁。
(35)　加藤（永）・前掲（注４）五四頁。来栖教授はこれを日本における主要な贈与のひとつとされ、いまに生きながられているものであるが、「義務乃至恩より生ずる義務と観念され」ているとされる。（来栖三郎「日本の贈与法」比較法学会編『贈与の研究』三七頁以下［有斐閣、一九五八］）。

(36)　三宅・前掲（注2）一一、一二頁。

(37)　加藤(永)・前掲（注5）五七、五八頁。

(38)　加藤(永)・前掲（注4）五四頁。

(39)　このうち柚木説を見ると、報償的贈与が無償性について「最も問題となる」ものであるとするが、これは「儀礼を斟酌して行われた給付との関連上、その間の限界を画することが困難な問題」との認識がある（柚木・前掲［注3］一八頁、柚木＝松川・前掲［注2］二五頁）

(40)　倉田彪士「負担付贈与・混合贈与・報酬的贈与」契約法大系刊行委員会編『契約法大系Ⅱ』四三頁（有斐閣、一九四二）。

(41)　柚木・前掲（注3）一八頁、柚木＝松川・前掲（注2）二五頁。

(42)　柚木・前掲（注3）一八、一九頁、柚木＝松川・前掲（注2）二五、二六頁。

(43)　来栖・前掲（注2）二四三頁。

(44)　来栖・前掲（注2）二四五頁。

(45)　潮見佳男『契約各論Ⅰ』三五―三七頁（信山社、二〇〇二）。

(46)　広中俊雄『契約とその法的保護』四〇頁以下、特に八九頁、九〇頁（創文社、一九七四）、大村・前掲（注2）一六六頁。

(47)　この点、ゲルマン社会において義務的贈答が法の平面から消えていったことは、純経済的な交換としての商品交換が発展するに伴って必然的に生じたものであったという。贈与は、共同生活の領域における財貨流通のためのものであったが、その経済的機能の力点は「好意」の領域でおこなわれるものと取り扱われるようになっていった。そして、社会の内部対立を超えた公権力の制度が樹立され、社会の一部においやられた贈与は、この中央権力が法的保護を与えるだけの価値と必要とをもたぬものとされ、お返しが期待されるという習俗は、日本の農村におけるように長く残存するものの、法的には無償行為とされるのである（広中・前掲［注46］八四―九〇頁）。

(48)　我妻・前掲（注10）二二二頁、末川博『契約法　下（各論）』七頁（岩波書店、一九七五）、星野・前掲（注2）一〇一頁、鈴木・前掲（注2）三二四頁、大村・前掲（注2）一六二頁、三和一博＝平井一雄『債権各論要説』五七頁（青林書院、一九九一）、北川・前掲（注2）三三頁、内田・前掲（注2）一五七頁、本城＝大坪・前掲（注2）三七頁。

(49)　岡教授の調査によれば、第二草案には、民法起草者が参考にしたであろう、通常言われる正式のものと、それ以前に活字化されている暫定第二草案があり、後者は部分的に帝国官報などに報道されたりなどし、一八九二年に「ドイツ帝国民法典草案。第二読会。編集委員会の決定に基づく（版）。第一編総則」が公表されている。日本の法典調査会ではドイツ第一草案のほか、第二草案が参照されているが、これが一八九四年、一八九五年に公表された「官版」(auf amtliche Veranlassung)、あるいはこの暫定第二草案のいずれであるかについては、債権法に関する限り不明である（岡孝「民法起草とドイツ民法第二草案の影響」法律時報七〇巻七号五三頁以下［一九九八］）。少なくとも総則の起草・審議（明治二六年）の頃は、このいずれでもなく、暫定第二草案であったという（岡孝「日本民法典の編纂―梅謙次郎文書の紹介を兼ねて―」法曹時報五一巻四号九九九、一〇〇〇頁［一九九九］）。今後の研究課題である。

(50)　日本民法制定時、ＯＲ六三条二項は、旧ＯＲ七二条として存在していた。

(51)　非債弁済の場合に債務が存しないことを知りながら給付がなされたら贈与なのかについて、穂積博士は、「丸で此処で決する問題でありませぬで学説に任かして置て此性質と言ふものは何んと決せられやうと少しも此の立法の問題に於ては変りを生じないことであらうと思ひます巴威爾草案杯では法文を以て之を贈与と看做すと書てありますが如斯き明文を置くの必要のないことは申すまでもないことであります」として（法典調査会『民法議事速記録五』二二一、二二二頁［商事法務研究会、一九八四］。引用文中の漢字は当用漢字に、カタカナは仮名に改めた）、立法的解決を放棄している。

(52)　星野英一「日本における契約法の変遷」『民法論集』第六巻二八二頁（有斐閣、一九八六）。

(53)　この段階では困窮の返還請求権をおくことが否決されていたためであり、ＢＧＢ五三四条とその趣旨は変わらないだろう（Protokolle, Bd. 2, S. 24, 25）。困窮の抗弁については第二草案四四六条が、「法律上の扶養義務を含めた他の義務を考慮すると、身分相応の生計を妨げることなしに贈与者が約束を履行することのできる状態になくなる限り、贈与者は贈与によって与えられる約束を拒む権利を有する」としている（Jakobs=Schubert, Die Beratung des Bürgerlichen Gesetzbuchs in systematischer Zusammenstellung der unveröffentlichen Quellen, Bd.II, Recht der Schuldverhältnisse, 1980, S. 369, 370）。

(54)　瑕疵担保責任は、有償契約における責任であるから（我妻・前掲［注10］二七〇頁）、これが原則として認められないのは無償性から当然に導かれる。後述する梅博士の見解によれば、贈与が好意によることについての考慮が存する可能性は、わずかに方式規定にあるのみである。

(55)　来栖・前掲（注２）二四五頁。

(56)　法典調査会『民法議事速記録三（日本近代立法資料叢書３）』八四四頁（商事法務研究会、一九八四）（引用文中の漢字は当用漢字に、カタカナは仮名に改めた）。

(57)　村上一博「明治期贈与論考」六甲台論集三一巻一号九七頁（一九八四）。これによれば、穂積は、明治二〇年（一八八七）の「贈答廃止会」設立当時には日常的贈与慣行を否定していたが、明治民法起草者としての彼は、一般的贈与慣行の頻繁さを根拠に贈与の不要式主義を主張しており、その贈与論は慣習尊重論による贈与慣行是認論へ転換したものとされている。そしてそれは、相続制度論において慣習尊重論から「家」漸次消滅論を経て「家」擁護論へ転換したのと同様の傾向であると指摘する（一〇〇頁）。

(58)　穂積博士は、法典中の贈与の位置についても、対価性への考慮が不要であることから必然的に導かれるとしている。ドイツ民法第二草案は、贈与を「是ハ極メテ軽ルイモノデアルト云フヤウナ意味カラ」売買・交換の後においているが、これを否定して、贈与を先にしている。「贈与ト云フモノハ先ツ他人ニ利益ヲ与ヘルコトニ付テハ組織ノ簡単ナル契約デアリマスカラシテ夫故ニ各種契約ノ一番初メニ置キマシタ」というのである（法典調査会・前掲［注55］八三四頁）。

(59)　於保不二雄「無償契約の特質」『民法著作集Ⅰ財産法』四二六頁（新青出版、二〇〇〇）。

(60)　旧民法の原案においては、総則的に条件の不履行と忘恩による贈与の廃棄を認め、子の出生に関して特約をすればやはり廃棄の原因となっていたという。しかし、確定公布案では、方式が公正証書であること、慣習の贈り物及び単一の手渡しから成る贈与については方式を要しないこと等は原案どおりであるが、基本的に大幅に変更され、忘恩規定は削除されたという。そして、すでに見たとおり、現行民法では立法過程で明確に否定されている（柳澤秀吉「贈与の失効」名城法学第四二巻別冊菊池還暦記念五八七―五九五頁［一九九二］。旧民法の原案の起草者は日本人の磯部四郎博士と推測されているという）。

(61)　法典調査会・前掲（注56）八三六、八三七頁。

(62)　法典調査会・前掲（注56）八四七頁。

(63)　星野教授によれば、旧民法典への批判に基づいて修正される際、立法者はいくつかの原則を立てたが、そのひとつは「詳細にわたる規定の廃止――起草者達によると、条文は単に原則的なことのみを示すべきであり、その結果として短くあるべきものであった」。民法制定後の日本社会の急速な変化を見越して、その規定は、裁判官に広汎な活動の余地を与えるのに十分なほど単純でなければならず、条文数はできるだけ少なくなければならないとの「単純さ」が、起草原理の一つとされ、「日本民法典全体を通ずる特色」の一つとなっている（星野・前掲［注51］二八三―二八五頁）。このように、社会の変化の中では、これに即応した法理の展開は立法者の期待するものであり、法解釈学の責務であるといえる。

(64)　贈与に一般的に備わっている相応の背景・理由が何であるか、起草者の議論は明確でないものの、次のような三類型は析出できるとして、贈与の背景に対する肯定的評価の基礎となる理由を類型化すべきであるとの指摘がある。まず、①謝恩であり、これは贈与といいながら実は過去の行為への対価である以上、慎重な熟考を促すべきものとされる。次に、②社会的義務であり、これは明確ではないが義務である以上それを尽くすための贈与は促進されるべきことになる。③親切上友誼上その他正当なる情愛であり、これも明確ではなく、①②と異なり、好意との差異は微妙である。③について旧民法で登場する例は、分家の事例、人を奨励するため、学問上の費用を助けるため、書生に学資を提供するためであり、かかる有意な目的が想定されていることから厳格な方式を設けず、この目的と無縁な理由に基づく取消に否定的で、目的に即した条件、負担といった向将来的規制は認められるのである（池田・前掲［注17］二五八、二五九頁）。③は必ずしも好意契約と矛盾するものではないように思われるが、義務的贈与や目的贈与を含み、「有意な目的」という観点からの把握は、本稿で論じているものとは異なる。但し、社会のためになろうという意味での「利他主義」と関連するかもしれない。

(65) 柚木・前掲（注3）九、二四頁、柚木＝松川・前掲（注2）一〇頁。

(66) 星野・前掲（注52）一八三、二八四頁。日本の契約法の特色である「形式主義の占める極めて小さい位置、というよりむしろ形式主義の不在」の表れという点から考察すると、民法の規定が贈与契約の拘束力を著しく強いものとしているのは、民法が手附に重要な位置を与え売買契約の拘束力を弱めていることと一見矛盾することから、「説明することがきわめて難しい点である」とされる。これに対して、来栖説は、売買における手附もまた、日本の贈与観に影響を与え贈与の保護を厚くせしめた「共同体関係と共同体思想の盾の両面における表れ」であり、矛盾するものではないとする（来栖・前掲［注2］二四七、二四八頁）。また、内田説もこれを矛盾ではないとするが、その理由は異なる。重要な財産の売買契約においては契約の成立に一定の要式性を要求すること、そのために単なる合意が法的拘束力を持つとの意識が希薄であることは、一般的な現象であり、日本特有ではない。とすれば、解約手付は単なる合意を解消するのに一定のサンクションを課す点ではむしろ契約の拘束力を強めているのであって、日本の契約意識の前近代性で説明する必要はないというのである（内田・前掲［注2］一五九頁）

(67) 星野・前掲（注52）二八〇、二八二頁。

(68) 星野・前掲（注52）二八五頁。

(69) ヨーロッパにおける状況について、岡本教授は次のように指摘される。好意に起因する一方的負担(好意給付)は、給付諾約者が任意に履行しなければ法的には強制しがたいものであり、元来道義の世界にゆだねられるべきものではあるが、ローマ法以来、一定の要件の下に種々の法的保護が与えられ、現在に至っているのである。このように、無償契約は道義的規範に定礎されていることから、好意給付的性格＝非契約性をどの程度まで投影させるべきかを常に念頭に置くべきであり、また、無償給付の好意性が契約保護にストレートに反映していることに留意すべきである（岡本詔治「無償契約という観念を今日論ずることには、どういう意義があるか」椿寿夫編集『講座現代契約と現代債権の展望五』三三、三四頁［日本評論社、一九九〇]）。

(70) 岡本・前掲（注69）三八、三九頁。

(71) 来栖・前掲（注35）三七頁。

(72) 来栖・前掲（注２）二四六―二四八頁。
(73) 来栖・前掲（注71）四六頁。
(74) 於保・前掲（注59）四二七頁。
(75) 法典調査会・前掲（注56）八三六頁。
(76) 法典調査会・前掲（注56）八三六頁。
(77) 現行の日本民法を見ると、方式規定が存し、履行前においては事情変更に基づく契約解除権を認めること、受贈者の履行請求を信義則違反とすること等も考えやすいが、「実行された後においては、明文なくして拘束力の緩和を是認することは困難」とするものもある（柚木・前掲［注３］二四頁）。また、広中教授も defensiv な履行前の撤回は肯定しやすいが、履行後は現状の変更の要求となり困難であるとし、後述するように、受遺欠格の規定の類推適用し、取消うるものと解する（広中俊雄「贈与」『民法論集』七〇頁［東京大学出版会、一九七一］）。これによれば、BGB五三四条の道徳上の義務の履行の効果は、実際に日本の贈与法に近いといえる。ただ、ドイツ法にはこのほか、BGB五二一条の贈与者の責任軽減（故意重過失）や、遅延利息支払義務の免除といった特則がある。
(78) 「梅は、『家』制度消滅論に立脚して、遺言の自由を最重視することによって、遺留分を能う限り制限し、贈与の自由を保護しようとした」。これは、「自然法的自由契約思想の反映であると思われるのである」（村上・前掲［注57］一〇三頁）。
(79) 法典調査会・前掲（注56）八四〇頁。
(80) 梅謙次郎『民法要義巻之三債権編〔訂正増補第拾壱版〕』四六三頁（有斐閣書房、一九〇〇）（引用文中の漢字は当用漢字に改め、カタカナは仮名に改めた）。
(81) 梅・前掲（注80）四六四、四六五頁。
(82) 我妻・前掲（注10）二二三頁、末川・前掲（注48）七頁、柚木・前掲（注３）一四―二二頁、来栖・前掲（注２）二二四頁、北川・前掲（注２）三七頁、内田・前掲（注２）一五七頁、星野・前掲（注２）一〇一頁、鈴木・前掲（注２）三二四頁、於保・前掲（注59）四一三、四一四頁、三宅・前掲（注２）三、一一頁、大村・前掲（注

2）一六一頁、本城＝大坪・前掲（注2）三七頁ほか。契約性について特に言及されるのは、内山尚三『民法五・債権各論』三八頁（法政大学出版局、一九九〇）。

(83) 柚木・前掲（注3）一七頁、鈴木・前掲（注2）三二四頁。三宅教授は、より詳しく、過去の反対給付の報酬として、将来反対給付を受けるため、又はその義務を負わせるために、財産を与える契約は贈与ではないとされる（三宅・前掲［注2］一一頁）。

(84) 我妻・前掲（注10）二二一頁、内田・前掲（注2）一五九頁、星野・前掲（注2）一〇一頁。

(85) 星野・前掲（注2）一〇一頁。

(86) 内田・前掲（注2）一五九頁。

(87) 我妻栄『新訂民法総則』二四七頁（岩波書店、一九六五）。

(88) 我妻栄『債権各論上巻』四九、五〇頁（岩波書店、一九五四）、内田・前掲（注2）二〇、二三九頁、北川・前掲（注2）三二頁、星野・前掲（注2）二〇頁、鈴木・前掲（注2）一八、三二三頁、石外・前掲（注2）五三頁、三和＝平井・前掲（注47）一七、五七頁、大村・前掲（注2）一六七頁、品川孝次『契約法上巻〔補正版〕』一六九頁（青林書院、一九九五）、高島平蔵『債権各論』一四、九七頁（成文堂、一九八八）、小野・前掲（注48）一二、一三頁。

(89) 星野・前掲（注2）二〇頁は、これにつき「限界線上の事例においては、必ずしも明らかでない場合がある」としている。

(90) 我妻・前掲（注88）四九、五〇頁は、対価性は「客観的に定められるのではなく、当事者の主観で定められる」とする。代金がいかに安くとも、当事者が売買のつもりならばその代金は対価的な意義がある。負担が重くとも、当事者が贈与のつもりなら、負担には対価的意義がない。

(91) 北川・前掲（注2）三二頁。

(92) 鈴木・前掲（注2）三二四頁。

(93) 末川・前掲（注48）一五頁。

(94) 但し、射倖契約の場合については問題とされている。大森教授は、射倖契約としての保険契約につき、有償性は「契約の成立・存続・履行の全過程の効果の実質的・経済的な利益・損失ないし出捐の相互対立補充関係の有無が標準とな」って評価されるとされ、保険事故発生時に保険金を支払うという「内容の不確定的な債務」を負う保険契約においては、そのような享益機会の供与自体が（具現化する保険金の支払ではない）、「経済的に一つの給付ないし出捐」であり、「保険料支払に対する反対給付ないし出捐」であるから、射倖契約は常に有償契約であるとされる（大森忠夫「保険契約における対価関係について」法学論叢八八巻第一・二・三号［一九七〇］）。

(95)　岡本・前掲（注31）一〇〇頁。

(96)　Lorenz, Entgeltlich und unentgeltliche Geschäfte (Festschrift für Max Rheinstein zum 70. Geburstag am 5. Juli 1969, Bd. 2), 1969, S. 560.

(97)　岡本・前掲（注31）一〇一、一〇二頁。

(98)　岡本・前掲（注31）一〇二頁。

(99)　来栖・前掲（注2）二四二頁、中川淳・判例評論一六五号二〇頁以下（一九七二）、判時六六四号七〇頁の本判決のコメント。

(100)　中川・前掲（注99）一二五頁。

(101)　判時八一九号五四頁（一九七六）の本判決のコメント参照。

(102)　判時一一八五号一〇九頁（一九八六）の本判決のコメント参照。

(103)　横田勝年・判タ七三五号八五頁（一九九〇）。

(104)　大阪高裁昭和三二年一月二六日判決（民集一二巻一三号二〇七三頁）は、婚姻継続のために財産一切を贈与した事案である。いずれにせよ強迫による取消を認めているのであるが、有償性を認めるのではなく、贈与契約であるとする。これは、妻の過去の交際について夫が憤激して妻を殴りつけ離別する旨申し向けたため、妻がひたすら不信を詫び婚姻の継続を請い続けたところ、夫が妻の所有財産一切を自分に贈与するよう要求したので妻がこれを承諾し書面作成を白紙委任したというものである。婚姻継続は対価とされず、贈与契約の取消が認められており、婚姻破棄を申し向けたことが強迫を裏付ける事実とされている。

(105)　広中・前掲（注23）三五頁。

(106)　我妻栄『民法判例評釈Ⅱ』二二九頁（一粒社、一九六六）。

(107)　他にも、平成元年五月二三日大阪高裁判決（開発協力金支払の合意は私法上の贈与契約であり、本件開発協力金約定は錯誤又は強迫に基づいて締結されたものではなく、有効であるとされた事例）、その第一審である、昭和六一年九月二六日大阪地裁判決（開発協力金の支払をなすべき旨の約定が、私法上の贈与契約として成立したものと認められた事例）がある。また、この協力金については、国家賠償請求などにより違法性が争われた判決として、昭和六三年一一月一八日神戸地裁判決、昭和六二年二月二五日大阪地裁堺支部判決がある。

(108)　判時四四三号四六頁（一九六六）の本判決のコメント。

(109)　これに関連して、大審院大正四年一〇月一九日判決（民録二一輯一六六一頁）は、住職の地位につくための協力と引き換えの出捐契約を民法九〇条違反の問題として扱っている。住職、檀家総代等が僧侶乙と契約、後任住職に選任する対価としてその寺の債務整理をなすべき旨を約定する契約について、乙が寺の負債を支払ったが住職に任命されず、甲寺に対し立替金として返還を請求した事例である。原審は「契約解除を原因として」返還を請求するなら格別、立替金としての請求は理由なしとして棄却した。大審院は、二個の約束の間に交換的関係があり、各約款を互いに報酬的事項となす趣旨であれば、公益上および社会の風教上有害で公序良俗に反し、契約の全体が無効であるという。「寺院ノ住職ハ社会上清高タルベキ職ノ一ニ属シ、其ノ任免ハ法令上各宗官長ノ職権内ニ存シ、固ヨリ俗ニ所謂運動ニ類スル行為ヲ以テ左右スベキモノニ非」るからである。この点、大審院明治三三年五月二四日判決（民録六輯五巻八一頁）は、「住職売買」の場合とそうでない場合があるとし、住職売買の契約なら無効だが、二個の約束が相互に約因となり組成した契約は無効でないとした。ほかに公序良俗違反が問題となるものとしては、妾関係の維持等それ自体良俗に反して債務となりえず任意にするしかない行為や、旧民法下での分家等法律上の債務とすることが公序に反するため任意に為すほかないような行為と引き換えに出捐する約束がある（三宅・前掲（注2）二一頁）。妾契約は贈与とされた上で、九〇条違反の問題とされている（名古屋高裁昭和三一年七月二〇日判決、東京地裁昭和三二年一二月九日判決、東京地裁昭和三九年五月二六日判決、東京地裁昭和四〇年一一月三〇日判決、東京地裁昭和五五年二月五日判決）。

(110)　奥田昌道編『新版注釈民法⑽Ⅰ』一四四、一四五頁〔金山正信＝金山直樹〕（有斐閣、二〇〇三）。

(111)　第二章参照。

(112)　先行する相続放棄を前提とする分家財産の譲渡には第一節[7]判決がある。そのほか身分行為に関するものとして、[16]判決をあげることができる。

(113)　石外・前掲（注2）一三七、一三八頁。

(114)　潮見・前掲（注45）三三、三四頁。

(115)　松坂佐一『事務管理・不当利得〔新版〕』一三五、一三六頁（有斐閣、一九七三）。また、平井＝岸上説は、後述のように、事柄の性質上反対給付（婚姻、扶養）が強制できないところでは贈与であるが、契約内容の操作による解決が不可能であるから、不当利得法に定着している「目的の不到達」を用いるべきであるとする（平井一雄＝岸上晴志「最判昭和五三年二月一七日判批」判タ三六三号八一頁〔一〇七八〕）。これに対して、三宅教授は、身分行為など任意になされなければならない行為に財産を与えると約束しあるいは現実に与えた場合について「かような任意的行為と財産の出捐との間には、客観的には対価関係が認められないので、この出捐は条件付贈与とも称されるが、当事者としては一種特別な交換・取引の関係を設定するのだから、任意的行為は贈与の条件というよりは、むしろ（双務契約における一方の債務が他方の債務の原因であるように）原因の性格を帯び、贈与と解するのは無理がある」とされる。そして、交換を設定した当事者の合意に即して言えば「原因による給付」（ローマ法の datio ob rem）に類すると理解されるべきであるとされる（三宅・前掲［注2］一二、一三、四七、四八頁）。ローマ法におけるいわゆる原因のための給付(datio ob rem)とは、目的不到達による不当利得返還請求権(condictio causa data causa non secuta)を生ぜしめる給付である。これには報償的贈与もまた属しうるのだが、過去の原因に基づく贈与と、将来の期待（目的たりうる）に基づく贈与では、後者のほとんどはこれに該当するという。目的の内容は、対価性の薄いものから(給付者の名を自己の名として付ける、旅行に行く)、対価そのものである交換に至るまである。目的と datio との間に純粋な等価関係があるとはいえないが、目的実現のためでなかったならば与えなかったであろう（aliter non daturus）という「対価的な関係」が判断基準とされる一方で、datio が代金や類型的な既存契約の意味での賃金であるときは、datio ob rem の範囲を超えるという。そこでは、給付と反対給付が各々互いに義務付けられているようではあるが、実際には先給付の受領者の側の義務のみが問題となるのであり、合意による義務付けに基づく債務履行という契約構造の強さが欠けているという（吉野悟「Datio ob rem における目的」谷口知平教授還暦記念『不当利得・事務管理の研究(1)』四八頁以下［有斐閣、一九七〇］）。

(116)　吉田邦彦『契約法・医事法の関係的展開』（有斐閣、二〇〇三）二二九、二三〇頁。

(117)　この方式規定の趣旨には見解の相違があるが、実務では、①贈与者の出捐意思が表示されるをもって足り、受贈者の記載、無償であることの記載も不要である。②贈与契約後の書面でも足りる。③しかし、贈与の意思表示が書面によって受贈者に対して表示されなければ書面によるものとはいえない（後述の村会議事録の事案について否定）。但し、この原則もその後かなり緩和され、第三者との間で作成された書面でも足りる（前述の大蔵省に提出した私財提供書の写しについて肯定、県知事に対する農地所有権移転許可申請書について肯定。以上の書面はその作成にあたり贈与者および受贈者の関与、了解が見られる事例であるが、これに対し、受贈者が関与しないで、他の用途のため、司法書士が作成した内容証明郵便を贈与の書面と認めた事例がある）。④書面の存否ついても緩やかに解されており、原本が破棄され、写しが証書として提出された場合でもよい。⑤交付の有無についても緩やかに解されており、いったん解雇の辞令、解雇手当の辞令および解雇手当としての小切手の受領を拒否した受贈者が後に辞令書を受けることなく解雇手当金を請求した事例で、書面の交付が現実になくても黙示的に贈与の申し込みを承諾したと認めた。また、第三者に当てた内容証明郵便がなされ、受贈者に現実に交付されることがなくても、書面による贈与の成立が認められた。柚木・松川教授によると、このような判例の書面性への「ゆるい態度」のために贈与者の意思を明確にして後の紛争を避けるという書面性の目的が達成されないでいるという。むしろ、「この判例の態度が、わが民法典が書面に付きなんら明確に規定していないことと相俟って、曖昧さを増長し、様々な紛争の原因となっているのが現状であるといえよう」（柚木＝松川・［注2］三八―四二頁）。

(118)　加藤(永)・前掲（注5）五三頁。

(119)　本城＝大坪・前掲（注2）三七頁。

(120)　加藤(永)・前掲（注5）五二、五三頁。

(121)　末弘厳太郎『末弘著作集Ⅲ民法雑記帳下巻』五五、五六頁（日本評論社、一九五三）。人々が同じ給付を受けても、有料の場合には「なんとなく契約らしいものがあるように考え」、無料の場合にそうでないのは、「有償性と法律的拘束力との間になにか関係があるように考えたがる気持ちが一般人の心の中に潜んでいることを物語るものである」（五九、六〇頁）。

(122) 内田・前掲（注２）一六頁。そもそも合意があれば常に契約としての法的拘束力があるとは限らず、「裁判所なり国家権力なりがでる幕ではない」のが社会の通常の意識である場合には、法的拘束力は否定される（一五頁）。

(123) 広中・前掲（注23）二七、二八頁。

(124) この原則は有償契約を前提としているという。中世においてこれに類する命題が唱えられたこともなかったわけではないが、それは全社会的規模において確立されるには至らなかったのであり、「むしろそのような提唱は、近代になってからのこのような命題の強調を用意したと言う歴史的意義をもつものとして評価さるべきであろう」。近代社会にいたって商品交換の法的形態としての契約が原則として一切の社会関係を構成する要素となった時にはじめて確立されていったものであるから、この命題に表されている契約意識は、有償契約に結びついたものであるとされる（広中俊雄「有償契約と無償契約」広中俊雄著作集２『契約法の理論と解釈』（創文社、一九九二）二六、二七頁、広中俊雄『契約法の研究〔増訂版〕』三四、三五頁〔有斐閣、一九六四〕）。

(125) 広中・前掲（注23）三二、三三頁。

(126) 広中俊雄「徳義上の契約」『民法論集』六六頁以下（東京大学出版会、一九七一）。

(127) 鈴木・前掲（注２）三二六頁。

(128) 我妻・前掲（注10）二二六、二二七頁。

(129) カフェー丸玉事件の大判は、お客が短期間遊興し昵懇な関係にあった女給の歓心を買うため一時の興に乗じてした約束であるという事情を考慮して、少なくとも準消費貸借に切り替えるときには書面が作成されているにもかかわらず、書面による贈与債務を基礎とする準消費貸借について、任意履行の保持は認めつつ法的強制はできないとした（川井健「第三章債権の効力〔民法入門・債権総論〕」法学セミナー三六八号七九頁〔一九八五〕）。自然債務を認めたものとして著名な判例であるが、同時に、贈与の拘束力について、書面性の要件だけでは充分な指標たり得ないことを示しているといえるだろう。但し、差戻審の大阪地方裁判所は契約の成立を詳細に認定して原告たる受贈者の請求を認めた（大阪地裁昭和一一年三月二四日判決〔新聞三九七三―五〕。この結果について、内田教授は本件認定事実からすれば妥当であるとされている（内田・前掲［注2］一五頁）。

(130)　我妻栄『新訂債権総論』七〇頁（岩波書店、一九四八）。大審院判例の立場は任意に支払われるならば弁済たることを失わないが履行を強要することのできない「特殊の債務関係」が存するというもので、これは自然債務であると解されている（広中・前掲［注23］三二、三三頁）。この事案では、そのような債務を基礎として準消費貸借がなされているのだが、それにもかかわらず、訴求可能性の欠如という債務の性質に変化はないとする立場を採ったのである。広中教授はこのことから、自然債務であることを否定される（広中俊雄「自然債務——カフェーの女給の歓心を買うための贈与約束——」『民法論集』三二五頁［東京大学出版会、一九七一］）。

(131)　広中・前掲（注126）六六頁。

(132)　鈴木・前掲（注2）三二六、三二七頁。

(133)　柚木・前掲（注3）一九頁、柚木＝松川・前掲（注2）二六頁。

(134)　広中・前掲（注130「自然債務—カフェーの女給の歓心を買うための贈与約束」）三二五頁。

(135)　加藤(永)・前掲（注5）五七、五八頁。例えば、東京地裁昭和四三年四月二六日判決は、老人夫婦が夫の病気の看病をさせるため、夫婦者を同居させたが、その夫婦者が四万円の看護料の支払をうけ四万円の家賃相当の建物を使用しているうえ、時価二六〇万以上の土地建物の贈与を受けたと主張した事案で、不自然であってこのような贈与は考えられないと否定した（同様の裁判例として、東京高裁昭和四九年三月一四日判決参照）。

(136)　加藤(永)・前掲（注5）五七、五八頁。

(137)　但し、何らかの法律上の義務が存する場合に「単なる贈与」ではないとして特別の扱いをする一連の判例がある。例えば、大審院大正五年九月二六日判決（民録二二輯一四五〇頁）は、法律上の義務（不当利得返還債務）を履行すべき者が債権者に無償譲渡をなした場合に、単純な贈与と見るべきではないとする。これは、増区出願した分の鉱業権を、許可の名義人である譲渡人が、実質的には譲受人に属するものとして、返還のため無償譲渡し登録する旨の契約を締結した事例である。このように、無償譲渡契約をした場合でも、法律上給付する義務があるためという「縁因」ある場合は、不当利得返還のための弁済、代物弁済、一種の無名契約であり、書面を必要としないとされた。この結論に賛成する見解もあるが（我妻・前掲［注106］二二七頁、加藤(永)・前掲［注5］五四、五五頁)、これは受託者としての債務の履行そのものであり、「財産を与える」のではないから贈与ではないとの見解もある(三宅・前掲[注2]三、四頁)。次に、最高裁昭和二七年五月六日判決(民集六巻五号五〇六頁)は、新民法施行前の協議離婚の際にされた財産分与契約が贈与として民法五五〇条の適用を受けるかという争点に関して、「本件契約は、離婚と不可分の関係において締結されたものであり、いわば離婚協議の一条項ともいうべきものであるから、これを当事者の一方が他の一方に単に恩恵を与えることを目的とする単純なる贈与と同日に論ずべきものではない」として、書面によらなくても新民法施行後は取消ができなくなるとする。この判決について、無償性の合意を欠くということを異なる表現をもってしたものと解する見解がある。離婚に際しては、法律上当事者の一方に財産分与請求権が存し(民法七六八条一項)、財産分与契約はこの請求権の存在を前提とし、これに関する協議の結果として締結されるのが通常であるから(七六八条二項)、法律上の義務を前提とするものといえ、無償性の合意を欠くから、五五〇条適用を否認すべきであるとするのである。この事案は、日本国憲法施行後新法施行前になされた分与契約に関するものであるが、この場合は新民法附則一〇条により、離婚した者の一方は七六八条の規定に従い相手方に対して財産分与を請求できるのである(柚木・前掲[注3]一七、一八頁)。

(138)　我妻・前掲(注10)二二二頁。合理的な交換経済の時代である現代において、贈与はその非合理性から法律上の主張がされることが少ないとする。そのために、簡単な民法規定の不備も非難されないのだろうが、「あまりにも合理的な生活関係の潤滑油」として、多様で大きな機能を持っているのであり、贈与を非合理なものと決め付けず、贈与について「もう少し合理的に処理することが望ましいのではあるまいか」と問題提起をされている。贈与は経済的な作用は少ないとしても、慈善、宗教、学術などのための贈与や寄付は、見逃しえないほどの大きな働きをしているのである。

(139)　三和＝平井・前掲(注48)五七頁。

(140)　中川淳「養子への負担付贈与の解除」ジュリスト臨増六九三号七二頁(一九七八)。

(141)　岡本・前掲(注69)三三頁。

(142)　於保・前掲(注59)四二七頁。後述のように、贈与観の変化により、贈与を好意契約と言う観点から捉えるよう努めるべきであって、解釈上悔返権等の欠缺を填補すべきであるとする。

(143)　鈴木・前掲（注2）三二六頁、池田・前掲（注17）二九六頁。
(144)　後藤泰一「忘恩行為にもとづく贈与の撤回―ドイツ法を通して―」民商法雑誌九一巻六号二六、二七、二八頁（一九八五）。但し、この非行は違法でなくてよい。決定的なのは倫理的に誤った態度であって、客観的に一定の重大さがあり、主観的に感謝の欠如を認識させる非難されるべき心情が明らかでなければならない。個別事例のすべての状況の総合評価により決定されるべきである（Münchener/kollhosser §530 RdNr. 2）。
(145)　岡本・前掲（注31）一〇一頁の分類を参照。
(146)　岡本・前掲四五、四六頁、江口幸治「贈与の取り消しについて」社会科学論集第七一号一〇一頁（一九九〇）。
(147)　加藤(二)・後掲（注159）六九頁。
(148)　三宅・前掲（注2）一四頁。
(149)　大村敦志『典型契約と性質決定』一〇三頁（有斐閣、一九九七）。
(150)　戦前に、一九一二年の二上博士の論文が、忘恩や困窮の取消を論じているが、立法論にとどまっているという（二上兵治「贈与雑説」法学新報二二巻四号［一九一二］。柳澤・前掲［注60］五九六、五九七頁による）。そして、三潴博士は、民法がこれらを考慮しなかったのは立法上の一欠点であるとし、解釈論としては、忘恩行為がないこと、自己の財産が著しく減少しないことを条件とする意思であったと解すべき場合があるとする（三潴信三『契約各論一（現代法学全集一一巻）』二六九頁［一九二九］。柳澤・前掲［注60］五九八頁による）。しかし、柳澤教授によれば、二上論文は当時多少の注目を引いたようであり、引用されたが、その後はこれを引用するものはほとんどなく、三潴博士の見解は無視され忘れられた存在であったという（柳澤・前掲［注60］五九八頁）。
(151)　柳澤・前掲（注60）六〇一―六〇四頁。
(152)　広中俊雄「贈与――説例研究」『契約法の理論と解釈』八七―八九頁（創文社、一九九二）。第一章で触れたスイス債務法を参照すべきとする。前述したように、スイスの立法は「忘恩」とはしておらず、贈与実行後には、相続法の原則によって相続からの廃除の場合と同様の受贈者の行為が贈与者に撤回の権限を与える。
(153)　広中・前掲（注152）九〇頁注三七。
(154)　広中・前掲（注23）三二頁。

(155) 鈴木・前掲（注2）三三二、三三三頁。このほか、贈与者の経済状態の著しい悪化により、贈与の履行の強制がはなはだしく信義則に反するような事態であるときには贈与者は撤回しうるとして、困窮の抗弁も認められる（三三三頁）。
(156) 内田・前掲（注2）一六〇、一六一頁。忘恩行為として、身の回りの世話をしてくれる近所の親切な青年に老婆が全財産を寄付したところあとで虐待を受けた例を挙げる。
(157) 内田・前掲（注2）一六一頁。
(158) 岡本・前掲（注31）一〇一頁。
(159) 加藤一郎「忘恩行為と贈与の効力」法学教室一一号七五頁（一九八二）。
(160) 加藤(二)・前掲（注159）七二、七四、七五頁。
(161) 石田文次郎『債権各論講義』一二頁（弘文堂書房、一九三七）。また、困窮の場合も、贈与の実行を強要することが客観的に不妥当なりと考えられる場合は、事情変更の原則により贈与者は贈与契約を解除しうると解してよいとされる。困窮の抗弁（BGB五一九条）については、勝本博士がやはり、事情変更の原則を用いて契約締結の際、又は、締結後その履行前には認められている（勝本正晃「民法に於ける事情變更の原則」二六〇、二六一頁［有斐閣、一九二六］）。但し、その返還請求権（BGB五二八条）は、履行後に関するものであるから認めない（一五頁注3、二六八頁）。勝本博士は、「贈与が好意的の行為であることは通常疑なき所であって（例外はあるも）、私は贈与に関しても我民法上ある程度の事情変更の原則の適用が解釈論として認め得らるべきであると思ふ」とされる（八七一頁）。柳澤教授は石田博士の見解の方が戦後につながっていると推測される（柳澤・前掲［注60］六〇一頁）。
(162) 於保・前掲（注59）四二〇頁。
(163) 三宅・前掲（注2）一四頁。
(164) 平井＝岸上・前掲（注115）八一頁。
(165) 平井一雄「贈与物の返還請求が認められた事例」独協法学六号一七七頁（一九七五）。ドイツ民法八一五条は、給付者が特別の給付目的が客観的に到達しうべからざりしことを知っていたとき、信義に反して目的の到達を妨げたときは、不当利得返還請求権を有しないことを規定している。これについて、日本民法上このような規定はないが、このような場合には「給付者は法律の保護に値しない」から、七〇五条や一三〇条の類推適用により同一に解するべきであるとする見解がある（松坂・前掲［注115］一三七頁）。

(166)　三宅・前掲（注2）三六頁。但し、三宅教授は、判例で問題とされる「婚姻の成立を期待して授受する結納」「養子が養親を扶養し円満な関係を維持することを期待して養親が養子に対してなす贈与」は、婚姻成立や円満な養親子関係の継続の期待が「当事者双方に明らかな贈与の重要な動機＝贈与の前提（基礎）であるから」、原則として婚姻の不成立や離縁により、贈与の効力が消滅すると解すべきであるとされる（三宅・前掲［注2］一三、一四、三六頁）。つまり、困窮や忘恩の問題以前に失効するのであるが、これは、相手方の贈与物の特別の用途を「動機として」出捐がなされている場合とされており、これらを反対給付の性格までは持たない目的贈与とされる趣旨であろうと思われる。

(167)　これらは、「表意者の現実の意思が真意から遊離した場合、表意者を現実の意思の範囲内に拘束することは妥当ではなく、しかも単に法的処理が困難であるという理由だけで放置しておくわけにはいかない」という必要性から発展してきたものである。前提とは、相手方にも認識可能なものであって、条件と動機の中間であるとされていた。ヴィントシャイトは前提が欠如する場合、意欲された法律行為は成立・存続するが、それが表意者の真意と一致しないゆえに実質的には法的正当化根拠（rechtfertigenden Grund）を欠くとするのである（Windscheid, Pandekten I, 1862, §97 S. 227. 前提理論については、S. 226ff.）。よって、表意者は給付利得返還請求権（既履行の場合）と悪意の抗弁権（未履行の場合）によって間接的に救済されるのであり、前提理論は condictio（不当利得返還請求権）の causa の「構成」としてあらわれる。これは、給付不当利得の根拠の問題を法律行為ないし契約の原因（動機）の問題と同一平面において把握するものであるとされている（磯村哲『錯誤論考』（有斐閣、一九九七）一二五頁）。

(168)　岸上晴志「契約の目的についての覚書（2・完）」中京法学一六巻二号八四―八八頁（一九八一）。

(169)　五十嵐清「事情変更の原則と不当利得」谷口知平教授還暦記念『不当利得・事務管理の研究(3)』八八頁（有斐閣、一九七二）。

(170)　目的不到達とは「将来の目的が法律行為によって有効に確定されたが、それにもかかわらず到達されない場合には、利得は不当となる」というもので、この「給付の目的」は「合意された受領者の容態に存する一定の効果（反対給付）の惹起」であり、債務関係が設定されず、給付者が目的たる相手方の反対給付を強制する法律上の可能性を有しないものである場合に、この返還請求権は意味を持つ。双務契約が成立する場合は、当事者の一方が為す給付は、法律上の原因を有するから、この問題ではない（給付者は履行請求権、解除権を有するし、危険負担の問題となることもある）。そのような既存の基本行為に基づいてなされるのでなく、給付者が反対給付の提供を目的とするが、これに対する請求権を有しない場合に生ずると解すべきである（松坂・前掲〔注115〕一三六、一三七頁）。そこで、必ずしも財産的扶養ではなく愛情のある老後の世話という漠然としたものを考えるときにこれを用いることは妥当であろう。通説は、ローマ法以来の伝統に従い、贈与が一定の目的のために為される場合、つまり「給付をもって贈与による債務の履行のみならず、それを超える効果が目的とせられた場合」にもこれを認める（法律行為論の根幹ともかかわるもので、異論もあり、例えばこれを法律行為の無効事由とする見解もある（加藤雅信『新民法大系Ｖ　事務管理・不当利得・不法行為』九一頁〔有斐閣、二〇〇二〕）、松坂・前掲（注115）一三五、一三六頁）。この返還請求権は、前述のとおり、ローマ法におけるいわゆる原因のための給付（datio ob rem）に関係し、長い歴史をもつために定着しており（吉野・前掲〔注115〕四八頁以下）、ドイツ法では、不当利得論でもある「前提」論は、動機の法的無顧慮の原則の広汎な例外を認めるもので取引安全を害するとするレーネルの批判によりＢＧＢ第二草案作成の段階で削除され、レーネルの提案に沿った八一二条、八一五条に改正されたが、その中に「ローマ法以来の伝統をもち、前提論の一環としても論ぜられた」この目的不到達の不当利得返還請求権（condictio ob causam datorum）が八一二条一項後段後半で規定されたため、この制度と行為基礎論との関係が今日問題となっているのである（五十嵐・前掲〔注169〕八八、一〇一頁）。

(171)　松坂・前掲（注115）一三六頁。行為基礎の瑕疵は法律上当然に契約を解消させるのではなく、事情の変更への契約の適合（Anpassung）がまず試みられる。この適合が不能であるか要求され得ないものであって初めて解除が認められる。従って、双務契約と同様、行為基礎の欠缺や消滅の場合にも不当利得法は直接には適用されない（一三六、一三七頁）。

(172)　平井・前掲（注165）一七七頁。

(173)　日本法においては、原因概念で説明しなくとも、当事者の真正な意思からでたものではない場合を法律上保護するためには「一般意思表示の要素としての意思、表示、意思と表示の不一致、任意の表示があるとすることで足り、原因を持って特に契約の要素とする必要はない」として原因論が排斥されていく中で、契約の目的概念へと発展させる規定は見られず、動機を顧慮すべきでないことが強調され、日本法においては契約目的の問題は、ドイツ法の影響下で論じられてきた（岸上・前掲［注168］九一頁）。しかし、無償契約においては原因論が見直される傾向が見られ（大村・前掲［注149］一〇〇―一〇四頁）、忘恩行為の最近の研究は、「有償契約・無償契約の区別に関する議論の動向と密接な関連の下に進められつつある」という（大村、一〇三頁）。

(174)　この見解によれば、無償契約においては契約意思のほかに、典型契約に内在する「定型的原因」と当該贈与契約を実現させた特殊な目的や動機を統合した媒介的概念である「具体的原因」とが要件となる。有償契約と異なり、非物質的衝動を起因とする無償契約は反対給付がないという意味での「好意契約」と捉えられるが、「社交上の儀礼」の好意性は否定されず、受贈者への財産の帰属により「好意契約」となる（岡本・前掲［注69］三三頁、三五頁）。そして、まず、有償契約においては「給付の交換」という抽象的な「原因」で足りる。そこでは対価関係にある給付が相互に正当化しあうのであり、この「給付の交換」が一方当事者の内心的プロセスとは異なる双方に共通の事情であって、これが「契約の唯一の客観的機能」として契約の成立を根拠付ける「原因」である。これに対し、無償契約においては、有償契約の「給付の交換」に対比すべき「原因」として、社会経済的な評価としての「好意の精神」、受贈者の財産を富ませることを設定する。即ち、「好意」により、財産の「帰属」それ自体が原因をもち正当化される。そこで、宣伝目的などの利己的な意図でなされても、これがある限り贈与となるとされる（三五、三六頁）。

(175)　岡本・前掲（注69）四六頁。

(176)　森山浩江「恵与における『目的』概念――コーズ理論を手掛かりに――」九大法学六四号三五、三六頁（一九九二）。恵与のコーズ概念を検討すると、「恵与を含めた無償行為の背後の状況は非常に多様」であり、贈与が恒常的関係の諸項の一つでない場合、即ち、緊密な人的関係がそれまでにほとんど存しなかった場合、将来何かしてもらうことへの期待でなされることもあることがわかる。双務契約のように「『対価的な関係に立つものとして把握さるべき他の特定の給付』は存在しなくても、ある『目的』に向けられる場合はあるのであって、必ずしも全ての無償行為が『それだけを独立に取り出して眺めることができない』ものとは言えない」のである。

(177)　大村・前掲（注149）一〇一頁。

(178)　近代私法が法的安定性を確保するため、当事者の内心から法的変動を生じさせる部分を切り離し、これのみを効果意思として法的評価の対象としてきたことは、対価的意義を有する出捐の存在が契約の有効要件とされる有償契約の場合においては、通常そこに動機が存するから、原則として妥当であるにすぎない（武尾和彦「無償契約論序説」法律論叢九九―一〇六頁［一九八九］）。

(179)　この場合、その「動機」は無償契約の法的拘束力の基礎となるものであるから「当事者が無償契約を為すに付いて決定的なものであること」、それが「存在しなければ当事者はその無償契約を締結しなかったであろう」ことが要求される。これが崩壊するとき契約は「約束は守られなければならない」とされる基礎を喪失し、その効力を喪失することになる（武尾・前掲［注178］一〇六―一〇八頁）。

(180)　武尾・前掲（注178）一一九、一二〇頁。

(181)　岡本説によれば、「原因」論によって贈与契約を無効とすることに実際上の意義を見出せるのは、日本法での贈与の「書面」の意義が大幅に後退しているからである（岡本・前掲［注69］四六頁）。実際、贈与契約として強い拘束力が認められる余地が大きいほど、この問題は多く現れるであろう。

(182)　来栖・前掲（注２）二四二、二四三頁。

(183)　柚木＝松川・前掲（注２）三六、三七頁。

(184)　三宅・前掲（注２）三六頁。

(185)　平井・前掲（注165）一七七、一七八頁。

(186)　寄付や公益的性格を有する贈与については、第二次契約法リステイトメントで約束禁反言に関する九〇条二項が寄付を厚く保護していることが思い起こされる（ALI, Restatement of the Law second, Contracts 2d, v. 1, 1981, p. 242)。この点、Gordley 教授は、寄付がアメリカではいまだに重要であるにもかかわらず、ヨーロッパのほとんどでは昔より重要な役割を演じなくなっていることから、次のような理由を挙げている。ヨーロッパでは政府が市民の福祉を保護するためにより広範囲な活動をしているところ、アメリカでは個人レベルで富の分配に関する決定を許すのが望ましいとして考えられている。寄付の約束の強行性がアメリカで強く認められるのはこのためであるという（Gordley (ed.), The Enforceability of Promises in European Contract Law（2001）, 341, 342）。

(187)　岡本・前掲（注69）四五頁。

(188)　後藤・前掲（注144）二六、二七、二八頁（一九八五）。

(189)　後藤・前掲（注144）八三六頁。

(190)　その要件は、贈与者と受贈者の情誼関係に基づいて無償の恩愛行為として贈与がなされた場合において、①受贈者が贈与者に対して相続人の廃除事由に相当する行為を行ったとき、②受贈者が贈与者に対する一方的な有責行為によって離縁・離婚となったとき、③受贈者が贈与者に対して負担する親族法上の義務に著しく違反したとき、④その他、贈与者と受贈者の情誼関係の破綻につき受贈者に著しい有責性が認められるとき、のいずれかに該当し、贈与の効果の存続が信義衡平の原則上不当と解されるとき、である（加藤佳子「忘恩行為による贈与の撤回――フランス法を中心として――(5)」名古屋大学法政論集一二二巻［一九八八］三五六頁）。

(191)　加藤（佳）・前掲（注190）三六七、三六八頁。

(192)　加藤（佳）・前掲（注190）三六二頁、三六三頁。親子訴訟を為すことが望ましくないことが日本での立法初期で指摘され、忘恩行為規定が抜け落ちているのだが、老親が老後の精神的・経済的な援助を期待して主要な財産を贈与する場合も多く、彼らが援助を受けられず、侮辱を受け、生きる道が閉ざされることを防ぐためにも必要であるとする。忘恩行為により困窮にも陥る場合はより深刻である。

(193)　森山・前掲（注176）四三頁。

(194)　於保・前掲（注59）四二〇頁。

(195)　判例時報六六四号七〇頁のコメント、また、来栖・前掲（注2）二四二頁参照。

(196)　島津一郎「縁組の破綻を理由に養親の養子に対する贈与の撤回を認めた事例」金融商事判例三三一号四頁（一九七二）。但し、共同体内部の交換を法的に贈与と構成する場合には、この種の贈与は条件付贈与とするのが「もっとも実質に近いアプローチ」であるとする。

(197)　岡本・前掲（注31）一〇一頁。

(198)　岡本・前掲（注31）一〇一頁。また、後藤説は、ドイツ法を参考に日本法での忘恩行為の要件を考える際、忘恩の程度が著しいことを要求すべきであるとする。よくありがちな口喧嘩とか少々態度が良くないといったささいな忘恩で足りるとされるならば、受贈者は贈与者に対して頭が上がらないことになり、支配服従といった不合理な関係を生じさせることにもなりかねないからである（後藤・前掲［注143］八五八頁）。

(199)　この点、コモンロー裁判所は伝統的に個人的特質よりも行為（acts）の審理を志向するものであり、大陸法諸国における忘恩行為に関する制度すらふさわしくないとする見解がある（Eisenberg, The principles of consideration, 1982, 67 Cornell L. Rev. 659, 662）。これは欧州における忘恩行為を論ずるものであるが、裁判所において、挑発や感情的反応といった類の喧嘩の原因を評価しなければならないことは不都合であることを指摘するのである。当事者の期待をも含んだ個別的主観的事情を道徳的観点から評価して法的拘束力を判断することはよりいっそう個人的問題に立ち入ることになろう。

(200)　ドイツ法における撤回権の根拠は、社会道徳により贈与者が期待しうべき感謝の義務である。そのような期待を裏切らないという程度の義務を、受贈者に課すべきなのである（後藤・前掲［注144］八三六頁）。但し、このような論理に対しては、来栖博士が、「勿論、感謝を以って報いるべきは正に然るべきことであろう。しかし、忘恩行為があったから法律上撤回しうるというところまで行くのはかえって贈与は好意であるという考えにそぐわないのでないか。現に英米法はかかる撤回を認めていないのであろう」と指摘されていて、注目される（来栖・前掲（注35）四六頁）。我妻説は、古代法において有償性を持ったもののみ認められたのが、次第に退化して無償性が確立されたものだと言われていることから、忘恩等の規定は右のような有償性の名残と見ることができるというものである（我妻・前掲［注10］二二一、二二二頁）。悔返権の根拠については多様な見解が存しうる。

(201)　後藤・前掲（注144）二七頁。

(202)　於保・前掲（注59）四二〇頁。

(203)　後述のように、非営利団体の発展、ボランタリズムへの注目、NPO法施行などの現象が見られる（吉田・前掲［注116］一五二頁）。福井県の被災者への見舞金として二億円の宝くじが匿名で贈られたことは記憶に新しい。

(204)　岡本・前掲（注31）一〇一頁（一九九〇）。

(205)　上野雅和・判評三七五号四七頁（一九九〇）、中川・前掲（注99）判評二二頁、中川・前掲（注99）判時七二頁。

(206)　広中・前掲（注152）八七頁。

(207)　贈与に関する紛争は、贈与が好意や感謝に結びついているので、法的なものに発展することが一般的に少ないという指摘がある（石外・前掲［注2］一三八頁）。内山教授は、単に好意的に物をやるという場合には、その約束の履行は贈与者の好意に任せて法律的な強制の必要はないということが、方式規定の趣旨であるとする（内山・前掲［注82］三九頁）。好意契約に対する配慮を方式規定の趣旨とする点で、梅博士の見解と同様、贈与の性格を考慮するものといえる。なお、書面性については、判例の挙げる①贈与者の贈与の意思を明確にすることになる②贈与者が軽率に贈与することを防止できるという趣旨のほか、これらを否定し、贈与契約の無償性に根拠を求め、書面によらない贈与を当事者の任意の履行に委ねるという推定規定と解する説（戒能通孝『債権各論』一一七頁［巌松堂書店、一九五〇］）があり（学説の整理は田山輝明『特別講義民法（債権法）』一二八頁［法学書院、二〇〇一］による）、さらに、広中説は贈与の背後にある諸要素が訴求にいたってはすでに存在しないので、本来いまだ為されていない給付の請求についての法的保護はありえず、贈与約束が方式契約によってなされた場合にのみ、その方式契約の拘束力に基づいて贈与約束の履行を強制することが可能であるに過ぎないとする（広中・前掲［注23］三〇、三一頁）。

(208)　加藤(永)・前掲（注4）七頁。

(209)　日本法においては負担付贈与の規定があるが、前述のようにドイツ法においてはその他に目的贈与も認められている。いずれも対価足り得ない、即ち、有償でありえない場合である。目的贈与の場合、日本法は債務の成立を広く認めるので(民法三九九条)、負担付贈与とし得ること多いと思われるが、身分行為が関係する場合などについては、忘恩行為に関する前述した学説が参考になろう。但し、後述のように日本法においては負担付贈与の対価性について難しい問題がある。

(210)　岡本・前掲（注31）一〇一頁。

(211) 上野・前掲（注205）四七頁、中川・前掲（注99）判評二二二頁、中川・前掲（注99）判時七二頁。
(212) 我妻・前掲（注10）二二二頁。
(213) 二一世紀の日本社会の姿として、刻一刻と変容する内外情勢において、国民自身が自律的に自由かつ公正な社会を築くという観点から、過度の事前規制・調整型社会から事後監視・救済型社会への転換が挙げられる。そこでは、国民が容易に自らの権利・利益を確保、実現できるよう、事前規制の緩和に伴い、弱い立場の人々が不当な不利益を受けることのない、公正で透明な法的ルールのもとで適切かつ迅速に解決される仕組み、司法の役割の重要性が飛躍的に増大する（司法制度改革審議会『司法制度改革審議会意見書――二一世紀の日本を支える司法制度――』四―六頁［二〇〇一］）。
(214) 最近では、双務・有償契約とされるものの中にも贈与的要素が存在することが指摘されているという。継続的取引については関係当事者の協調・信頼に基礎として、自己利益の抑制による一方的誠実さがみられることは考えられる（潮見・前掲［注45］三九頁）。
(215) 於保不二雄『債権総論〔新版〕』二一頁（有斐閣、一九七二）。これは、法関係と社交儀礼的関係や道徳宗教的関係が截然と区別しうるものではないことを示しているという。
(216) 於保・前掲（注215）二一、二〇頁。社交儀礼的な贈答、饗応の金銭的価格は否定できないし、金銭に見積もり得ない無形的利益、特に人格的利益を目的とする債権の成立も近代に至っては拒否できないのである。金山教授は、本条について次のように説明される。日本民法三九九条が債権の目的を金銭に見積もり得ないものでもよいとしているのは、金銭的価格を有するか否かという基準によって、社交儀礼的関係や道徳宗教的関係と法関係を区別し、債権の範囲を明確ならしめようというローマ法以来の伝統的な考えをとらないことは明らかにするためである。古典期ローマ法においては、これは金銭的価値を有することを要するとされていたが、それは金銭賠償以外に強制執行の方法を認めず、金銭的評価の困難な人格的利益の法的保護も十分ではなかったことによる。この点、債務不履行の場合に現実的履行のための強制執行の方法が認められるようになり、また人格権に代表される無形的な利益が法的価値のあるものとされ保護が厚くなるに従い、債権の目的が金銭に評価しうるものでなければならないという原則は、その根拠を失うに至った。このことはドイツ普通法時代に争点とされたものであるが、日本法は三九九条により「その争いに終止符を打った」のである（金山・前掲［注110］一四七頁）。

(217)　先行する相続放棄に対してなされた出捐契約については、日本法で見た分家財産の譲渡が相続上の補償であるとしても、放棄を対価とするものか否かは、問題のあるものである（前掲第一部[7]参照）。その等価性に疑問があり、また慣習と密接にかかわることから、道徳上の義務たる贈与とするのが妥当であるように思われる。

(218)　上野・前掲（注205）四六頁。

(219)　岡本・前掲（注31）一〇一頁。

(220)　ところで、家族の一員として暮らす安らかな老後という、精神的な要素を含んだものを債務とするのは給付内容の確定性からの困難が指摘されている（上野・前掲［注205］四五頁）。

(221)　星野・前掲（注2）二〇頁。

(222)　忘恩行為の事例とはされていないか、前述の宅地開発協力金の事件（前掲[18]）では、公共施設の管理者等の同意が対価となりうるかが問題とされ、「右の同意に際して、右各協力金の支払の有無を考慮することがあったとしても、それはあくまで一つの事情として考慮するものでしかない」というべきであるから、同意に際して右各協力金の支払があったということから直ちに、「右各協力金を同意の対価と認定することはできない」として、否定されている。この開発協力金の給付が行政の「同意」を得ようとしてなされたものであるのは両当事者にとり明らかと言える。しかし、「同意」するか否かについては様々な要素が考慮されるべきであり、協力金受領により行政側に必ず同意すべき債務は生じ得ないであろうし、同意を得ることに対する出捐者の関心・利益の高さにもかかわらず、本判決はこれを片務であるのみならず、無償の贈与とする。公共団体の「同意」は公共の見地から判断されるべきであり、主観的等価性にも欠けるために、「対価」となり得ないのであろう。また、本件で実際支出されたように、開発事業のために諸施設等の整備を行うことに協力金の使途を定める趣旨であるとするならば、贈与物の使途を制限するという負担付贈与となる可能性もある。

(223)　この点、内田教授が、老後の面倒を見てもらうことを条件に義理の息子に全財産を譲り渡したが虐待されたという場合について、手堅い法律構成として負担付贈与の負担不履行による解決があるが、忘恩行為を理由とする撤回も可能とされる。後者の場合には、負担不履行の認定が問題とならない反面、忘恩行為の程度を詳しく認定する必要があるため、より困難であるという（内田・前掲［注2］一六一頁）。有償性や後述の道徳上の義務が認められない場合は、基本的にはLiberalitätとして、扶養の条件について負担付贈与とすることのほか、虐待について忘恩行為とすること、いずれも可能であろう。負担付贈与も有償性と無償性の境界領域にあり、忘恩行為による撤回が許される場合、等価性を欠くところにLiberalitätを見ることができよう。

(224)　この問題については研究不足であるが、双務契約の処理、解除制度により得ない場合、強制し得ない反対給付がないときには目的不到達として扱われうるであろう。ドイツ法と異なり明文はないものの、「目的不到達による不当利得」の概念は学界、実務で特段の疑問も呈せられることなく受け継がれてきた（加藤(雅)・前掲［注170］九〇頁、また［注115］、［注170］参照）。但し、ドイツにおいては行為基礎の脱落の問題であるから、「債務行為がその他の契約法および債権法の内容により消滅したと認められるべき場合における給付の返還の技術的規則に過ぎない不当利得の通常の範囲から逸脱するもの」と考えられてきており、ケメラーは「反対給付が有効に約束されることができない場合は、双務契約の通常の構成の例外であって、双務契約に関する規定……と比較して債務行為法において取り扱わるべきである」としているという（松坂・前掲［注115］一三六頁）。

(225)　松坂・前掲（注115）一三七頁。

(226)　「負担」は贈与者の出捐の補償たる意味を有するものでなく、単に出捐の価値の減少ないし制限を意味する給付でなくてはならない。通説によれば、負担は贈与の価値を下回るのが当然の前提である（柚木＝松川・前掲［注2］六一、六二頁）。負担の不履行の際、対価関係に立つ債務の不履行に関する解除（五四〇条以下）を準用することについては、理論上の根拠を欠き、立法上の誤りであって、負担の不履行による贈与の取消の規定を特に設けるべきである（六六頁）。負担は拘束性のある債務であるから、その内容を為す給付が適法性、可能性、確定性の要件を欠き無効とされる恐れもあるが、その場合に全体としての贈与が無効になるかは、当事者の意思によりその負担がなければ贈与をしなかったであろうといえるかによるという（六〇、六四頁）。負担と対価の境界は微妙であって、負担の価値が贈与の価値と等しいか上回る場合には有償双務契約とされうるのであって（六二頁）、当事者が契約時に主観的等価性を有する対価としていたかによって定まるのであろう。その判定の際には客観的価値の大きさも考慮すべきことが考えられる。

(227)　上野・前掲（注205）四七頁参照。一時的な情誼関係の破綻と永続的な破綻をどのような基準で判断するのか、は問題である。また、本件の事案で、歯科医師として独立後円満な夫婦関係がしばらくでも継続して、それから破綻した場合には撤回が認められなかった可能性もあるという。また、以前に給付された生活費が不当利得となるかについては、継続的な契約関係の解消の効果は原則として遡及しないという点から見ても疑問があるとする。

(228)　柚木教授もこのことを指摘されている（柚木・前掲［注3］一八頁）。

(229)　この概念につき、日本法に手がかりを求めるとすれば自然債務であろう。実際、ＢＧＢ八一四条、ＯＲ六三条二項等で道徳上の義務の履行の場合に不当利得返還請求権を排除することを参照して、道徳上の義務を自然債務の根拠とすることを主張する学説が日本法にもある。積極的に道徳を法の領域に引き入れ、自然債務を法と道徳の中間領域に存する債務とするのである（谷口知平『不当利得の研究』一〇八頁［有斐閣、一九四九］）。しかし、この谷口説が挙げる例は多岐に渡り、贈与法との関係までは論じられておらず、「弁済されたものの保持」のみに関する見解である。道徳上の効力しかもたない義務として自然債務と捉え、その履行約束の効果として民事債務への移行が認められるならば（我妻・前掲［注130］七一頁）、贈与は問題とならないのであるから、この点で自然債務理論は本稿の問題と関連するのである。しかし、日本法においては、自然債務に関する規定がなく、解釈上の概念として用いることについては、その当否や内容について見解が分かれている（奥田昌道編『注釈民法⑽』一九〇、一九一頁〔奥田昌道〕［有斐閣、一九八七］、於保・前掲［注215］七〇、七一頁）。自然債務を法上の債務として承認する見解も、その効果である「給付返還請求の排除」という視点のもとにこれを統一的に把握するのであり（鈴木・前掲［注2］三二七頁、甲斐道太郎『債権総論〔第二版〕』四一頁［法律文化社、二〇〇一］）、これ以上の効力は具体的に決するほかないとしている。これに対し、本稿が扱うのは履行約束の拘束力の問題であり、現代における道徳に基づいて強い拘束力が認められるべき約束について考察するものなのである。

(230)　潮見・前掲（注45）三八、三九頁。

(231)　Zweigert, Rechtsvergleichende Bemerkungen zur Scheidung verbindlicher Geschäft von unverbindlichen, JZ1964, Nr11/12, S. 354. すべての事例が、贈与目的の考慮により正しく処理されるわけではないのであり、「約束禁反言に関するアメリカ判例の考えも優れたものと考える。これによれば、受領者が正当な信頼でその地位を決定的に変更した場合で、約束者がそれを予測しえた場合には、無方式の無償約束も貫徹可能である。この考えは健全で、範とするに価値あるものであって、私はドイツ法においても裁判実務としうるし、それに法律改正は必要ないと考える。ＢＧＢのような古い法律は、比較法的解釈の方法で直ちに、文言を超えて発展し続けうるのである」。無方式の贈与約束に法的効果が生じる余地を認めようとするものであり、形式的取扱いでは足りないとするものであるが、その拘束力の根拠は贈与者でなく受贈者の事情である。

(232) 第二次契約法リステイトメントで約束禁反言の法理に関連して厚く保護される寄付は、利他的行為であるが、贈与である場合ばかりではない。相手方の利益ではなく第三者の利益のためになされ、信託的要素が含まれる場合があるのである。例えば、宗教団体への寄付は贈与であるが、被災者に対する義援金がＮＨＫに設けられた事務局に寄付する場合、事務局は受贈者ではなく、寄付者の目的に適った形で使用しなければならないから、無償の出捐行為ではあるが、信託的な財産の譲渡に過ぎず、相手方は受託者としての義務を負うのである（内田・前掲［注２］一六二頁、同旨、鈴木・前掲［注２］三二五、三二六頁ほか）。信託的譲渡の場合でも無償の出捐である点では贈与と変わりなく、五五〇条、五五一条を準用すべきとする見解もある（我妻・前掲［注10］二三八頁、星野・前掲［注２］一〇九頁は、信託的譲渡のうち特に特定の者に寄付することがあらかじめ明確な場合には寄託であるとする）。

(233) 大村・前掲（注２）一六八頁参照。

(234) 日本の共同体関係を独自性の強い贈与法の基盤の一つと考える来栖教授も、好意による行為を「国家の保護の下におく切実な必要はないし、他方それに結びつけられる当事者の関係を当事者自身に完全に任せることがその性質にはるかにふさわしい。約束されたが何等かの理由で与えられない好意（Wohltat）を与えよと求める訴ほど不快なこと、また大きな矛盾は考えられない」とする見解について、このことを理由に贈与の効力を否定することには反対しながらも、一定の理解を示している（来栖・前掲［注２］二三〇頁）。

(235) 於保・前掲（注215）二一、二二頁。

(236) アメリカ契約法に関するアイゼンバーグの見解によれば、贈与を強行可能とすることは、利他的行為の社会生活上の価値を損なうという害ばかりがあってその益を大幅に上回るのであり、また、情愛的贈与を受ける者は贈与者が後悔したら約束から解放するという道徳上の義務を負うという。この道徳上の義務とは逆の、約束を遵守すべきという道義というのも契約法においては重要な要素であるが、それは「より大きな物語の一部に過ぎない」というのである(Eisenberg, The World of Contract and the World of Gift, 1997, 85 California L. Rev., 823, 866)。取引（バーゲン）のみを法的に保護する英米法においては、一方的約束の拘束力は原則的に道義のみによるものである。日本法において契約の法的拘束力の理由は法哲学上の難問であるが、当事者の約束ないし合意があれば、約束は守るべきだと道徳的にいえるとする意思主義の立場（内田・前掲［注2］一三、一四頁）に対して、一定の場面には別の道義が存することを主張することもできるであろう。

(237)　前述したように、スイス法においても、動産の贈与の方式は書面であるが、有効要件であり、日本法におけるよりも厳格であるようである。通説によれば、将来無償の出捐をする意思が書面から明らかにならなければならないとされ（Guhl, Das Schweizerische Obligationenrecht mit Einschluss des Handels und Wertpapierrechts, 2000 /Koller, §43 RdNr. 3 S. 397; Bucher, Obligationenrecht Besonderer Teil, 1988, S. 151, 152）、また、マイセンは、方式規定の要求する範囲を特に詳細に論じている。即ち、何がこの「無償行為の核心」として方式規定に服するのかが問題であり、契約当事者、贈与の客体、贈与意思、がそれに該当するとする。(Maissen, Der Schenkungsvertrag im schweizerischen Recht, 1996, S. 91)。

(238)　於保説は、法関係と道義関係の重複が考慮されるべき場合として、無償行為の法的効力のほか、自然債務や不完全債務を、参照すべきものとして挙げている（於保・前掲［注215］二一、二二頁）。

(239)　親族間で問題となるのは、扶養のほかは、分家財産の贈与であるが、これも基本的には各家庭の考え方によるのであり、相続分割協議が適切に為されることを前提とすれば、基本的に本則的贈与とすべきであろう。但し、当該贈与を被相続人も承知しており、事前に贈与を前提とした受贈者の相続放棄があり、贈与者たる兄弟の一人が単独相続しているという事情のある事案では、兄弟間の土地贈与は有償契約あるいは道徳上の義務の履行といえる（前掲[7]。最高裁昭和三七年四月二六日判決、仙台高裁昭和三六年八月二三日判決）。

(240)　また、ＡＬＩの第二次契約法リステイトメント八六条の存在が示唆に富む。約因を欠くにもかかわらず強行可能とされる約束の一つとして、受取済みの利益に対する約束を規定する。「八六条①以前に約束者が受益者から受け取った利益を認めてなされた約束は、不公平を防ぐのに必要な限度において拘束力を持つ。②約束は、次の場合または限度において、第一項に基づく拘束力がない。a受益者が利益を贈与として供与していたか、または他の理由で約束者の不当利得とはならなかった場合、またはbその価値が利益と不釣合である限度」（松本恒雄「第二次契約法リステイトメント試訳」による）。人命救助の報償の約束に関する判例もここで扱われている。

(241) 広中俊雄「人命救助と救助者の損害」『民事法の諸問題』一二九、一三一、一三二頁（創文社、一九九四）。この問題を事務管理制度で対処するにしても、事務管理者の償還義務は費用についてしか認められていないため（民法七〇二条）、人命救助による損害についての被救助者側の支払約束の効力は、検討の必要性のあるものである。但し、特別法上報酬請求権が認められる場合があり（遺失物法四、五条、水難救護法二四条二項、商法八〇〇条第4章［注23］参照）、また、四宮教授は「社会通念上、当該状況のもとでは事務管理の引受が有償でしか期待しえないような場合には、報酬請求権を認めるのが公平である」とされる。事務管理者の職業に関する労力提供に限定せず、報酬を「費用」償還請求として認める見解については「擬制にすぎない」とされる（四宮和夫『事務管理・不当利得』三四、三五頁［青林書院、一九八一］）。また、四宮教授は、事務管理における損害の賠償請求権を「費用」に準ずるものについて認めるが、救助者死亡の場合は、公的保証でカバーされない部分でありかつ相当額に限り、本人に対する民法上の賠償請求権を認めるべきであるとされている。損害賠償請求権が原則的に認められないのは、事務管理における本人の受動的地位、及び、管理者の活動の利他性、即ち、相互扶助の精神の尊重からであるとされるが（三三、三四頁）、約束がなされた場合には前者の考慮は必要ない。

(242) 不当利得の観念は古くアリストテレスにさかのぼり、アリストテレスは、正義の概念について、何人も他人の損失において利得を得てはならないように配慮することを、平均的正義の任務としている（松坂・前掲［注115］五二頁）。

(243) 来栖教授は、この「お返し」の観念は「今日でも非常に強く存在している」とされる（来栖・前掲［注2］二二五頁）。その法的性質は、有償性に似ているが、無償行為であるとされる。また、第一節の潮見説参照（二ア）。

(244) ドイツ法の道徳上の義務の履行も前述のように報償的贈与と深く関わり、その認定には額も重要な要素であるとされ、それを超えると気前のよい出捐であり、Liberalität として通常の贈与となるであろう。ところで、第二次契約法リステイトメント八六条も二項でこれを言明している（[注240] 参照）。

(245)　Thel & Yorio, The Promissory Basis of Past Consideration, 1992, 78 Va. L. Rev. 1045, 1070, 1071 参照。第二次契約法リステイトメント八六条に関するWebb事件判決に関する記述である。

(246)　さらに、チップの約束については、サービスの対価という意味であることが通常であるから有償契約であろう。しかし、通常チップといえば、よいサービスのため任意になされるもので、実際に履行されるまで要求できるものではなく、支払約束は客を拘束しないという意識があるように思われる。しかし、不相当に多額で、役務に対する相当分を超えれば、過剰分については気前のよい本則的贈与となると考えられる。これに対し、契約上のものを超えて特別なサービスがなされた場合には、新たな有償契約か更改契約として、有償の構成が可能であると思われる。各国を見れば、本来の有償役務に付随して特別な内容のサービスがなされた場合、例えば、ウエイトレスが、老齢の客の買い物、洗濯、掃除等の手助けという無償のサービスをし、客が感謝するのが正当であろうという場合など、自然債務理論で拘束力を認める国もある。(Gordley (ed.), The Enforceability of Promises in European Contract Law., p. 30, 31) これを参照すれば、有償契約が認められない場合でも、額が相当である限り、道徳上の義務の履行とすべきであると思われる。ところで、このように自然債務に関する見解を参考にすると、谷口説が自然債務について「弁済されたものの保持」の効果を認めるものとして、地震のために他に湧出していた温泉の湧出を得た例を挙げるが、この受益は当事者のあずかり知らない自然現象によるのであって、その返還をする道徳上の義務が存するとは考えられない。受約者の役務もなく約束者も関わらない自然現象、運による利得を返還する約束は、本則的贈与の部類に入ると考える。

第四章　結　語

本書では、「道徳上の義務の履行」の義務的・非好意契約的性格と贈与契約の要素である無償性との交錯が、贈与法の再考を論じる重要な契機となっている。ドイツ法はこれを明文で特殊の贈与とするが（BGB五三四条）、それにもかかわらず無償性ないし贈与性が争われており、さらにスイス法は明文で贈与性を否定する（OR二三九条三項）。これに対し、日本法はこれについて何ら規定していない。履行行為は法的債務からの解放という対価をもたらす有償の出捐であるが、道徳上の義務が法の世界では無意味であるとするならば、それからの解放も法的な対価の意味をもたないと考えられる。この場合、道徳上の義務を履行としようという内心は動機に過ぎず、出捐の無償性の合意である贈与契約が存するのみである。しかし、道徳上の圧力しか伴わない義務であっても、この契約は少なくとも純粋な好意の動機によるとはいい難いであろう(1)。ドイツの学説によれば、この契約の無償性が問題とされてきたことはこのような動機と関係すると考えられる(2)。好意によらない約束である「道徳上の義務の履行」契約に関する態度の相違は、贈与概念を無償契約とするこれらの国々においても、贈与の性格のレベルでの贈与観が異なることを示すものである。即ち、この点から単純に考えれば、次のように推測できる。日本法は贈与が義務的、非好意契約的なものを当然に含むと考えているが、明文でこれを例外的贈与とするドイツ法は好意による贈与を原則としており、同じく明文で贈与の範囲から除外するスイス法は贈与を好意によるものであると見ている。このような贈与観の差異は、これを基礎とする贈与法の内容上の差異に反映し、さらに、その適用対象たる贈与契約の範囲も事実上異ならしめるのである。

まず、贈与法の内容に着目すると、日本法とドイツ法との贈与観の相違は、贈与に関する規定そのものからもある程度推測可能である。BGB五三四条により排除される贈与規定は日本法には存在しないものであり、日本贈与法には道徳上の義務の履行に関する特則を置いて効力を強化する余地はないことがわかる。むしろ、贈与法全体がどちらかといえばBGB五三四条の扱いの方に近いようにも見える。実際、穂積博士は義務的なものを贈与契約の典型例として重視しているのである。そこでは、道徳上の義務らしきものが、ありうる「正当な」理由の一つとして、贈与契約の価値を基礎づけ、法的拘束力を強める要素と捉えられている。そこでは、好意による贈与の存在も認められているように見えるが、少なくとも、これが完全な法的拘束力にはなじまないのではないかという方向に議論が展開されてはいないのである。そのような考えからすれば、Liberalität（好意の施し）の特殊性に配慮して拘束力を弱める贈与規定、少なくとも当時そのようなものであることが明らかであった忘恩規定が取り入れられなかったのは自然であった。このような法的拘束力の調整をしない以上は、贈与法の内容がLiberalitätでない贈与類型に近いものとなる。さらに、この贈与法が適用される贈与の範囲についても、日本法と比較すると、ドイツ法は一般に、無償契約たる民法上の贈与概念を、その限定的贈与観とある程度一致させているように見える。贈与法の適用に限って言えば、通説による有償・無償の基準は契約目的まで考慮して有償性の範囲を広くし、贈与の要素たる無償性の範囲を贈与観に沿ったものに絞ろうとしている。これに対し、日本贈与法は、道徳上の義務の履行をも織り込んだ様々な贈与を包括的に把握しており、学説上忘恩行為の取入れが特に問題とされているが、Liberalitätを基礎とすることなく、ここでも多様な贈与を一括処理しようとし、出捐者自身が追求する目的の考慮という問題をも忘恩行為として論じるものが多い。贈与観との関係で制度趣旨を正しく捉えないならば、忘恩行為概念が不明確となるのみならず、適用される贈与の性格について考察されないこととなり、議論に混乱が生じることとなろう。ドイツ法にそって整理すれば、当該契約に出捐者自身の目的や義務が確認できない Liberalität でこそ一般的非倫理的行為が大きな問題となるのであって、これ以外の贈与は適用外とされるべきである。多様な実質を有する贈与を広範に認める日本法において、実態にふさわしい法的拘束力を与えるという問題は、実務が緩和する傾向にある「書面性」という障害による形式的な保護では限界があることを示している。そこで、多様な贈与を無基準に扱う贈与法を、Liberalität を基礎として再構成しなければならず、そのためには日本法の基礎的贈与観を転換し、ドイツ法的な枠組みを可能にする必要がある。

この点、少なくとも現代では、義理義務によらない、純粋な好意による贈与も認められるべきであり、これは争訟に現れにくいとされてきたが(3)、訴訟に対する人々の意識も変化しており、好意による贈与に対する配慮を明治期の立法を根拠に無視してはならない。立法時、新しい時代の出発点にある日本の社会は、その将来を正確に予見することができないほど急速に変化するであろうから、条文は単純かつ少ないものとされたというが、場当り的解決に終始しているという問題に直面して、日本贈与法は新しい枠組みを求めているのではないかと思われる。日本の簡略な規定はいまや解釈上の指針として足りないものがあり、贈与の拘束力を日本社会の変遷にそった妥当なものとするには、多様な贈与契約を包括的に捉え、少ない条文を何の基準なく事案ごとに修正して解釈するのではなく、贈与の性格を考慮し、解決の方向についての実質的な基準を設けるべきなのである。その際、独自の発展をした部分については理論的不整合を正し、制度趣旨に即した問題の位置づけを行なうべきである。社会の移り変わりによって好意による贈与の比重が増加しているならば、その特質に対する深い検討がまったく為されていない贈与法が、現実に適合的でない場面が今後より多く現れるかもしれない。例えば、日本の主要な贈与の例であった神社、消防、学校等への寄付が戦後は「強制寄付」として「やかましく問題とされ」思想の変化が見られる(5)。また、ポスト福祉国家の社会編成原理として個人主義をベースとした、非営利団体の発展、ボランタリズムが注目されており、ＮＰＯ法施行などに見るように、その慈善的活動の基礎としての寄付活動が重要になってきており、これは「贈与の一変種」といえるとの見解もある。[6] これらのことから、立法者のいう日本社会の「変化」は続いており、その発展とともに、社会における利他的行為が増加しつつあり、人々がこのような行為を認知するようになっていると考えることができる。よって、日本贈与法においても、社会の変遷による贈与観の変化を認め、これに伴い、Liberalität の特質を看過せず、むしろこれに焦点を合わせて、現代社会にありうべき贈与法の構築に向けて努力をするべきではないかと思われる。もっとも、このような現象の一方で、贈与契約の実際は、好意によるものとはいえない、扶養や相続等家族間の財産移転や遺産分割の一環、あるいは「義務の履行」とされることが多い。[7] 贈与契約は実際かつて受けた利益、将来受けることを期待している利益を理由になされることもある。[8] これら親族関係や何らかの過去の事情から合理的になされるもの、また、後の受益を期待してなされる出捐約束を、なお単に贈与契約とするのみであるならば、贈与であっても軽視すべきではないという立法者の考えが妥当である場面は現実に存在し続けるであろう。

そこで、本則的贈与の効力は Liberalität に適合的に発展した諸原則を軽んじることないように決すべきであるが、他方、現に存在する好意によらない贈与も無視することはできない。そこで、この観点から分類すべきであるが、贈与者の内心に立ち入って動機の性格を判定することは困難である。このため、贈与を Liberalität と一応推定し、Liberalität でないことが客観的に明らかなものについては、道徳上の義務の履行という特殊類型とするほか、そもそも有償性を認めて贈与性を否定するなど、好意契約への配慮という特殊性の外に置くという控除説的な枠組みが妥当である。そして、これら対照的な方向のいずれも見過ごすことなく、贈与の社会的実態を配慮し、可能な限り明確な法解釈の基準を構築するよう試みられるべきなのである。

よって、以下では、現在日本法で贈与契約とされているものについての限定、類型化について、その規制内容を検討し、今後の課題を考察したい。

一　本則的贈与

日本贈与法の独自性の理由として、その贈与観が諸外国と異なることは指摘されてきた。しかし、独自性の要因は、むしろそのために好意による契約の法的拘束力については特別の配慮をすべきであるという常識が無視されていることであると思われる。では、この好意契約というものに対する配慮を伴った贈与法を基本に据えるとして、その配慮とはどのようなものであろうか。ドイツ法の本則的な贈与法を道徳上の義務の履行に関するBGB五三四条との比較で見れば、その違いは基本的に贈与者の悔返権に関するものであり、この特別の配慮とは、約束者を法的強制から妥当な範囲で解放しようというものである。具体的には忘恩や困窮による撤回や返還請求であるが、これらは、忘恩規定については利他的贈与を受けた者の感謝の義務、困窮規定についてはある種の道徳的義務の存在に由来すると説明されるものである。少なくとも前者については、法的強制になじまない場合があるという好意契約の特殊性に対処する制度であるといえる。

では、この方向において、本則的な贈与法とは具体的にどのようなものであるべきであろうか。確かに、単なる好意による約束の法的拘束力についてどのような法的規制をなすべきであるかは、一概に言えることではない。忘恩行為による撤回すら必ずしも自明のものではない(9)。コモンロー系に属するアメリカ法のアイゼンバーグは、贈与を好意によるものと捉えているが、ドイツ法等の大陸法系の贈与規制に関しては、方式という基礎に加え、忘恩等の問題を扱うルールの統一体を形成し運用することで贈与約束を適切に強行可能にしていると一定の評価をしている。しかし他方で、アメリカ契約法が贈与を基本的に約因のない契約と位置づけ、裁判所による強行可能性を否定し、このような贈与法を採っていないことも、それはそれで評価している。即ち、忘恩に関する審理は、感情、動機が複雑に絡み合っており、シビルローの裁判のスタイルは、この種の審理と取り組むのに適しているのであろうが、コモンロー裁判所は伝統的にこれを好まないとするのである。要するに、贈与約束を容易に強行可能とすることによる社会的経済的利益が、これによる社会的経済的費用に値するかどうかが問題なのであり、利益と費用のバランスについて検討すれば、裁判のスタイルの違いに応じた選択として、いずれも同等の評価をなしうるのである[10]。また、前述のように、アメリカ法は利他的な寄付について、約因の欠如にもかかわらず、約束禁反言に関連して結局は強行可能性を認めている。

このように利他的贈与の拘束力に関してどのようなルールを採るべきかということについては、好意契約たることからの当然の帰結といったものは存しないのである。贈与も民法上の契約であることからすれば、英米法のように法的拘束力を当然に否定することは難しいであろうが、契約一般に関する法律行為性の有無を問題にしうるのであり、スイス法のマイセンの見解に見るように[11]、好意を動機とする約束の場合には特に慎重な意思解釈がなされるべきことが自覚されるべきであろう。その際、広中説のように法律行為性を否定した上で履行された場合には別個の現実贈与という構成をとるか、カフェー丸玉事件の大審院判例のように自然債務程度の効果を認めるという解釈をとる余地も考えられる。しかし、後者の根拠は明らかでなく、広中説も、贈与契約の効力の弱さは民法五五〇条の取消にのみ表現されているのであり、それに依拠し得ない場合にまで請求を排斥するのは不当であって、少なくとも信頼利益を債務額の限度において請求し得ないか、別個に問題とする[12]。やはり、シビルロー型の民事裁判制度を持ち、贈与契約の限定・類型化について参照すべきドイツ法において忘恩規定、困窮規定、及び責任の軽減[13]といった規定が存することが、日本法で好意による贈与のあり方を考える上でも有意義であろう。さらに、現行法における方式規定の適用にあたっても、書面の内容に関して厳格な要求をして、贈与者を一時の感情の高まりから保護するだけの十分な実質をもつことを要求されるべきである。但し、外国の制度を取り入れる際には、それぞれその趣旨を慎重に検討して、その要件を定めるべきである。例えば、贈与者の困窮に関する規定は、忘恩規定と同様、受贈者の道義を基礎とするが、固有の趣旨をもつものであり、贈与者が自らの生計や扶養を維持できなくなる場合には、贈与の履行請求を控えよとの受贈者側の「儀礼と良俗」の要請は強いものであろう。贈与が財産権譲渡を内容とする契約類型であって直接経済状態に関わることから、困窮とは贈与者にとり重大な事態であり、履行前の撤回や抗弁は問題がより少ないことから、ＢＧＢ五三四条を参照し道徳上の義務の履行においても認められるべきであろう。これに対し、履行後すでに受贈者の財産となったものを返還させるについては、期間の限定や受贈者の債権者に不測の損害を被らせないという配慮が必要となり、ＢＧＢの立法過程でも、道徳的にはともかく法制度に取り入れられうるかが、最後まで議論されたものである。返還請求まで認めるか、どのような要件のもとに取り入れるかを慎重に検討すべきである(14)。

また、利他的約束の法的拘束力を弱化させる場合に特に問題となる、受贈者側の不利益については、第二次契約法リステイトメント九〇条の約束禁反言を考えることが有益であろう(15)。これによれば、受領者が正当な信頼でその地位を決定的に変更し、約束者がそれを予測しえた場合には、無方式であっても無償約束は強行されうることとなる(16)。この場合、約束を軽率に信じて地位の変更を行ったというような、保護に値しない受贈者の排除等、その適用範囲が課題であろう。

二　特殊の贈与及び有償契約

では、日本法における広範な贈与契約の中で、好意によらない贈与の場合はどのように扱われるべきであろうか。まず、そもそも限定的贈与観を採り、Liberalität を想定として贈与の法的拘束力を弱めることを認めるならば、贈与契約をそれに収斂させる方向で無償性の判断を行なうべきである。贈与の存否は無償性についての主観的合意の有無によるのであり、有償無償の基準は動機の性格を反映したものでありうる。他の問題領域は置くとして、贈与法を適用すべきかが問題である限り、出損者が受領者について追求する目的にも広く対価を認めて有償としうるような基準を設定すべきである。この場合には忘恩行為に関する学説を参照し目的を考慮して反対給付を抽出すべきである。日本法で特に問題となる老後の扶養の事例については、これにより有償性が認められるものも多いであろう。さらに、Liberalität が希薄であるにもかかわらず無償性を認めざるを得ない場合を例外類型とすることが必要である。このような境界線上のものには様々なものがあるだろうが、BGB五三四条を参考に道徳上の義務の履行という客観的判定の一応可能な例外類型を設けることが考えられる。(17) 道徳上の義務の履行とは、ドイツ法においては報償的趣旨の贈与が中心であり、結局のところ、現代的見地から誰もが納得できる道義というのは、基本的には過去の自己の行為や過去に受けた利得に由来するものである。(18) そのほか、親族扶養の義務も否定され得ないが、その範囲については、法定の親族扶養すらその根拠が不明確であること、社会立法の充実による意識の変化や、親族関係に対する個人の価値観の多様化等を考慮しなければならない。この類型に方式規定が適用されるべきかは問題である。方式は効果意思の存在を間接的に示す法定の「障害」であるに過ぎず、(19) 熟慮による贈与であることを一応担保する意味をもつものにすぎない。従って、方式が備わっていること自体に意味があるわけではなく、無方式であっても、無分別に為された「軽い意味」の約束ではないのであれば問題ないはずである。そこで、例えば人命救助による救助者の死亡といった背景があり、社会共同体による強い要請によって道徳上義務付けられているといえるならば、当事者が無分別に為したものではないとすべき場合も存するであろう。この点、スイス法は道徳上の義務の履行には方式規定すら適用しないが、結局、一般的な法律行為性の問題に還元される結果となっており、その判断の一資料として出捐者の道徳的な義務感が問題となるに過ぎず、契約類型としての意味が薄れている。道徳上の義務の存否はそもそも事案依存的に判断されざるを得ないため、もともとこれが客観性を保つことは困難であろうが、効果意思の有無について、方式という形式的基準を捨て去って常に直接的に判断するとするならば、いっそうこれを困難にするかもしれない。(20) しかし、実際上検討されるべき本質的な問題が、一方的出捐約束のうちいかなるものにどの程度の法的効果を与えるべきかというものであることは、スイス法における処理が端的に示しているといえるであろう。

三　課　題

以上のように、一応説得的な基準に基づき、現在贈与とされている契約に複数のカテゴリーを設定した場合の問題としては、それぞれの領域の範囲の不明確さがある。社会にある現実の行為をすべて明確に分類することは困難である。例えば、個人や個人商店の近隣の神社に対する贈与（寄付）の約束と、宣伝効果のためなんらかの公共施設の建設費等の費用の全部又は一部を贈与する契約とは明確に分かちがたく、スタジアムや球団の命名権売却のような事例に至っては、その有償性は明らかである。このように現実の契約に好意の動機を確認することは困難であって積極的にこれを贈与の要素とするのではない。そうである以上、この性格は基本的に想定されるものに過ぎず、忘恩規定等を論理的に許容する点に意義がある。日本の現在の広範な贈与契約から、道徳上の義務に基づく例外類型や有償契約を控除するという消極的な面において、好意を中核とする贈与観を法に反映させるのである。このように、本則的贈与から特殊の贈与や有償契約を排除していくことが、法的拘束力を決するための前提作業となる。

その際、有償性については、商事的な関係が有償性を原則とするものであることから、商業的背景の有無も一つの指標にはなるかもしれない。しかし、有償契約は商事的なものにとどまらないため、この作業は困難であるが、各法制によって約束の法的保護や法的拘束力に関する伝統や原則に違いがあっても、一方的な出捐約束と見うるものにも強い法的効力を付与する必要があると感じられる場合が、現実に社会の中に存する。そして、こうした場合には、さまざまな法技術で、これを顧慮すべき必要があるのである。では、日本法において贈与とされる広汎な契約の中で、法的保護を受けるに値する約束とはどのようなものであろうか。ドイツ法を参照すれば、例えば、人命救助の場合の被救助者の救助者に対する報酬支払契約、又は、扶養権利者でない親族を扶養する約束について、道徳上の義務の履行であると解することが考えられる。また、貢献度の大きい労働者や退職後の労働者や未亡人に対する雇用者の出捐契約を、道徳上の義務の履行とすることも考えられるし、あるいは有償契約とも捉えられるであろう。これらの評価の際には、当事者意思の探究のためにも、契約が社会的にどのような意味を持つかを検討することも必要となろう。その中には、手がかりとなる法律が存在したり、必ずしも当事者意思に委ねられない法的処理がなされるものもある。以下、具体的に見ていきたい。

まず、救助された者が救助者に報償を約束する場合については、「救助者またはその遺族が損害の補塡を受けられないということは妥当でないと、多くの人は感ずるに相違ない」という社会感情が指摘されている[21]。このような社会共同体のコンセンサスに関しては、特別法による保護が存することも参考になると思われる[22]。この場合の特別法とは、救助者等に対する国家からの一定の給付を規定する立法であるが、「民法は権利主体間の利害の調整に奉仕するものであるが、社会的諸利益の調整と言う問題の中には権利主体間の利害調整に終始するわけにいかないものがある」のであって、「現代社会」においては、「このようなもの——裏からいえば社会的あるいは国家的な規模での利害調整を要するもの——が増加の傾向にある」。人命救助の場合、要するに国民全体の負担で為すべきとまでされる給付を約束するのであるから社会で尊重されるべきものであるというべきであろう。とすれば、私人であっても被救助者側によってこの約束がなされたならば、そこに道徳上の義務の履行約束を認めるべきであろうか。この点、人命救助による損害を放置してよいものかと言えば、答えは「おそらく誰にとっても、〝否〟であるが、国家が救助された者にこの塡補をさせるべきかと言えば、救助は「人間の社会的連帯を基礎とする行為であると言う意味において実は社会全体の仕事」であり、そのために担当公務員が存在するのであって、私人の救助活動はこれを代替して行うにすぎないのであるから、否定されるべきである[23]。とすれば私人間で任意に利害調整的出捐が為される場合、それはあくまで「別個の問題」であるが、このような出捐は多くの場合なされるものであり、社会的要請のあるものといえよう。[24] よって、国家の責務とされるほどの役務により重大な受益を生じていること、国家による補償までが法定されていることを理由の一つとして、受益者が報償をなすことには社会共同体に通用する道徳上の義務が存するのではないだろうか。

次に、扶養義務を負わない親族の扶養約束についても、生活保護法等の社会立法（憲法二五条）があり、かつ一定の親族間に扶養義務を認められていること（民法八七七条）が手がかりになるかもしれない。しかし、緊急性、危険性がある場合の多い人命救助と異なり、また、これは国民生活上の慣習に深くかかわるものであって、福祉国家理念から国民全体の負担とする社会立法の存在はかえって私人の道徳上の義務を事実上減退させるかもしれない。扶養を必要とする者の保護を親族がするべきであるという道徳が、伝統的ライフスタイルが崩れた現在、国民全体で負担すべきであるという考えに取って代わられているとするならば、社会的に見て親族の義務はより小さなものとなるであろう。これと関連して、これらの立法双方の関係が問題となっており、困窮者等の扶養は福祉国家においては国家の責務ではないかが問題になるところ、[25] 生活保護法は扶養義務者については「親族扶養優先の原則」を明示している（生活保護法四条二項）。[26] そして、この親族扶養の根拠は親族関係自体の中に求めるほかないといわれている。[27] 親族扶養「優先」の意味については、事実上の優先順位であるとして要扶養者に公的扶助と私的扶養の選択権を認める見解もあるが、少なくとも人命救助と異なり、まず第一に国民全体が連帯してなすべき国家の責務であるとはされていないのである。よって、親族共同生活体が強固であった時代に国家が限定的にであっても法律上の扶養義務を定め、これとは別に国家的扶養体制が確立されていく中で親族間の関係はより弱くなっているにしても、法定外の扶養について道徳上の義務を認めることは可能であると思われる。[28] ところで、扶養権利者である老親の引取扶養には、生活物資の現実給付のほかに、「面倒見」、即ち世話のサービスが付随している。これは時間的量的に比較的軽いものであるため「無償性も導き出される」のに対して、社会問題化している「介護」は負担の重いサービスである。そこで、家族介護は扶養義務の履行の延長線上にあるとはいえ、扶養から切り離された法的関係とし、「介護サービス提供契約」として有償的に構成することで、寄与分として立論しやすいよう配慮すべきことが主張されている。(29) これは、相続と関係してであるが、扶養に関する関係から切り離して有償性を獲得させることで、あまりに重い負担を負う介護者の利益保護を図るものといえるだろう。

使用者から労働者に対する給付についても、国家からの給付などは問題とならないが、有償性が積極的に認められている。取締役に対する退職金、退職慰労金は賃金の後払いとして有償とされ、これが不正の密告をしないという義務を課された特殊な事案で、裁判所は贈与契約としつつも、先例に照らし役務と額からして退職金の実質を有していれば義務違反があってもこれを保護する（大阪地裁昭和四〇年一一月三〇日判決〔前掲一九〕）。これに対し、同じく取締役への出捐契約について、退職金の実質をもたないものについては、賃金の後払いと理解すべきではないとして、贈与とされた上、競業を制限する特約に違反した場合には返還義務を負わせる（東京地裁昭和四二年一二月二五日判決〔前掲二〇〕）。また、退職労働者に競業避止義務を負わせる契約が公序良俗とならないためには、義務の範囲の合理的制限のほか、「禁止に見合う正当な対価の存在」を有効性の要件としている裁判例があり（浦和地裁平成九年一月二七日〔前掲二一〕）、給付約束の対価の相当性に干渉して退職労働者を保護しようとする姿勢が認められる。相当な対価を確保させようとする姿勢が、使用者と被用者の力関係が考慮されてのことならば、極めて現代的な価値観に基づくものといえるであろう。

この点で注目されるのは、特許に関する特別法が、一定の場面に関してではあるが、私人である雇用契約当事者間の利益調整に配慮して複雑な規定を置き、職務発明に関する権利について、雇用契約関係から切り離して有償性を作出しているように見えることである。即ち、特許をめぐる発明者（従業者）と使用者との間の法律関係を、有償性作出による発明者保護の問題と捉えることもできるように思われる。(30) これは、知的財産権である特許権や特許申請権譲渡の所在と対価の問題であるが、実質的な問題は、労務者の発明により莫大な利益を上げた企業が弱い立場の被用者の貢献度に見合った報酬を与えないことにあると見ることができる。これを「特別の功績のあった役務者への給付」の場面と見れば、発明をした従業者が使用者に専用実施権を設定する場合に、相当な対価の支払が義務付けられていることを、特許をめぐる一定の権利を発明者が原始的に取得するとし、譲渡契約と構成した上で「相当の対価」を必要とするという方法で、適正な有償契約が法定されているとも考えられるのである。但し、そこでは、使用者と従業者との間の衡平をはかることが立法政策上の理念であるが、衡平の理念のみならず、産業政策も、この問題の解決の基本的立脚点となるのである(31)。

本稿では、日本法における広い贈与契約の法的拘束力のあり方を検討するために、どのような出捐約束がどの程度法的に強制されるべきかを実質的に問題としてきた。そして、強い法的拘束力が認められるのは、有償契約や道徳上の義務の履行約束の場合であるとした。但し、これらを安易に認めるのでは、利他的な贈与にふさわしく発展してきた法規制を取り入れることができない結果となり、これまでの日本贈与法を単に維持する理由を与えるだけであろう。特に、道徳上の義務の範囲については、移り変わる社会共同体において、旧来の道徳が現代社会において妥当性を保っているか問題になる。即ち、近代社会では、「宗教や習俗と融合していた前近代的道徳」と異なる、良心自律の倫理思想が実際上進展したことにより、「道徳のことがらについては私が最高の審級だというような、道徳の主観主義化の風潮」が生じたが、現代ではこれに人々の価値観の混乱が加わって、「道徳の世界そのものが不定的又は分裂的な様相を濃くし」、このため、法・道徳両者の関係が複雑化し、また、「この不定性・分裂性が、逆にそれだけ社会統制の手段としての法の比重と力を大きくしている」のである(33)。そこで、契約の法的拘束力に関わる道徳というものは、現代の一般社会において、客観的観点から十分に納得されるだけの実質を持ったものに限定しなければならない(34)。個人の主観にゆだねられるべきものではなく、現代の価値観から社会において否定しがたい価値のあるものを、明確に把握した上で、妥当な結論を導くことに努めるべきである。効果意思の有無が本質的であるが、国家による法的強制が問題である限り、その判定に際しては約束の社会的評価を考慮すべきなのである。法的拘束力の強化の方向で積極的に考慮されるべき道徳とは、不当な利得の返還やこれと類似する報償、過去に過失なく相手方に与えてしまった損害の補償、親族間の相互扶助といった、法秩序によっても承認されうるものに限定すべきである。

また、そのほかに法政策的な要素を考慮すべきであることに留意しなければならない。私的自活によれば私人間の約束の効力は当事者の効果意思により決せられるのが原則である。しかし、私人間の約束を国家により強行できるかという問題においては、政策的配慮を視野に入れなければならないことを認めなければならないのである。(35) そこで社会共同体の見解に照らして、好意契約か義務的契約か、対価の存否といった要素のほか、これとは異なる国家政策が存するならば、それをも基礎として考えなければならないと思われる。そして、一定の場合には、効果意思の存在の蓋然性という基本的、理論的基礎を超えたものが存するとするほかないと考える。即ち、約束の法的拘束力という問題を論じる場合、原則的には当事者の意思解釈により法律効果の有無や程度を決すべきであって、その際には有償的、義務的約束か否かという問題や、その基礎として約束内容の社会的意義をも考えざるを得ないが、さらに、法政策を尊重して決すべき場合があろう。(36) 特に、法政策が社会における道義感に先行していると見られる場面においては、これをより尊重すべきであろう。従って、約束の法的拘束力の問題は、意思解釈やこれに影響を与える社会共同体の評価のほか、法政策を反映して解決されるべきであり、各分野ごとに慎重な検討が必要である。そのためには、法体系の違いを超えて、当該約束の各国における取り扱いを参照することが有意義であろう。

(1) 道徳や習俗によっても様々な強制や制裁が伴うのであって、時として法的強制よりもはるかに辛いものであることがある。良心の呵責、時としては一生胸に刺さる棘、ゴシップ、仲間外れ、公人としての致命的な名誉喪失、家庭の破壊等である。ただ、それが原則として無定型である点、公認の物理的強制が排除されている点で、法的強制とは異なるのである(加藤新平『法哲学概論』三六五、三六六頁[有斐閣、一九七六])。

(2) 本稿は、道徳上の義務と契約法との接点を扱うこととなる。歴史的に、前近代社会では法と道徳は未分化のまま混融しており、その明確な区別は近代法の確立とともに始まった。近代主権国家の実力と威信の上に「あらゆる法規範の国家化」がなされ、交換経済の普遍化・市場の拡大により「確実な予測可能性と権利保障のメカニズムを備えた法秩序」が要求され、「概括的で不確定な要素にまとわれた道徳の領域」と、法領域が区別されるようになる（加藤・前掲（注1）三二五、三二七頁）。しかし、法と道徳は関連し合い、相対的に安定した社会では、法と実定道徳（社会意識の裡に定着し通用している道徳規範）の内容は「大幅に合致した部分をもつ二円の交錯する関係」にある。だが、その関係は複雑であって、多彩な様相を示しているという（三三一、三三二頁）。よって、法の外にある道徳上の義務が全く法の世界に影響を及ぼさない無関係なものであるとして、これらを切り離すべきかは、なお考えるべきである。これらは社会的実態としては混合して存在し、相連なるものであり、強制力を持つ法とそうでない道徳律は、その交錯が認められているのである。道徳上の義務に関する規定を有するドイツ法やスイス法の研究においては、このことは特に問題になる。シュミットによれば、民法における法と道徳との交錯場面を全体的に見ると、法と道徳の関連には、消極的な方向でのそれと、積極的な方向でのそれがあるという（Schmidt, Die rechtliche Wirkung der Befolgung sittlicher Pflichten, Die Reichsgerichtspraxis im deutschen Rechtsleben II, 1929, S. 25）。前者は日本法でいえば九〇条による法律行為の無効が承認されている。しかし、後者では、法と道徳の峻別の見地から直接的な強制を認めることはできず、より間接的な構成によらざるを得ない。道徳上の義務の履行が約束された場合に関する第一章に述べた学説の争いは、後者に属する。

（3）　我妻栄『債権各論中巻一』二二二頁（岩波書店、一九五七）、石外克喜『契約法〔改訂版〕』一三八頁（法律文化社、一九九四）。

（4）　星野英一「日本における契約法の変遷」『民法論集』第六巻二八四、二八五頁（有斐閣、一九八六）。

（5）　来栖三郎「日本の贈与法」比較法学会編『贈与の研究』三七頁（有斐閣、一九五八）以下。

（6）　吉田邦彦『契約法・医事法の関係的展開』二五〇、二五一頁（有斐閣、二〇〇三）。寄付の分野に関して、特にアメリカ合衆国では政府による公共的活動に対して不信があるためか、他の諸外国に比して寄付及びＮＰＯの役割が大きな位置を占めているのに対し、「従来アメリカ合衆国とは対照的に、集権的な官僚主導体勢が採られて来た我が国においては、寄付事情もかなり異なっているが、近年は分権・分極化に向けて事態は崩れつつあるし、Ｎ

ＰＯ法（特定非営利活動促進法）も施行されるに至っている（一九九八［平成一〇］年一二月。また日本では、元来団体の自立性は強くなく、多面で国家的統制が強かった（公益法人に関する許可主義［民法三四条］及びそこにおける裁量の大きさに現れている）わけであるが、一九九〇年代半ばの阪神淡路・奥尻の震災や美浜沖でのタンカー事故などを契機として市民ベースの草の根のボランティア活動（いわゆる草の根ＮＰＯ）が高まりを見せており、今後とも情報ネットワーク化の進展とあいまってその規模充実は期待されているところである。とくにポスト福祉国家の社会編成原理については、個人主義をベースとした非営利団体（いわゆるアソシエーション）の――教育・医療・福祉・職場などの各方面での――自発的結合の発展、ボランタリズム的参加やネットワーク作りを通じての新たな市民民主主義の価値の創出などが政治学の領域でも注目されてきているのであり、そうとすれば、そのような活動及び資金面の底辺を支える主軸の一つである慈善的寄付活動の法学的検討という本類型の課題に取り組むことも正しく現代的に急務であることが知られるであろう」（二五〇、二五一頁）。但し、吉田教授は、我が国においては、寄付行動の動機付けとして、「横並び」的な世間体・名声及び義理的社会強制力の閉める位置も小さくないであろうと指摘される（一五四頁）。この点、これが常にLiberalitätに含まれうるものとすべきかは問題である。二〇〇一年のボランティア活動の金額換算値は七兆二千億円、九六年の国の推計に比べ一、八倍の高度成長を遂げた。これは国内総生産（ＧＤＰ）に表れない「無償経済」により、「ＧＤＰが右肩上がりを止めた今、無償経済のうねりが停滞を打ち破る鍵の一つになる」（元経済企画庁長官田中秀征）という（日本経済新聞平成一五年一月一四日朝刊）。

（7）　内田貴『民法Ⅱ債権各論』一五九頁（東京大学出版会、一九九七）。
（8）　星野英一『民法概論Ⅳ（契約）』一〇一頁（良書普及会、一九八六）。
（9）　来栖・前掲（注5）四六頁。
（10）　Eisenberg, The principles of consideration, 67 Cornell L. Rev. 659, 662 (1982)。アメリカ法においては、裁判所は伝統的に原則として取引の保護のみを行い、贈与約束は法的契約とは扱われない。
（11）　Maissen, Der Schenkungsvertrag im schweizerischen Recht, 1996, S. 49.
（12）　広中俊雄「自然債務―カフェーの女給の歓心を買うための贈与約束」『民法論集』三二七頁（東京大学出版会、

一九七一）。

（13）　日本法によれば贈与者は特定物引渡義務者一般と同様に善管義務の責に任ずると解されるが、「無償で自己の財産を譲与する贈与者の責任が、同じく無償であっても他人の物を保管する無償受寄者の責任より重いということは、まったく不可解である」とする見解がある（於保不二雄「無償契約の特質」『民法著作集Ⅰ財産法』四二四頁［新青出版、二〇〇〇］）。

（14）　贈与者の困窮による返還請求権については、特に、「五二八条が社会扶助の領域で特別な意義を持つことが認められている」（Staudinger/Cremer §528 RdNr. 12）。現代の福祉国家の実現のもとでは、これをあまり考慮していないＢＧＢ五二八条以下の解釈の際、福祉国家体系への変化をも考えなければならないのである。ＢＧＢ五二八条以下の本来の着想は、贈与物を返してもらわなければ、困窮した贈与者の負担になる、というものであった。今日では、困窮した贈与者は社会福祉国家に対する請求権を持つから、国民の負担になるのである。このテーマは、高齢の贈与者の介護については一九九四年に議決された、介護社会保険法（Gesetz zur sozialen Absicherung des Risikos der Pflegebedürftigkeit（PflegeVG））により、本質的に意義を失ったという（Münchener/Kollhosser §528 RdNr. 3）。

（15）　約束禁反言の導入を主張するツヴァイゲルトは、ドイツ法の厳格な方式規定については、その警告機能のみをもって一方的に無償の約束者の利益を強調するものであり、贈与の目的を考慮しても、事情によっては約束を信用して地位の変更を行うかもしれない約束受領者の利益を顧慮できないという欠点を指摘しているのである。厳格な要式性や贈与目的の考慮によっては、全ての事例が正しく解決されうるわけではないために、アメリカ契約法の約束禁反言を評価するのである（Zweigert, Rechtsvergleichende Bemerkungen zur Scheidung verbindlicher Geschaft von unverbindlichen, JZ 1964, Nr11/12, S. 353, 354）。たしかにドイツ法では受領者の態様は悔返権の要件で顧慮されるにすぎない。

（16）　第二次契約法リステイトメント九〇条一条は「ある約束は、それが受約者または第三者の行為または行為の自制を誘因するであろうと約束者により合理的に予期され、かつ現実に誘因した場合であって、その約束の強行によってのみ不正義が回避されうる場合には、拘束力を持つ。その約束の違反に対する救済は正義の要求する範囲に限定される」としている（Restatement of the Law second, Contracts 2d, v. 1, 1981, 242. 田中茂樹訳による）。

(17)　道徳上の義務の履行として贈与契約の拘束力が強化されることについて受贈者に不利益はないものの、法的拘束力に関して差異を設けられ、契約の効果が異なる以上は、契約当事者双方に道徳上の義務の基礎となる事情の認識があることは、必要だと思われる。また、客観的評価によるべきことから道徳上の義務の存否を当事者で決することはできないとしても、特殊の契約類型とするからには、やはりその基礎たる事情のほか、このような契約であることについての当事者の合意が必要であると考えられる。そして、一般原則どおりそれは黙示でありうる。

(18)　そのために、道徳上の義務の履行が、将来に関する「負担」を課されていることはまれであるとの指摘がある（Staudinger/Cremer §534 RdNr. 2 参照）。

(19)　方式規定については次の見解が説得的である。無償行為は、有償契約と異なり、法律的に拘束力ある債務を負担するというよりも軽い意味に考えられているものであるが、「当事者がそれを重く考えている場合もあり軽く考えられている場合もある」のであって、「具体的事実については当事者の意思が事実はたしていずれであるかを判定することは実際上非常に困難であるから」、民法は贈与約束の拘束力を方式という「形式的基準」に委ねたのである（末弘厳太郎『末弘著作集Ⅲ民法雑記帳下巻』五六、五七頁〔日本評論社、一九五三〕）。

(20)　方式を備えた贈与のみがその方式契約の拘束力に基づいて強制されうるというのが大陸法諸国の共通の原則的立場であって、日本法も諾成契約とはいえ実質的にはこれと変わらない（広中俊雄『債権各論講義〔第六版〕』二八、二九頁〔有斐閣、一九九四〕）という。方式によらず行為の解釈のみによるとすることは柔軟な処理を可能とするものではあるが、ドイツ法のような厳格な方式が要求されているわけでないこともあり、末弘教授のいう「軽い意味の」約束か、それとも「本気の」約束かを行為の困難な解釈のみに委ねることが妥当であるかが問題である。

(21)　広中俊雄「人命救助と救助者の損害」『民事法の諸問題』一二九頁（創文社、一九九四）。

(22)　事務管理とは別に、国家や地方公共団体に対する給付責任を定める立法上の手当てがある。例えば、昭和二七年法律二四五号「警察官等に協力援助した者の災害給付に関する法律」は療養給付、障害給付、遺族給付、葬祭給付等を定める。また、昭和二七年法律二九三号「消防法の一部を改正する法律」は消防作業に関する場合の給付を定める。昭和二八年法律三三号「海上保安官に協力援助した者等の災害給付に関する法律」は、災害給付を規定する。さらに、昭和三四年法律八七号、同年法律八八号、昭和三六年法律六四号の改正により、給付範囲が広げられたという。（二一八頁以下）。広中教授は「法を学ぶものにとってはつねにそうであるが、とりわけ民法を学ぶ者にとっては、法機能の全般的理解を基礎にすえた広い視野が必要である」とされる（一三六頁）。

(23)　広中・前掲（注22）一三二頁。私人には、特別な関係にない他人の安全を図る法的義務は通常存しない。この点、「他人のことに口を出すな（Mind your own business）」との伝統が英米諸国には根強いとされるが、ドイツではナチ、フランスではヴィッシー政権時代に救助義務が定められておりその後も変更されていないという（小島武司＝C.アティアス＝山口龍之『隣人訴訟の研究』二一八頁〔日本評論社、一九八九〕）。しかし、アメリカ合衆国では、一九六四年ニューヨーク市の路上で夜間暴漢に襲われた女性が三〇分にわたり乱暴され殺されたが、現場を見下ろすアパートで住人三八人が悲鳴を聞き現場を目撃しながら、誰一人警察を呼ばなかったという事件が端緒となり、警察への通報は市民の義務といわれるがそれを道徳上のものにとどめておいてよいか、一般的救助義務に関する議論がなされた（二一六頁）。

(24)　広中・前掲（注22）一三六頁。

(25)　福祉国家の理念からすれば、扶養のあり方は公的扶助制度の拡充強化が基本であり（憲法二五条）、私的扶養はそれまでの便宜的ないし補助的制度として位置づけられるべきものであるとの見解もある（泉久雄『民法講義ノート⑺親族・相続〔増補版〕』一一八頁〔有斐閣新書、一九九二〕）。

(26)　於保不二雄・中川淳編『新版注釈民法㉕』四七二、四七三頁〔太田武男〕〔有斐閣、一九九四〕。但し、労働基準法や健康保険法などによる社会的扶養ではこれを採っていない。

(27)　即ち、親族関係は人間の種族保存の本能や、人情、愛情、道徳によって維持されるものであるが、法的親族扶養の根拠はこのような自然的、道徳的関係のみに求めることはできないし、親族財産関係や相続関係と、扶養関係とは密接な関連を持っているものの必ずしも一致していない。第一、親族の扶養義務が全ての親族ではなく一定の近親者の範囲に限定されているため、親族扶養の法的根拠が奈辺にあるかが不明確となっている。また、親族のうち夫婦と親子は現実的且つ法的に共同生活態を構成するが、その他の親族関係はすでに観念的なものとされており、共同生活の義務は認められていない。このように、扶養義務が限定され、親族関係一般は観念的なものであるが、親族扶養義務の限度で、観念的にせよ親族共同生活態の存在が法的に承認され、共生義務の一形態として認められているといえるのである（太田・前掲［注26］四七三、四七四頁）。

(28) 太田・前掲（注26）四七三頁。

(29) 上野雅和「老人介護をめぐる諸問題」『家族法・谷口知平先生追悼論文集I』三一二頁（信山社、一九九二）、山脇貞司「老親扶養と公的介護――私的扶養と公的扶助の関係」判例タイムズ一一〇〇号一一六頁（二〇〇二）。介護保険法の施行により公的介護の圧倒的部分が介護保険に移ったので、老親扶養と公的介護の問題の重要性は減少したという。

(30) 使用者の業務範囲に属し、発明に至った行為が従業者の職務に属する場合を「職務発明」というが、二万円の褒賞金しか与えられなかった発明者が特許権の所在や相当対価について争った、青色発光ダイオード特許権紛争について、使用者側に二〇〇億円の支払を命じた東京地方裁判所平成一六年一月三一日判決がある。本判決は、特許を受ける権利は、特許法に基づき発明者から会社に承継されたとし、褒賞金は職務発明の対価の一部をなすものとした。本稿と関連する問題は以下のようなものである。特許法は、特許を受ける権利を発明者に原始的に帰属させる建前をとるが、従業者が特許を受けた場合はその通常実施権を使用者に当然に発生させる（特許法二九条、三五条一項）。契約や勤務規則等により職務発明について特許を受ける権利や特許権を承継させ、使用者のため専用実施権を設定させる場合は、「相当の対価」の支払を受ける権利を有するとする（特許法三五条三項）。この対価は発明により使用者が受けるべき利益の額や発明に対する使用者の貢献の程度を考慮して定めるものとされている（四項）。従業者が特許を受けた場合の通常実施権は無償で発生する法定実施権であり、その趣旨は使用者が従業者に賃金を支払ってその生活を保証し、実験その他の設備や資金の点でその発明の完成に貢献していることを考慮し利益の公平な分配を図ったものである。これに対して、使用者に特許を受ける権利もしくは特許権の譲渡、専用実施権の設定を受ける場合、契約、勤務規則等の定めが必要であり、相当な対価の支払が条件となる。その趣旨は、発明前の契約は、使用者に対し従属的地位に置かれている従業員に不利となる恐れが大きいため、従業員を保護し、発明意欲を増進させるために一般的には予約承継の効力を認めず、使用者側が正当な利益を有する職務発明についてだけ、しかも相当対価の支払を条件としてその有効性を認めるのである。そのため、従業者側に有利に改変する契約のみ許されている片面的強行規定であるが、本件ではわずか二万円の褒賞金しか支払われていないため、特許出願権の有効な譲渡契約の存在が争点になっているのである。職務発明につき、被告会社が原告の発明と同時に特許権等は原始的に無償で会社に帰属すると考えており、不相当な褒賞金はその現れであるというのである。即ちそれは「対価の支払を伴わない無償の譲渡契約によるもの」である（下森定・青色発光ダイオード訴訟（平成一三年(ワ)第一七七七二号）「鑑定意見書甲40」（東京永和法律事務所ホームページ〈http://www. tokyoeiwa.com/led/proceeding.html〉より）一、二、八頁）。この点、無償でかつ当然に使用者に帰属するという黙示の意思を軽々に認定すべきではないという裁判例もあり、さらに、会社が勤務規則で一方的にこの「相当の対価」の具体的な額を決定することはできないのは文言上明らかであるとする裁判例もあるという（八、九頁）。相当対価の額については、当事者間の協議が整わない場合には、裁判所の判断に委ねられるが、終身雇用から成果主義型の賃金体系に移行していることを背景に、社員側の権利意識の高まりから、その不当利得分の算定困難性が近時問題となっている。日本知的財産協会（前田勝之助会長）は訴訟頻発を防ぐには特許法三五条を改正し、米国のように企業と個人との契約で対価を定めるべきだと提言している(日経新聞二〇〇二年一一月三〇日朝刊)。特許庁は職務発明の対価の算定に、研究者の意見を反映させる改正特許法を通常国会に提出する方針である。これは、会社と研究者の双方が参加して事前に対価の算定方法を決めるとするものであるが、この「合理的な」算定方法を策定するのは容易ではない（読売新聞二〇〇四年一月三一日朝刊）。

(31) 下森「鑑定意見書甲40」二頁。下森教授は、職務発明に関する法三五条の趣旨は「使用者と従業者との間の衡平をはかることをその立法政策上の理念とするものであるから、『職務発明の問題を解く鍵は、この衡平の理念と産業政策の二点にある』といえよう」とされ、ここに問題解決の基本的立脚点を置くべきであるとされる。青色発光ダイオード判決が結局二〇〇億円の請求を認容したことについては政策的観点から賛否両論あり、発明者にインセンティブを与える反面、企業側のリスクとコストが多大であるとの産業界の危機感は強く、外国企業の投資がなくなる、社員から訴えられると株主代表訴訟に発展することを危ぶむ声もある（日本経済新聞二〇〇四年一月三一日朝刊、また、二〇〇四年二月三日朝刊「経済教室」[玉井克哉]）。社内報償制度を整備している企業もこれを「ご褒美」と見ているが、本判決は発明の対価を厳然たる「報酬」としたものであることに（読売新聞二〇〇四年一月三一日朝刊）、本稿にとっての意味がある。

（33）　ゴードレイ教授は、最近の著書で、一九世紀の意思理論がアリストテレス的な概念のいくつかを放棄したことが「現在の理論家の困難の元」となっていると主張している。アリストテレス的伝統においては、選択が「善き生、即ち人としての可能性を可能な限り実現する生へと貢献するものとして重要である」ということから、「正しく選択することとはこのような生に対して貢献するものを選択すること」であって、「正しく選択するとき、人の選択は、単に選択したという事実以上の理由で、彼の人生に貢献する」とする。正しい選択といっても全ての人にとって正しいことを意味しないし、唯一の正しい選択や最善の選択が存在することも意味しないのだが、「正しい選択」をするための能力として、人は「思慮・節制・勇気」といった徳を有しているのである。これらの徳を発揮してその目的に向かっていくことが人間の決定的特長であるから、選択は重要であるが、それ自体が重要なのではなく、「正しく選択する」ことが重要である。これに対して、自律に基づく理論における中心的概念は、「選択」それ自体を超えるものでなく、なぜ法が当事者の選択を尊重したり尊重しなかったりするかを説明できていないというのである。即ち、なぜ贈与のうち認められるものと認められないものという区別がなされるか、は意思自律に基づく理論では説明できないのである。贈与は「賢明になされるべき（適切な量を適切な者に対し適切なときに）であることを法は保障している」が、このように贈与が賢明に、あるいは愚かに行われたと考えることは、アリストテレス的寛大さの徳の考え方には適合するが、近代の意思自律に基づく理論では説明できないものなのである（Gordley, Contract Law in the Aristotelian Tradition, Benson (ed.), The Theory of Contract Law (2001)、会沢恒「契約法の最新理論」著者紹介「アメリカ法」二〇〇二年二号三四四、三四五頁による）。これに対して、会沢教授は、価値観の多様化した現代において安定的な「徳」を語り得るか、近代の個人の解放の契機は無根拠な選択を個人に許すことにあるのではないか、と指摘される。ここでは、「近代を通過した後に語り得る『徳』が何であるかが問われる」のである（三四七頁）。

（34）　加藤・前掲（注1）三二二、三二三頁。

（35）　さらに、取引保護を中核とするアメリカ契約法が、約因を欠き、利他的なものと見うる寄付の約束（契約法第二次リステイトメント九〇条二項）についても、富の配分の市民による決定という政策から強行可能とすると考えるならば、Liberalitätという観点からよりも広い視点からの国家政策が約束の強行性と関わることを示すといえよう（Gordley (ed.), The Enforceability of Promises in European Contract Law (2001), 341, 342)。これに関連して、寄付の税法上の優遇措置に関する日米の相違については、吉田・前掲（注6）二五一―二五三頁。吉田教授は民間寄付と政府支出（補助金）との関係にも言及されている（二五三、二五四頁）。

(36)　例えば、憲法問題をもはらむ免責制度の下で、被免責債務の支払が約された場合、法的拘束力は認められるであろうか。被免責債務の性質について自然債務説を採ると、約束により自然債務となった破産債務は普通債務として復活すると解する余地があるが、債務消滅説を採ると約束は無効であるとされている。自然債務説の実質的根拠として、社会通念上破産者が免責を得た後再起し多大の迷惑をこうむらせた債権者に破産債権の一部でも弁済するのは善きことという考え方があり（山垣清正「破産免責の効力」金融法務事情一二一四号一一頁［一九八九］）、この道徳によれば支払約束の効力を認める方向が妥当となる。しかし、近年の有力説によれば、この約束の拘束力を認めることは、被免責債務を復活させ、又はその法的拘束力を復活させる点で、まさに免責の効果を覆滅するものといえ、免責制度にとって大きな問題である。実務上も、日本には、免責決定の前後を問わず、債務消滅説によらないものの、その支払約束の効力を認めない裁判例がある（名古屋地裁昭和五五年一二月一二日判決［判タ四四〇号一三九頁］、横浜地裁昭和六三年二月二九日判決［判時一二八〇号一五一頁］）。日本の免責規定は戦後アメリカ法の影響による。第二次契約法リステイトメント八三条は破産手続開始後の、免責され、免責されうべき債務の全部又は一部の支払約束の拘束力を認めるが（Restatement of the Law, second, Contracts 2d, v. 1, 1981, §83 at 215)、八三条のコメントによれば、初期には出訴制限法と類似すると考えられていたが、現代では破産免責は出訴制限法よりも強い公共政策の反映とされているという。このような支払約束は、一九七八年破産法によりその有効性が制限され（樋口範雄『アメリカ契約法』九九頁［弘文堂、一九九四］）、連邦改正破産法では、免責を受ける債務を約因とする破産債権者と個人消費者破産債務者間の約定は、(a)当該約定が債務者又はその家族の生活を不当に圧迫するものではなくかつ債務者の利益に合致するものであること、もしくは(b)当該約定が信義誠実に合致しかつ訴訟上の和解等においてなされたものであること、という要件を、裁判所が認定した上で約定を認可したこと等、厳格な要件をすべて満たす場合にのみ有効とされた。これは、被免責債務も道徳的義務として残ると言う建前こそ維持したものの、実際に被免責債務を本来の債務として復活するについて裁判所の後見的監督を強化したものである（伊藤眞「破産免責の再構成」判タ四二九号一六頁［一九八一］、太田剛彦・判タ七〇六号三一五頁［一九八九］）。その趣旨は、債務者が免責後も特定の旧破産債権者と取引を継続することを望むために合意により免責の趣旨が覆されることが多く、過剰な信用供与を断ち切らなければ破産者の更生は難しいというものである。実際には免責後の信用供与をえさとして債権者債務者間で被免責債務の復活が定められてしまうのである。そこで、「債務者の道徳的義務を強調することは抽象的には正しい」が、「現実的な債権者と債務者の力関係、消費者破産に陥るような債務者の性格などを考慮すれば、せっかく免責によって過大な信用供与から断ち切られた債務者を、ふたたび過大信用の泥沼に踏み込ませる結果にしかならない」という政策的考慮が存し、自分が負った債務であるから支払う道義があるという単純な議論で対処しうるものではない（伊藤一七頁）。被免責債務の支払約束の効力はこの破産法改正議論の問題点と密接に関わり、「免責制度つまり破産者の経済的更生をどうとらえるかという免責制度観とも関わる根の深い問題」である（太田三一四、三一五頁）。「えさ」としての約束者への利益供与があるから有償的、また、支払うべき道徳的義務故に強い効力を有するとすることは、問題の焦点から外れているであろう。消費者破産の増加、多重債務者の問題は社会問題化しており、免責決定は裁判所の審理により、免責申立に対する異議、意見聴取を経てなされ、一〇年内に免責を受けていることは免責不許可事由とされるのであり、慎重に与えられた更生の機会は重要である。そこで、法政策、国家政策が人々の意識よりも先行している場合として、意思解釈や好意契約か否かではなく免責制度導入の趣旨との関係において解決されるべきである。ところで、免責制度の有無、内容や趣旨は各国によるが多くの国で被免責債務の支払約束は強行可能である（Gordley, op.cit., supra note (35), p. 96ff.）。誠実な債務者の特典か、不誠実でない債務者の更生手段か、という免責制度の理念も関連する問題である（林屋礼二「破産と免責」中野貞一郎編『三日月章先生古稀祝賀・民事手続法学の革新　下巻』四九五頁［有斐閣、一九九一］）。

事　項　索　引

〈ま 行〉

〈や 行〉

＊ ＊ ＊

人 名 索 引

＜著者紹介＞

小 島　奈 津 子（こじま・なつこ）

1970年	東京都生まれ
1993年	慶應義塾大学法学部法律学科卒業
1997年	早稲田大学大学院法学研究科修士課程修了
2004年	法政大学大学院法学研究科博士課程満期中退
現　在	桐蔭横浜大学法学部法律学科専任講師

贈与契約の類型化

——道義上の義務の履行を手がかりにして——

2004年（平成16年）9月25日　初版第1刷発行　2276-0101

著　者　小　島　奈津子

発行者　今　井　貴
　　　　渡　辺　左　近

発行所　信山社出版株式会社

〒113-0033　東京都文京区本郷6-2-9-102
電　話　03（3818）1019
ＦＡＸ　03（3818）0344

Printed in Japan

印刷・製本／松澤印刷・大三製本

ISBN4-7972-2276-X　C3332
分類324.520